상하이 한국인,
다시 경계에 서다

이 도서는 2009년도 정부(교육과학기술부)의 재원으로 한국연구재단의 지원을 받아 출판되었음(NRF-2009-362-A00002).

중국관행
자료총서
10

2000년대 중국 진출 한국인 인터뷰

상하이 한국인,
다시 경계에 서다

인천대학교 중국학술원 중국·화교문화연구소 기획
김판수 엮음

學古房

　한국의 중국연구가 한 단계 심화되기 위해서는 무엇보다 중국사회 전반에 강하게 지속되고 있는 역사와 전통의 무게에 대한 학문적·실증적 연구로부터 출발해야 할 것이다. 역사의 무게가 현재의 삶을 무겁게 규정하고 있고, '현재'를 역사의 일부로 인식하는 한편 자신의 존재를 역사의 연속선상에서 발견하고자 하는 경향이 그 어떤 역사체보다 강한 중국이고 보면, 역사와 분리된 오늘의 중국은 상상하기 어렵다. 따라서 중국문화의 중층성에 대한 이해로부터 현대 중국을 이해하고 중국연구의 지평을 심화·확대하는 연구방향을 모색해야 할 것이다.

　근현대 중국 사회·경제관행의 조사 및 연구는 중국의 과거와 현재를 모두 잘 살펴볼 수 있는 실사구시적 연구이다. 그리고 이는 추상적 담론이 아니라 중국인의 일상생활을 지속적이고 안정적으로 제어하는 무형의 사회운영시스템인 관행을 통하여 중국사회의 통시적 변화와 지속을 조망한다는 점에서, 인문학적 중국연구와 사회과학적 중국연구의 독자성과 통합성을 조화시켜 중국연구의 새로운 지평을 열 수 있는 최적의 소재라 할 수 있을 것이다. 중층적 역사과정을 통해 형성된 문화적·사회적·종교적·경제적 규범인 사회·경제관행 그 자체에 역사성과 시대성이 내재해 있으며, 관행은 인간의 삶이 시대와 사회의 변화에 역동적으로 대응하는 양상을 반영하고 있다. 이 점에서 이러한 연구는 적절하고도 실용적인 중국연구라 할 것이다.

　1990년대와 2000년대 중국에 진출한 한국인 62명에 대해 3년간 수행한 여러 차례의 심층 인터뷰에 기반한 두 권의 책『지금, 상하이에서 듣자』와『상하이 한국인, 다시 경계에 서다』는 우리 중국관행연구사업단에서 내는 『중국관행자료총서』의 일환으로 기획되었다. 기획 의도는 중국의 사회경제적 관행이 현대에 어떻게 실행되고 있는지, 중국에 진출한 기업과 기업가들이 이러한 관행과 어떻게 조우하게 되는지를 살펴보고, 때로는 관행과 갈등을 빚고 때로는 관행을 활용하며 실천해 나가는 양상을 보고자 함이었다.

기업과 기업가들이 중국에 정착하여 기업활동을 하고 인간관계를 맺어나가는 과정에서 관행이 어떤 의미를 가지는지에 대한 심층조사를 수행하고 기록하는 것이, 현대적 관행조사로서의 의미를 가질 뿐 아니라 향후 중국에서 활동할 기업들에게도 도움이 되리라는 판단으로 책을 기획하였고 총 5천 페이지에 달하는 채록자료를 바탕으로 두 권의 책이 출간되기에 이르렀다.

『중국관행자료총서』는 중국연구의 새로운 패러다임을 세우기 위한 토대 작업으로 기획되었다. 객관적이고 과학적인 실증 분석이 새로운 이론을 세우는 출발점임은 명확하다. 특히 관행연구는 광범위한 자료의 수집과 분석이 결여된다면 결코 성과를 거둘 수 없는 분야이다. 향후 우리 사업단은 이 분야의 여러 연구 주제와 관련된 자료총서를 지속적으로 발간할 것이며, 이를 통하여 그 성과가 차곡차곡 쌓여 가기를 충심으로 기원한다.

2018년 3월
인천대학교 중국학술원
중국 · 화교문화연구소
(HK중국관행연구사업단)
소장(단장) 장정아

2018년, 경계로 내몰린 상하이 한인사회

1

2017년 1월 상하이에서 만난 한국인들은 대부분 '상하이는 경제 중심의 도시라서 사드(THAAD) 영향이 거의 없고, 개인사업 측면에서도 예전과 차이가 없다'고 말했다. 그들은 오히려 한국 상황을 더 걱정했었다. 사드 때문에 한국에서의 삶이 더 힘들어지지 않겠느냐는 것이었다. 당시 '훙첸루 한인촌'(이하 훙첸루)의 평일 저녁과 주말 분위기도 한국 문화와 한국 음식을 즐기려는 중국인들로 북적이고 있었다.

2018년 1월 상하이를 다시 방문했을 때 상황은 많이 달랐다. 1년 만에 방문한 훙첸루는 초입부터 스산한 분위기를 머금고 있었다. 그리고 필자가 이용했던 훙첸루 중심지의 몇몇 한국 상점은 이미 중국 상점으로 바뀌어 있었다. 점심을 그 중 한 식당에서 먹겠다고 결정했던 터였기에 더 아쉽고 씁쓸했다.

아니나 다를까 만나는 인터뷰이들마다 예전과는 다른 얼굴로 또 다른 어조로 이야기를 꺼내들었다. 인터뷰 도중 긴히 할 이야기가 있으니 녹음기를 꺼달라고 요청하는 사람, 정말 하고 싶은 말이 많이 있지만 만에 하나라도 자신을 도와 준 중국인 친구에게 해가 될 수도 있다며 몇 번이나 말을 삼키던 사람, 큰 목소리로 사드 시기의 상황을 이야기하다가 갑자기 '공산당'이라고 말할 때에는 지척에 있던 필자도 되물어야 할 정도의 작은 소리를 내던 사람 등. 심지어 이들은 '사드 1년'의 직접적 피해자가 아니었다.

사실 사드 시기 상하이에서 직접 피해를 입은 사람들은 주로 한국 관련 상점을 운영하거나, 식품 및 화장품 등을 다양한 경로로 판매하는 사람들이었다. 2017년 사드 사태가 확대되고 또 중국 내 민족주의적 감정이 분출되면서 한인촌을 찾는 중국인 수가 급감했다. 그리고 한인촌 주위를 지나던 중국인 몇몇은 괜히 한국 가게에 들어와서 사드 사태에 대한 입장을 물어보며 시비를 거는 일도 있었다고 한다. 또 상하이 모 지역의 한국 음식점에는 갑자기 중국 공무원들이 점검을 나와서 주방 안의 연기를 배출하는 '후드'의 규격이 맞지 않다며 관련 규정에 따라 처벌한다고 엄포를 놓았다고도 하고, 이외에 다른 지방에서 활동 중인 개인사업자는 판매 상품에 의례적으로 '건강에 좋다'고 적었을 뿐인데 '과장 광고'로 고발당한 적도 있다고 했다.

한 마디로 표현하면, 2018년 1월 상하이 한인사회 구성원들은 저마다 상이한 이유로 '상하이 사회'의 가장자리까지 내몰려있었다. 사드 사태로 인한 경제적 피해자이든 아니든, 당시 상하이 한인사회 구성원들은 스스로에게 '내가 상하이에 계속 남아있어야 하는가?'라는 물음을 계속 던지고 있었던 것이다. 그래서 상하이를 벗어나 중국에서도 조금 낙후된 지역으로 이주를 계획하는 사람, 한국으로 돌아가기로 한 사람, 베트남으로 가는 것을 고려하는 사람, 혹은 훙첸루를 떠나 상하이의 다른 지역으로 이사하기로 결정한 사람 등 최소 10년 이상 훙첸루나 구베이 등 한인사회 안에서 터전을 일구어 온 사람들이 이제는 새로운 곳에서의 삶을 준비하고 있었다. 그 중에는 다시 마음을 잡고 지금 있는 곳에서 새로운 삶을 살기로 결심하는 사람도 있었다. 물론 아직은 상하이를 떠날 수 없는 사람들이 더욱 많았다.

추가 인터뷰를 위해 필자는 대다수 인터뷰이들에게 '사드 1년' 동안 얼마나 힘들었는지 물었다. 그러나 대답은 의외로 '그렇지 않았다'로 수렴되었다.

인터뷰이들은 그 시기 동안 직·간접적으로 경험하거나 전해 들었던 중국정부와 중국사회가 보인 '태도'에 대해 감정이 쌓여 있었지만, 사드 문제가 가라앉고 난 이후부터는 '그 1년' 동안 발생했던 중국에서의 변화들을 다른 관점에서 성찰했던 것 같다. 상하이 한인사회가 경계로 내몰린 진짜 이유에 대해서.

인터뷰이들의 의견을 종합하면, 지난 1년 동안 상하이 한인사회가 직면했던 '진짜 문제'는 사드가 아니라 중국의 '법치 강화'였다. 그 기간 동안 이들은, 중국에서 법치가 얼마나 빨리 정착하고 있는지를 일상 속에서 직접 지켜보았다. 그때 중국 '당-국가'의 힘을 여실히 깨달았고, 그에 대한 '중국사회'의 신속한 적응력에 놀랐다. 그래서 이들은 자신의 중국에서의 삶 또한 과거와는 다르게 흘러갈 수밖에 없다는 것을 체감하고 있었다. 함께 출판한 책 [지금, 상하이에서 듣자 - 1990년대 중국 진출 한국인 인터뷰]에 실린 한 인터뷰이의 이야기를 인용하면, 이렇다.

"제가 최근 중국 생활을 통해 느끼는 건, 한국인들이 더 이상 예전처럼 중국 와서 얼렁뚱땅 하면서 버틸 수 없다는 겁니다. 사업 방법, 마음가짐, 직원관리, 재정관리, 심지어 개인생활까지도 철저하게 관리해야 하는 것 같아요. 앞으로 중국에 와서 사업하려면, 그 정도 자세는 되어 있어야... 특히 상하이에 와서 사업하려면 더더욱. 최근 중국 정부의 법적 관리(가) ... 굉장히 체계적이고 엄격해졌어요. 문제는 한국인 업체뿐만 아니라 중국인 업체 모두에게도 똑같이 적용하고 있다는 거죠. 시대가 바뀌었어요."

이처럼 중국의 법치 강화로 인해 한국인과 중국인 모두에게 동일한 법적 잣대가 적용되고 있다면, 이는 그 자체로 상하이 한인사회의 입지를 더욱 축소시키는 결과를 낳게 된다. 왜냐하면 중국에서 외국인은 법적으로 '약자'이기 때문이다. 가장 단순하게는 비자 갱신 문제가 있고, 또 외국인 사업제한 영역이 존재하며, 심지어 외국인 사업 가능 영역인데도 '허가' 취득 절차가 매우 까다롭기 때문이다. 물론 이는 한국 내 외국인들 또한 겪고 있는 문제라는 것을 고려하면, 사실 1992년 한중수교 이후 현재까지 중국에 진출한 한국인이 '외국인'으로서 상당한 특혜를 누려왔다고도 봐야한다. 실제로 2000년대 중반까지는 중국 경제수도 상하이에서도 '한국인 프리미엄'은 공공연하게 이야기되어왔다. 이제 상하이에서는 그런 프리미엄을 찾아보기 힘들게 되었지만.

3

1978년부터 2018년까지 개혁개방 40년, 이제 중국은 시진핑과 더불어 '신시대'에 접어들고 있다. 작년 말 개최된 제19차 중국공산당 전국대표대회(19차 당대회) 이후 지금 개최되고 있는 2018년 양회(전국인민대표대회·전국정치협상회의)까지, 현재 중국 정치 영역에서 발생하고 있는 '급변'이 이후 중국의 사회경제 영역에 어떻게 파급될지는 판단하기 어렵다. 특히 현재 중국의 급격한 변동이 재중국 한인사회를 어떻게 휘감을지는 더더욱 예측하기 쉽지 않다. 그러나 이미 중국에 진출하여 오랫동안 살아온 한국인들은 물론, 이제 곧 진출할 사람들도 현재 중국의 변동으로부터 자유로울 수 없다. 물론 항상 그랬듯, 한국 내 언론과 중국 전문가들은 이러한 변화와 미래를 전망하기 위한 유효한 설명틀을 구성해 낼 것이다.

한편 이 책은 언론 및 전문가들이 주목하지 않는 영역에 초점을 맞추고자 했다. 즉 이 책은 2000년대 이후 상하이에 진출한 6인의 '일반인'이 2018년 1월까지 경험한 중국에서의 사회경제적 삶을 담았다(채동진 사장과 김충렬 목사의 경우 아쉽게도 2018년 1월 추가 인터뷰를 진행하지 못했다). 진정 중국이 '구시대'에서 '신시대'로 이행하고 있다면, 앞으로 중국이 어디로 나아가는지를 분석하기 위해서는, 우리에게 낯설고 어려운 소재보다는 좀 더 친숙한 한인사회 구성원들의 이야기를 통해 접근하는 것도 하나의 방법일 것이다.

이 책에 등장하고 있는 6인의 인터뷰이는 정체성도 다를 뿐만 아니라, 중국 진출 경로도 서로 상이했다. 그렇기 때문에 이들은 필자의 유사한 질문들에 대해서 각각 상이한 삶의 이야기와 개인적 전망을 풀어놓고 있다. 이 책에 등장하는 인터뷰이들은 [지금, 상하이에서 듣자 – 1990년대 중국 진출 한국인 인터뷰]와 다르게 2000년대에 중국에 진출한 사람들이다. 1990년대 중국에 진출한 이들이 최근 중국의 급속한 변동에도 불구하고 대개 느긋하게 원래 리듬을 유지하고 있는 데 반해, 2000년대 중국에 진출한 인터뷰이들은 대개 그 변화에 역동적으로 반응하고 있다.

4

[상하이 한국인, 다시 경계에 서다]는 인천대학교 중국학술원에서 2015년 3월부터 2018년 2월까지 3년 간 진행한 '중국 비즈니스 실태조사' 프로젝트의 한 성과이다. 3년 동안 중국학술원 연구자들이 만나서 인터뷰를 진행한 분들은 총 62명이었다. 3년 동안 진행된 인터뷰를 채록한 자료는 A4 용지 기준 약 5,000페이지에 달했다. 이와 관련한 내용은 '후기'에 자세하게 소개했다.

3년 동안 진행된 인터뷰 조사에서 중국학술원 연구자들이 큰 틀에서 제기한 물음들은 다음과 같다. (1) 2000년대 중국에 진출한 한국인들은 당시 중국인과 중국사회를 어떻게 인식했을까? (2) 그들의 중국인과의 관계맺기 방식 및 중국사회에 대한 인식 변화는 중국에서의 경제적 성공에 어떤 영향을 미쳤을까? (3) 그들은 현재 중국의 부상을 어떻게 인식하고 있고, 또 한국의 미래를 어떻게 전망하고 있는가?

중국학술원 연구자들은 각 인터뷰이들에게 '답'을 유도하는 질문은 일체 제기한 적이 없었다. 이는 우리가 '의도적으로 듣고 싶은 이야기'를 채우려는 목적이 아니라, 그 분들이 오랫동안 중국사회와 상호작용하는 가운데 '자연스럽게 말하고 싶었던 이야기'를 정리하고 싶었기 때문이다. 우리가 인터뷰이 분들께 던진 초기 질문은 모두 '개방형 질문'이었다. 즉 큰 틀에서 '중국에서의 삶에 대해 말씀해주십시오', '상하이에서의 삶에 대해 말씀해주십시오'라고 질문을 던졌고, 세부적으로도 주로 개인의 삶, 개인의 경험, 파트너와의 사회적 관계 등과 관련하여 질문했다.

따라서 위 물음과 질문들에 대한 결론을 내리지 않은 상태에서, 필자는 2017년 9월부터 [상하이 한국인, 다시 경계에 서다] 출판 작업에 착수했다. 수많은 인터뷰이 분들 중 (1) 2000년대에 중국에 진출했고, (2) 출판할 수 있을 정도로 충분한 인터뷰가 수행되었으며, (3) 출판을 기꺼이 허락해준 7분의 인터뷰이를 선정했다. 그 이후 필자는 축약, 교열, 윤문 등의 과정을 통해 전체 이야기의 큰 줄기를 구성할 수 있었다. 우리는 [상하이 한국인, 다시 경계에 서다]를 통해, 2000년대 진출 한국인들이 중국에서 롱런할 수 있는 이유는 그들이 중국인·중국사회와 상호작용하는 가운데 자신의 전문적 영역을 '중국에 특정된' 형태로 발전시킬 수 있었기 때문임을 알 수 있다.

5

사실 [상하이 한국인, 다시 경계에 서다]는 7인의 인터뷰를 기획했지만, 최종적으로 6인의 인터뷰만 싣게 되었다. 정말 아쉽게도 한 분의 인터뷰이는 개인적 사정으로 본인의 인터뷰를 제외해달라고 요청을 했다. 그 분은 상하이에서 약 11년을 살았고, 또 인근의 다른 지역에서도 3년을 살았던 '주부'이다. 그 분과의 인터뷰를 통해 필자는 처음으로 '홍첸루 한인사회의 시작부터 지금까지의 역동적 역사'를 거의 완전하게 이해할 수 있게 되었다. 해당 인터뷰는 [상하이 한국인, 다시 경계에 서대의 '프롤로그'에 실릴 예정이었지만, 결국 빠졌기 때문에 상하이 한인사회의 형성과 변화에 대한 독자들의 이해를 돕기 위해 필자의 논문 「변화된 경제 환경에 '조화 되기' : 2000년대 중반 이후, 상하이 진출 한국경제인의 자기 규율」을 조금 수정하여 '에필로그'에 포함시켰다. 순서상으로는 프롤로그에 위치해야 하지만, 이 책의 중심에는 인터뷰이들의 이야기가 담겨야 한다고 생각했기 때문에 필자의 글을 마지막 부분에 배치했다.

프롤로그에 자리했으나 결국 제외된 해당 인터뷰는, 상하이 한국인이 왜 '다시' 경계에 서게 되었는지를 보여준다. 2008~2009년 상하이 한인사회는 최초의 급격한 축소를 경험했으며, 당시 미국발 글로벌 금융위기 및 한국발 '고환율 정책'으로 인해 상하이 한인사회는 급격히 양분되었다. 주로 상하이에 부동산을 소유한 사람과 그렇지 않은 사람으로 나뉘는데, 전자는 당시 거의 2배로 치솟은 환율 효과에 편승하여 환차익을 위해 상하이 아파트를 모두 처분하고 한국으로 들어온 반면, 후자는 2배로 치솟은 환율 때문에 주거생활비를 감당하지 못하고 한국으로 돌아와야만 했다. 이처럼 당시 미국과 한국의 금융 이슈로 인해 상하이 한인사회는 최초로 상하이 사회의 중심에서 경계로 밀려나게 되었는데, 그 이후 홍첸루의 아파트 소유자 집단이 한국인에서 중국인으로 바뀌었기 때문이다. 2018년 현재 상하이 한인사회는 중국의 사드 대응 및 법치 강화로 인해 또 '다시' 경계에 서게 되었다.

좀 더 많은 분들을 책에 포함하지 못한 것은 시간의 엇갈림 때문이었다. 3년 동안 필자는 상하이에 총 5차례 방문(2016년 1월, 2016년 3월, 2016년 7월, 2017년 1월, 2018년 1월) 했고, 1회 방문 시 평균 7~8일을 머물렀다. 문제는 필자가 방문하던 시기는 주로 연말 또는 방학이었기 때문에 많은 분들이 잠시 한국에 돌아간 경우가 많았다. 이외에도 대다수 인터뷰이 분들이 여전히 왕성하게 활동하고 있기 때문에 출장 등으로 만날 수 없는 경우도 많았다.

주지하다시피 2000년대 상하이는 중국의 경제수도로 비상을 시작하던 때였다. 상하이 푸둥 국제공항이 개항한 것도 1999년 10월 1일, 즉 중화인민공화국 건국 50주년 기념일이었다. 1990년대 중국은 '뭘 해도 되는 곳'이었던 데에 반해, 2000년대 이후 중국은 점차 외국인에 대한 기회를 줄여가고 있다. 바로 중국의 정치경제적 위상이 빠르게 변화하던 그 시절 상하이에 진출한 한국인들은 중국의 '경제 환경' 변화에 적응하고 조화되는 가운데 자신의 사회경제적 지위를 다져나갈 수 있었다.

[상하이 한국인, 다시 경계에 서다]는 경제적 성공 전략을 밝히는데 초점을 두지 않았다. 물론, 각 인터뷰이들 별로 그와 관련된 내용들이 소개되어 있기도 했지만, 이는 오직 '중국인·중국사회와 어떻게 상호작용 했는가'와의 관련성이 있을 때 포함되었고 그렇지 않을 경우 책의 체계성을 위해 과감히 덜어냈다.

마지막으로, 중국에서의 '개인적 삶'을 출판할 수 있도록 허락해주신 분들께 감사드린다. 3년 동안 만난 모든 분들로부터 너무 많은 것들을 배울 수 있었다. 귀중한 시간을 들여 인터뷰에 응해주신 모든 분들께 다시 한 번 고개 숙여 감사드린다.

2018년 3월 16일
김판수 씀

1. 이 책에서 자주 등장하는 '중국동포' 용어는 조선족을 의미한다. 상
하이에서 인터뷰했던 한국인들은 조선족을 지칭할 때 주로 '중국동
포'를 사용했다. 독자의 혼란을 줄이기 위해 조선족을 지칭하는 다
양한 표현들을 '중국동포'로 통일했다.

2. 이 책에서 上海는 '상하이'로 표현을 통일했다. 다만 인터뷰이가 회
사 명칭 등의 이유로 '상해' 표현을 요청한 경우에는 그에 따랐다.

3. '구어체 → 문어체' 변경 과정에서 가독성에 큰 무리가 없는 구어체
용어와 문장 등을 가능한 한 그대로 활용했고, 그렇지 않은 경우에
는 완전히 '문어체'로 변경했다. 교열·윤문은 다음의 과정으로 진행
되었다. 1. 엮은이가 모든 작업을 책임지고 진행했다. 2. 각 인터뷰
이들은 엮은이로부터 전달 받은 '정리된 인터뷰 내용'을 검토하고 오
류 수정 등을 요청했다. 3. 엮은이는 '수정 요청'을 반영하는 동시에,
다시 한 번 교열·윤문 작업을 다시 한 번 진행했다. 4. 인터뷰이가
최종 편집 원고를 확인했다. 5. 이후 엮은이는 미세한 정도로 교
열·윤문 작업을 반복했다.

4. 2015~2017년에 진행된 인터뷰 배열은 가능한 한 시간 순서에 따랐
지만, 필요한 경우 엮은이가 구술 주제 및 관련성에 따라 재배열했
다. 그리고 인터뷰 연도 표기가 필요한 경우에는 ( )를 사용하여 표
기했다.

5. 일부 인터뷰이를 대상으로 [2018년 1월 인터뷰]를 최근 수행했고,
이 부분만 별도의 '절' 형태로 구분하여 각 인터뷰 마지막 부분에
수록했다.

목차

제1부

상하이 한인촌 울타리에서

송영미 JD 치과병원 대표

송영미 대표 인터뷰는 2018년 1월(3회) 약 7시간에 걸쳐 진행되었다.

그녀는 2002년 남편의 치과병원 개업을 돕기 위해 처음 중국을 방문했고, 2003년 상하이 홍첸루에 한인촌이 형성될 무렵 그곳에 정착했다. 그녀는 상하이에서의 삶을 '잘 놀았다'고 평가하지만, 실제로 그녀의 삶은 중국 진출 초기부터 경제 활동과 전혀 분리되지 않았다. 그녀는 2010년부터 정식 직함 없이 치과병원 관리를 맡으며 본격적인 사업 활동을 시작했고, 나아가 2014년 JD 지역에 중국인 파트너들과 공동으로 치과병원을 설립한 후 정식으로 병원 운영·관리를 전담하는 대표이사로 활동했다.

그녀의 이러한 상하이에서의 삶은 '중국 전문가로의 성장 과정'을 잘 보여준다. 먼저, 처음에 그녀는 상하이에서 몇 년을 살았어도 중국사회를 잘 알지 못했다. 한인사회에 의존했기 때문에 중국사회와 깊이 있는 상호작용을 할 필요가 없었기 때문이다. 이후 그녀는 병원 관리에 참여하며 오전과 오후의 삶을 분리했는데, 오전에는 남편의 치과를 관리하며 중국인·중국사회와 빈번하게 상호작용했고, 오후에는 예전처럼 한인사회와 관계를 지속했다. 이 시기부터 그녀는 '오전의 경험'에 근거하여 한인사회와 중국사회를 비교분석할 수 있었다. 최근에는 중국인 파트너들과 함께 중국의 한 지방에 치과 병원을 설립하고 대표이사로 활동했다. 당시 그녀는 지난 10년 이상의 경험을 바탕으로 치과 인테리어, 운영, 관리 등을 모두 전담했고, 이 과정에서 중국 내 외국인 치과 설립·운영 등에 대한 전문가로 성장할 수 있었다.

남편의 중국 진출, 준비기간만 1년 반

김판수 중국에 처음 오게 된 과정부터 말씀해주시기 바랍니다.

송영미 남편이 치과 오픈할 곳을 찾다가 중국으로 오게 되었어요. 중
국 진출 준비만 1년 반 정도 했어요.

김판수 준비 기간이 상당히 긴 편이었군요. 왜 그렇게 많은 시간이 필
요했나요?

송영미 남편이 조사할 때만 하더라도, 중국이 상당히 낙후되어 있었으
니까요. 중국에서 치과로 정착 하려면, 중국 의료 수준이 어떤
지 등에 대한 조사가 필요했죠. 그래서 남편이 시간 날 때마다
중국의 각 대도시들을 2박 3일 정도 돌아다녔어요. 그렇게 대
체로 중국 대도시들을 모두 돌아본 후에, 남편이 상하이가 괜
찮다고 함께 가보자고 했어요. 저는 그때까지 중국에 와본 적
이 없었고요.

김판수 한 번도 없었나요?

송영미 네, 한 번도 없었죠. 남편이 상하이가 괜찮다고 하니까, 여행
삼아 3박 4일 정도 왔죠.

김판수 그때가 언제인가요?

송영미 우리 딸이 1학년, 8살 때니까 2002년 같아요. 그때 와서 보니
까 경제무역도시 같더군요. 느낌이 괜찮았죠. 그리고 그때 저
는 국제학교가 있었으면 했거든요. 영어가 중요하니까. 그런데
상하이에 국제학교가 있더라고요. 그래서 상하이로 결정했죠.

김판수 남편 분께서 중국을 미리 돌아볼 때 어떤 경로로 조사를 하셨

나요?

송영미 중국 전역에 한국 사람이 하는 치과들이 좀 있었어요. 그곳들을 중심으로 다녔던 거죠. 모르는 분들이지만 찾아가서 조언을 구했죠. 물론 그 도시에 경쟁자로 들어갈 목적은 아니었으니까요. 그런 식으로 1년 반을 조사한 거죠.

김판수 그럼 남편 분이 중국에 가자고 처음 말을 꺼낸 건 언제쯤인가요?

송영미 2002년부터요. 그때부터 중국에 대해서 관심을 가져서, 본인 스스로 중국을 오가면서 조사를 하더라고요.

'중국은 위험하다'는 이미지와 달랐던 상하이

김판수 그때 남편 분의 중국 진출 계획에 어떻게 반응했나요?

송영미 저는 처음에는 그냥 '그래 여행 삼아 가볼까'라고 했어요. 원래 중국을 좀 무서워했죠. 관심도 없었고. 그래서 남편이 중국 다녀올 때도 항상 조심하라고 이야기하고. 다녀오면, 제가 '사람 살만 해?'라고 물어보면, 남편은 '사는 거는 다 똑같아'라고... 그때는 늘 중국이 위험하다고 생각했어요. 안 와봤으니까.

김판수 왜 무섭고 위험하다고 생각했나요?

송영미 공산주의잖아요. 지금 북한도 그렇잖아요. 안 가봤잖아요. 막연한 생각이지만, 여전히 우리는 북한이 안전하다고 생각하지 않잖아요. 중국도 내가 정확한 정보는 없지만, 제가 그동안 들었던 간접적인 정보들에 근거해서 '중국은 위험한 곳이다'라고 생각한 거죠.

김판수 1992년 한중수교 이후 한중 교류가 이미 활발하게 이루어졌잖아요.

송영미 그 당시 우리의 생각은 다들 그랬던 것 같아요. 그러다가 남편이 자꾸 오가니까 저도 인터넷 검색을 좀 했죠. 베이징하고 상하이를 중심으로. 그런데 제 관점에서 베이징은 별로 메리트가 없었어요. 검색을 해보니 상하이가 좀 더 낫겠다고 생각했죠. 그리고 상하이에 이미 한국인이 많이 있더군요. 또 좋은 국제학교들이 많았어요. 그게 제가 중국에 대한 생각이 바뀌기 시작한 이유였어요. 좋은 국제학교들이 모여 있다는 거는 전 세계 각 국에서 괜찮은 사람들이 몰려드는 것을 의미하잖아요. 그럼 살만한 나라라는 것이고. 그렇게 위험하지 않을 수 있다는 것이고.

김판수 처음 중국에 들어올 때 상하이의 어느 공항을 이용하셨죠? 어떤 느낌이었나요?

송영미 푸동공항을 이용했어요. 2002년 12월쯤이었는데, 저는 그때 인천공항이 아니라 김해공항을 통해 들어왔어요. 첫 번째 느낌은 공기가 너무 나쁘다는 거였어요. 그리고 '우리나라보단 좀 못 사는구나'라고 생각했죠. 그리고 도시도 좀 칙칙했어요. 낮인데도. 그래서 조금 실망했죠. 그런데 밤에 돌아다니니까, 도시가 너무 반짝거리고 예뻤어요. '어머, 밤과 낮이 굉장히 다른 곳이야'라고... 와이탄(外灘)이 특히 좋았어요. '한강보다 낫네'라고 생각했죠. 상하이에 처음 왔는데 너무 좋았어요. 그리고 구베이 지역을 좀 봤었는데, 구베이 지역의 핵심은 까르푸잖아요. 거기서 밥을 먹기도 하고, 사람들 움직임도 좀 관찰을 했죠. 그러다가 제가 지나가는 한국인에게 물어봤죠. 와서 사업을 좀 하려 한다고.

한국 치과가 없던 상하이

김판수 아무나 잡고 물어봤다고요?

송영미 네. 저는 그때 결정을 하고 싶었거든요. 마음이 급했죠. 까르
푸 안에서 통로를 걸어가는 한국 엄마 2명을 잡고 물어봤어요.
치과 병원을 할 거라고 했죠. 그랬더니 그 분들이 상하이에 한
국 치과가 한 곳도 없다고 하더라고요.

김판수 구베이 지역에도 한국 치과가 없었나요?

송영미 네. 그때는 홍첸루 한인촌이 아직 제대로 안 만들어졌을 때니
까 상하이에 한 개도 없었어요. 그래서 그 분들이 좋아하더라
고요. '어머, 있으면 좋겠죠. 잘 될 거예요. 여기 상하이에 한국
치과 없어요'라고. 그래서 치과는 별 문제 없다고 생각하고, 제
가 국제학교를 물었죠. 그때 미국 학교도 좋고 싱가포르 학교
도 괜찮다고 했어요. 그리고 그때 아는 분이 주재원이었는데
상하이가 살만 하다고 하더라고요. 결론이 나왔죠. 사람 살만
하고, 치과 해도 괜찮을 거고, 국제학교도 되게 좋다고. 그래서
그때 바로 결정했어요. 일단 와보자. 아직 우리가 젊으니까 한
번 실패해도 괜찮을 것 같다고.

김판수 그때 이 근처 호텔에 투숙하셨나요?

송영미 홍메이루 쪽 민박집요. 남편이 이미 중국을 많이 돌아봤잖아
요. 그러니 어디를 가야 정보를 얻을 수 있는지 알고 있었죠.
그래서 호텔 같은 데 가지 말고 민박집에 가자고 했어요. 놀러
온 게 아니라 조사하러 온 거니까. 민박집은 중국동포가 하는
곳이니까 말도 통하고 또 다른 사람들도 있으니까 물어보기 좋
은 곳이었죠.

김판수 홍메이루 근처에 있는 홍첸루는 어땠나요?

송영미 그때는 이 동네가 없었어요. 홍첸루 자체가 없었을 때에요. 그때가 사람 살 곳을 짓고 있을 때였나? 금수강남 1기만 지어졌던 것 같기도 하고. 이 근처에 길이 아예 없었다니까요. 홍첸루라는 이름도 없었을 때였던 거 같아요. 어쨌든 남편이 여기서 병원을 차리게 된 과정은, 사실 제가 정확하게는 잘 몰라요. 남편이 좀 더 디테일하게 알고 있죠. 원래 중국에서는 외국인이 병원을 오픈할 수 없잖아요. 그러니 당연히 중국 파트너가 필요했고, 그래서 그때 지린성 창춘에서 치과를 하시던 분이 동생이라고 컨설팅 하는 분을 소개해줬어요. 그 컨설턴트는 우리가 상하이에서 치과를 열수 있도록 도와주는 파트너를 구해줬고요. 자리 선정도 도와줬고요.

김판수 컨설턴트는 한국인이었나요?

송영미 한국 사람이었죠. 그런데 중국어를 굉장히 잘하고, 홍콩 쪽에 집이 있었어요. 본인의 형이 창춘에서 치과를 했으니 이쪽 업계를 잘 알고 있었죠. 그래서 파트너를 찾아줬는데, 제가 가서 파트너들을 한 번 만나봤어요. 말은 안 통했지만, 인상이 괜찮았어요. 그리고 구체적인 협의에 들어갔죠. 저는 그 구체적 조건 등은 잘 몰라요. 그때는 제가 거기까지 관여하지 않았어요. 어쨌든 가장 중요한 건 자리 선정이었어요. 그래서 우리가 2003년 6월에 병원 자리 때문에 또 한 번 들어왔어요. 한 일주일 있었어요. 그런데 마땅한 자리를 찾기 힘들더라고요. 그래도 6개월 전에 한 번 와봤으니까 지리에 좀 익숙해졌어요. 저희는 계속 걸어 다녔어요. 제 머리 속으로 계속 지도를 그렸죠. 구베이, 그리고 조금 떨어진 곳에 홍메이루. 그렇게 일주일을 돌아다녔는데도 자리를 확정하지 못했어요. 그러다 저는 한국에 애가 있으니까 들어왔죠. 남편은 남았고요. 남편이 마음이 좀 급했죠. 준비를 오래 했고, 파트너도 찾았으니까요. 그래서 파트너들한테 '나는 급하니까, 그냥 너희 병원 일부 공간을 좀 줘'하며 그냥 밀고 들어갔어요. 2003년 7월에. 그런데 그때 파트너 병원은 신좡지역이라서 한인들이 모여 살았던 구베이에서 상당히 먼 곳이었어요.

김판수 파트너들이 조금 당황했겠네요.

송영미 파트너들이 처음에는 너무 어이없어 했죠. 갑자기 자기네 공간 일부를 차지했으니까. 어쨌든 그래도 우리 매출의 25%를 주기로 했어요. 매일매일 정산을 했어요. 돈은 파트너들이 수납을 했어요. 파트너들이 알아서 25% 정산하고 우리에게 나머지를 지급했죠. 그렇게 시작을 하고 저는 2003년 8월에 아이를 데리고 상하이에 들어왔어요. 당시 남편은 파트너의 도움을 받아서 일단 방 3개짜리 숙소를 구한 상태였어요. 병원 옆 동네에다가. 그때 남편은 이미 한국에서 사무장, 위생사 분을 데리고 들어와서 일을 시작하고 있었죠. 모두가 한 집에서 살고 있었어요. 왜냐하면 다들 언어도 못하고, 중국에도 처음 왔으니, 각각 개별로 집을 얻을 상황이 아니었죠. 남편이 조기축구회에서 만난 통역 겸 여기 일을 봐주시는 분도 함께 살고 있었고요. 제가 와서 보니까 다들 함께 살고 있더라고요. 그렇게 모두 다 같이 몇 달을 살았어요. 그 동안 저는 마케팅을 했죠. 그때 한인 식당 돌면서 계속 전단지를 돌렸죠. 그렇게 하니까 한국인들이 조금씩 오기 시작했어요.

김판수 그 멀리까지 한국인들이 한국 치과를 찾아왔어요?

송영미 상하이에 한국 치과가 없었잖아요. 진짜 오더라고요. 드디어 한국어가 통하는 치과 병원이 들어왔으니까요. 편도 택시 요금 40위안을 내고. 그때 우리 애가 학교에 가야했으니까. 그래서 남편도 주변에 미리 알아 둔 한국 엄마들이 있었어요. 신쫭 지역에 한국 사람이 거의 없었어도, 몇 명은 살고 있었거든요. 그래서 그 곳의 한국 엄마 도움을 받아 우리 아이를 싱가폴 학교에 입학시켰죠.

한국인 치과, 상하이 한인촌에 자리 잡다

김판수 남편 분은 병원을 운영하기 시작했고, 사모님께서는 아이를 국제학교에 보냈군요. 가장 중요한 두 가지 목표를 달성했네요.

송영미 그게 시작이었죠. 저는 아이를 학교에 보냈으니까, 시간이 많이 남았어요. 그때 알게 된 한국 엄마가 어디 갈 때마다 저를 픽업해서 데리고 다녔어요. 저는 상하이를 잘 모르니까 이 곳 저 곳 잘 따라 다녔죠. 그런데 정말 재미있더라고요. 모든 게 새로웠어요. 식당도 그랬고, 쇼핑도 그랬고. 나중에는 저 혼자 다니기도 했어요. 그때 한국 엄마 분이 제가 집에는 잘 찾아와야 한다며, 택시 기사에게 말해야 하는 집 주소와 집 오는 방법 등에 관한 간단한 중국어를 알려줬어요. 그때 저도 중국어를 배우고 싶었는데, 학원을 갈 수 없었어요. 우리가 살았던 숙소에서 구베이 학원까지 너무 멀었거든요. 그렇게 한두 달을 보낸 후 남편에게 병원 자리를 알아보자고 이야기했죠. 여기서 계속 할 수는 없다고. 사실 그때 알게 된 한국 엄마들이 있었어요. 다들 저한테 불평을 하더라고요. '왜 치과를 거기에 했어?'라고. 한국 사람들 모여 사는 곳과 거리가 너무 떨어져 있었거든요.

김판수 당시 남편 분은 치과 일을 하고 계셨으니, 직접 자리를 보러 다니셨나요?

송영미 아뇨. 원래 제가 상하이 들어올 때 급하게 들어왔기 때문에, 여행 가듯 가방 몇 개만 가지고 들어온 상태였어요. 그래서 저는 한국에 원래 집과 살림을 정리하러 들어가야 했어요. 제가 간 사이에 남편한테 자리를 알아보라고 했죠. 그런데 그때는 홍췐루 근처가 막 개발될 때라 번듯한 건물이 없었어요. 그리고 저희 때는 천사마트도 없었을 때였어요. 그래서 자리를 찾는 게 쉽지 않았죠. 왜냐하면 나중에 어디를 중심으로 사람이 모여들지 알 수 없는 상황이었잖아요. 대신 지금의 홍췐루 쪽에 뭐가 생길 것 같다는 소문이 돌아다니긴 했어요. 그런데도 아직은 홍췐루에 건물이 별로 없을 때여서, 할 수 없이 홍췐루에서 200미터 정도 떨어진 건물에 병원을 차렸죠. 왜냐하면 거기에는 큰 호텔이 하나 있었고, 또 그나마 우리가 원하는 면적의 공간이 있었거든요.

김판수 홍췐루 근처 한인 업체 중에서도 거의 최초였겠네요.

송영미 거의 최초에요. 제가 왔을 때 금수강남 1기 쪽에 지금은 우리은행이 있지만 그때는 없었고, 그 옆에 '카페 겸, 식당 겸, 저녁에 맥주도 파는 곳' 하나밖에 없었죠.

김판수 그래도 그때쯤에는 한국인들이 점차 모여들기 시작했죠?

송영미 음. 금수강남 1기에 아주 조금씩 모여들기는 했었죠. 한국인들이 조금씩 들어와 살고 있었고. 금수강남 4기와 풍도국제는 공사 중이었어요. 그리고 제가 그때 부동산에 물어보니까, 앞으로 계속 뭔가 생길 거라고 하더군요. 그걸 믿었어요. 그리고 여기서 가까운 롱바이 지역에는 이미 한국인이 많이 살고 있었거든요. 물론 그때 가장 원했던 자리는 홍췐루 쪽이 아니라 구베이 쪽이었어요. 구베이 명도성 1기 아파트 입구 앞 코너 자리, 즉 지금 빠리바게트 자리에 들어가고 싶었죠. 그런데 거기는 그때도 임대료가 너무 비쌌어요. 포기했죠. 우리는 아직 치과가 잘 될지 안 될지 몰랐잖아요.

김판수 그때 한인촌에 치과 오픈한 곳과 구베이 명도성 1기 앞 빠리바게트의 임대료 차이는 어느 정도였나요?

송영미 3~4배 차이가 났어요. 면적은 비슷했어요. 어쨌든 처음에는 우리가 치과 공간을 임대했지만, 나중에 2005년쯤 남편이 평수를 늘리면서 사버렸어요. 저한테 말도 안하고. 왜냐하면 나한테 물었으면 하지 말라고 했을 테니까. 그런데 그때 그 돈으로 치과 자리를 사지 않고, 홍췐루 아파트를 샀으면 엄청 올랐겠죠. 아파트는 아무 때나 팔 수 있는 자산이지만, 치과는 계속 거기에 있어야 하니까 목돈을 깔고 앉는 거잖아요. 어쨌든 그때 치과 자리도 사고, 아파트도 한 채 사고 시작을 했어요. 상하이에 오래 있으려고 했으니까요. 안정되려면 집이 한 채 있어야 하잖아요.

김판수 중국에 오신 분들 중에 그렇게 빨리 집을 사는 경우는 별로 없더라고요. 사회주의 국가라고 생각도 많이 했고요.

송영미 그때 저는 그저 일단 집에 빨리 보일러를 깔고 싶었어요. 남의 집에 깔 수는 없잖아요. 그게 너무 불편했어요. 또 뭐가 망가지고 하면 집주인들이 어쩌고 저쩌고 한다는 이야기도 많이 들었고요. 그 것도 큰 스트레스잖아요. 더구나 그때 여기 아파트

가격이 한국에 비해 엄청 저렴할 때였잖아요. 그래서 그냥 샀죠. 그리고 보일러를 깔고 나니까 정말 좋았어요.

김판수 그런데 집은 해결했어도 병원 자리의 경우 당시만 하더라도 자리가 좋지는 않았을 것 같은데요.

송영미 네. 파트너들도 좀 말이 있었을 거예요. 왜 거기다가 병원을 차리느냐고. 왜냐하면 건물이 오래 되고 낡은 건물이었어요. 아직 훙췐루 쪽에 아무 것도 없었고. 그래도 여기가 구베이까지 좀 가까운 편이니까 결정했죠. 당시 구베이에는 한국인 상권이 어느 정도 형성된 편이었으니까요.

개업 준비부터 영업허가 받기까지

김판수 남편 분은 낮에 계속 파트너 병원에서 일을 하셨을 텐데, 치과 세팅은 누가 담당하셨나요?

송영미 제가 했어요. 중국 업체 찾아서 인테리어 공사 시키고, 공사 감독도 제가 했죠. 2004년 12월부터 공사를 시작했어요. 그리고 2005년 3월 중순부터 임시 영업을 시작했고요. 그때까지 남편은 계속 파트너 병원에서 일을 했고, 저는 여기서 계속 공사를 감독하면서 병원 오픈하는 것을 준비했죠.

김판수 중국 인테리어 공사비용이 꽤 들었을 텐데, 적정선이었다고 생각하세요?

송영미 그때는 전혀 몰랐어요. 왜냐하면 어떤 기준점이 없을 때잖아요. 상하이에 한국 치과를 처음 세우는 거였고, 그리고 중국 치과와는 전혀 다른 한국 치과로서 어떤 아우라도 풍겨야 했고,

또 내부 동선도 효율적으로 짜야했거든요. 그때 중국인 시공자들도 제가 지시하는 그런 방식으로 병원 공간을 공사한 거는 처음이었으니까요.

김판수 파트너들이 도와주지는 않았나요?

송영미 우리한테 인테리어 비용을 좀 많이 쓰는 것 같다고 이야기하긴 했지만, 자기 일처럼 도와주지는 않더라고요. 왜냐하면 자기네 돈은 한 푼도 안 들어가잖아요. 대신 우리 병원이 만들어지면, 그때 파트너들은 행정 허가를 받아주는 거죠. 그 외에는 그들이 전혀 신경을 안 썼어요.

김판수 주변 한인들에게 도움을 받을 순 없었나요?

송영미 당시에는 이 정도 공사에 그 비용이 적정선이었는가에 대해서 말할 수 있는 사람이 없었어요. 식당 몇 평 정도의 인테리어는 알고 있었을 수는 있지만, 병원 내부 인테리어 공사는 완전 다른 개념이잖아요. 누구도 답을 주지는 못 하더라고요.

김판수 결국 사모님께서 정말 많은 일들을 고민하면서 처리를 했겠네요.

송영미 네. 특히 인테리어 부분에 신경을 많이 썼죠. 2005년 3월에 인테리어 끝내자마자 우리가 임시 영업을 시작했는데, 그때 파트너 쪽에서 제재를 했어요. '아직 임시 영업 단계라서 그 정도까지는 진료를 할 수 없다'고. 그런데 우리 남편은 '환자가 아프다고 오는데 어떻게 하냐'고 뭐라고 하면서 '빨리 정식 영업 허가 문제를 해결해 달라'라고 오히려 닦달했죠. 돌이켜보면 허가 없이 그렇게 영업한 것도, 그 시절이었으니까 가능했던 거였죠. 지금은 절대 그런 식으로 할 수 없죠. 어쨌든 우리가 그렇게 닦달하니까 결국 5월에 영업 허가가 나왔어요. 오히려 파트너 쪽에서 매우 급하게 움직일 수밖에 없었던 거죠. 지금이라면 절대 불가능했겠죠. 그땐 우리도 몰랐어요. 그러면 안 된다는 것을. 그래도 당시 우리 쪽이 의료기술이 훨씬 뛰어날 때였고 위생 수준도 상당히 높았으니, 그나마 별다른 문제가 없었던 거죠. 어쨌든 그렇게 병원이 완전히 세팅되고 나서, 저는 병원에 일체 관여하지 않았어요.

상하이에서의 일상, 주재원 부인들과 어울리기

김판수 2005년 3월부터 병원이 제대로 돌아가면서 사모님의 진정한 상하이 생활이 시작되었겠네요.

송영미 네. 저는 그때부터 학원에 갔어요.

김판수 이미 상하이에 온지 1년 반 정도 지났을 때였는데, 드디어 어학 공부를 시작할 수 있는 여유를 얻었군요.

송영미 네. 학원 갈 틈이 없었어요. 어쨌든 그때는 홍첸루에 학원이 없었어요. 홍중루에 학원이 있어서 거기로 다녔죠. 그때 이 근처에는 홍중루, 구베이, 쯔텅루 세 곳에 어학원이 있었어요. 그때 홍중루의 학원에서 홍첸루 쪽으로 학원차량을 돌리고 있었거든요.

김판수 그 학원에는 대체로 어떤 분들이 수강했나요?

송영미 주로 엄마들과 새로운 일을 시작하려는 사람들이었어요. 구베이에 중국인이 운영하는 학원에는 외국인들이 많았어요.

김판수 구베이에도 한국 엄마들이 다니는 학원이 있었을 텐데 굳이 홍중루 쪽 학원을 선택한 이유가 있나요?

송영미 홍췐루에서 홍중루에 비하면 구베이가 좀 더 멀잖아요. 중간 지점에 학원이 있는데 굳이 구베이까지... 학원은 홍중루에 다니는 대신, 생활은 매일 구베이에서 했어요. 거의 구베이에 살았죠. 홍중루에서 수업 끝나면, 엄마들끼리 구베이로 넘어가서 놀았어요. 3년 동안 점심은 단 한 번도 홍췐루의 집에서 먹은 적이 없어요. 엄마들하고 먹는 일도 있었고, 일 때문에 그렇기도 했고. 어쨌든 저는 그저 배운다고 생각하고 남의 일이라도 따라가서 함께 시간을 보냈어요.

김판수 함께 시간을 보낸 엄마들의 남편들은 주로 어떤 분들이었나요?

송영미 두 부류였는데, 주재원 비중이 더 컸죠. LG, 삼성, 현대, 기아, 하이닉스, 효성 등. 그 당시만 해도 저는 개인 사업하는 분들을 잘 몰랐어요. 제가 상하이 온 이후 5년 정도까지 어울렸던 엄마들은 대개 주재원 부인들이었어요.

김판수 점심 이후 대략 언제까지 함께 시간을 보냈나요?

송영미 3시가 헤어지는 시간이었어요. 아이들 학교 끝나면 다들 픽업을 갔으니까요. 아파트 입구에서 아이를 데리고 집에 들어가는 거죠. 뭐 늦으면 아줌마한테 전화를 했지만. 거의 우리가 아이들을 챙겼어요.

김판수 그렇게 오랫동안 거의 매일 함께 시간을 보내는데 구체적인 일과는 어땠나요?

송영미 그때는 여기 근처에 차를 마실 데가 별로 없었거든요. 그러니 함께 밥 먹고 장을 보고, 또 여기저기 시장에 갔다가 마사지도 받고. 그러다가 누구네 집에 모이기도 하고. 그때는 이 주위에 특별히 갈 곳도 없었으니까요. 거의 항상 4명이서 짝을 맞춰서 돌아다녔어요. 제가 있었을 때는 상하이 시내에 굉장히 크고 좋은 짝퉁시장이 있었어요. 거기 다닌 한국인이 그렇게 많지는 않았어요. 저는 자주 갔어요. 한국에서 누군가 오면 제가 데리고 가는 거죠. 꽃시장, 옷시장, 그릇시장... 상하이 도매시장은 안 다녀 본 곳이 없어요.

김판수 같이 다닌 분들은 모두 주재원 부인이었나요?

송영미 거의요. 주로 X회사 주재원이 많았어요.

김판수 X회사는 주재원들에게 상하이 아파트를 사지 말라고 했다면서요.

송영미 그래서 그들은 안 샀어요. 그래서 제가 친한 언니한테, '언니, 내 이름으로 사. 걱정하지 말고'라고 몇 번을 이야기 했죠. 그때는 외국인도 몇 개씩 살 수 있었거든요. 그런데 그 언니는 절대 그렇게 하면 안 된다고. 남편이 절대 안 된다고 해서 결국 못 샀어요.

김판수 집안 일의 경우 아줌마들에게 어느 정도까지 의지했나요?

송영미 반찬은 우리 아줌마에게 몇 가지 가르쳤죠. 그래도 좀 다르니까. 제 주변 엄마들은 대개 밥은 본인이 했어요. 그런데 아줌마가 해주는 밥 그대로 먹는 가정도 있긴 했어요. 그런 경우는 대개 새댁들 또는 음식에 소질 없는 엄마들이죠. 왜냐하면 아줌마가 본인보다 훨씬 잘 했으니까요. 그래서 어릴 때부터 아줌마가 해준 밥 먹고 자란 애들이 있죠. 그래도 대부분 한국 엄마들이 밥 정도는 했어요. 청소는 아줌마가 했죠. 뿐만 아니라 우리 중국어가 잘 안 통할 때, 아줌마들이 집안의 수리와 배달 등 다양한 잡일들을 해결해주었죠.

모두가 이방인, 상하이 한인촌 '밤 문화' 묵인

김판수 2008~2009년까지 남편들이 상하이 KTV 등 밤 문화를 너무 좋아해서 스트레스를 받았다고 하더군요.

송영미 우리는 낮에 나름 재미있게 놀러 다녔잖아요. 그리고 남자들은 대부분 영업을 한다면서 자주 가는 곳이긴 했죠. 한국에서는 그런 데 가면 큰 일 날 것처럼 그랬을 것 같은데, 여기는 워낙 많은 남자들이 자주 갔기 때문에 다들 익숙해지는 측면이 있었어요. 그래서 좀 시간이 많이 흐른 후에, 가끔 사람들이 모일 때가 있잖아요. 그때 제가 그런 곳에 자주 다닌 분들에게 물어봤어요. '옛날에 KTV 어땠어요?'하고. 그러면 남자들이 '세상에 그런 천국 같은 곳이 어디 있겠냐'라고 하더군요. 완전 천국이었다고. 진짜 너무 재미있었대요. 돌이켜 보면 여기 여자든 남자든 똑같은 패턴이었던 것 같아요. 우리 엄마들은 여기서 낮에 함께 재미있게 놀다가 점차 시들해졌고. 남자들은 그런 밤 문화에 푹 빠졌다가 점차 시들해졌고.

김판수 2008~2009년까지만 하더라도 홍첸루에서 한국 남자들이 밤을 같이 보낸 여성들과 점심까지 함께 하는 경우가 일반적이었다고 하더라고요.

송영미 그렇죠. 딱 표가 나죠. 우리 엄마들이 밥 먹고 있으면 옆에 딱 보여요. 바로 옆 테이블에서 밥을 먹고 있어요. 대신 그런 경우는 주로 출장 온 사람들이에요. 여기 홍첸루에 살고 있는 사람들은 그렇게까지 하기 쉽지 않았을 거예요.

김판수 그래도 한인촌은 모든 가족에게 생활공간이자 아이들의 교육
공간이었잖아요. 그렇게 공간이 겹쳐져서 불편하지는 않았나
요?

송영미 당연하죠. 우리는 엄청 너무 싫어했죠. 밥을 먹어도 제발 딴
데 가서 먹지. 그런데 출장 온 사람들은 대개 언어가 안 되니
까, 다른 지역에 가서 밥을 먹을 수도 없잖아요. 그들이 갈 수
있는 곳이 딱 한인촌인데.

김판수 그럼에도 불구하고 여기가 한국 가정의 생활공간이었는데, 오
랫동안 살고 있는 분들의 경우 좀 더 적극적으로 행동할 수 있
지 않았을까요? 왜 그렇게 묵인을 했을까요.

송영미 음. 누구도 이곳에서 평생 살 거라고 생각하는 사람들이 없어
서겠죠. 언젠간 떠나야하는 곳이니까. 물론 떠나는 시점은 모
두 다르지만요. 또 여기는 한국도 아니었잖아요. 그래서 이곳
의 좋지 않은 문화나 그런 것들을 바꿔야겠다는 생각을 하지는
않았죠. 그 누구도. 그냥 결국 받아들였어요. 한국에서는 우리
가 평생 살아야하고 또 주변 환경에 신경을 많이 썼지만. 여기
는 같은 한국 사람들이 살더라도, 한국에서 당연히 지켜야 하
는 예의를 지키지 않는 경우가 정말 많았어요. 다들 '한국에서
는 저렇게 행동하지 않을 것 같은데, 왜 여기 와서 저렇게 행동
하지' 하면서도 그냥 흘려보내는 거죠. 우리도 모르게 그냥 그
런 분위기에 적응했죠. 그냥 '여기는 외국이니까'하고 지나쳤
죠. 누구도 그걸 반드시 고쳐야겠다고 생각한 사람은 없었을
거예요.

김판수 한국은 주거 공간에 그런 곳들이 들어오면 난리가 났을 텐데.

송영미 풍도국제 단지 상가 1층이 전부 맥주집하고 술집이잖아요. 저는 처음 우리 애가 계속 왔다 갔다 하니까 너무 싫었어요. 주변이 시끄럽기도 했고. 그래서 초기에는 제가 내려가서 뭐라고 했어요. 가게 안에서 그렇게 떠들지 왜 테이블을 밖에까지 두냐고. 그런데 나중에는 우리가 그 곳을 좋아하게 되었어요. 너도나도 나와서 함께 맥주 마시고. 완전히 거기가 한국 사람이 모이는 곳으로 되어버렸으니까요. 언젠가부터 저도 남편하고 또 사람들하고 거기서 함께 시간을 보내고 있더라고요.

'상하이 한국인'이라는 정체성

김판수 신조선족이라는 용어를 언제부터 상하이 한국인들이 썼나요?

송영미 그런 말을 쓴 건 7~8년 전부터 같아요. 엄마들끼리 쓰는 말이에요.

김판수 처음 들었던 때가 7~8년 전이었나요?

송영미 들었다기보다는, 우리 엄마들이 대화를 하다 보니 만들어진 단어였죠. 예를 들어 엄마들이 '우리 신조선족 같지 않아?'라고 하면서 만들어진 거죠. 여기 너무 오래 살았으니까요. 완벽한 한국 사람도 아니고, 그렇다고 중국동포도 아니고, 그저 어정쩡하니까. 그냥 우리 엄마들 사이에서 생긴 단어에요.

김판수 신조선족이라는 용어에 대해 정의를 부탁드립니다.

송영미 중국동포들은 우리하고 같은 언어를 쓰지만 그들의 사고, 태도, 행동 등은 우리와는 다른 점이 있어요. 서로 공감할 수 없는 부분이 많으니까요. 그런데 여기 상하이의 한국인들 중 오래 살았던 사람들은 변화된 한국이 낯설고 잘 몰라서, 한국에 가면 좀 어색하고 어설플 때가 있어요. 그래서 엄마들끼리 그렇게 부르기 시작했어요.

김판수 여기 계신 분들이 한국에 살고 있는 한국인하고 어떤 차이가 있나요?

송영미 우리가 모르는 게 일단 좀 많아요. 한국 가면 매일 물어봐요. 오랜 만에 가면 길도 바뀌고, 은행에서도, 버스를 타서도, 지하철을 타러 가서도. 우리는 매일 묻죠. 그래서 누군가 한국 다녀오면 '요즘 한국 사람들 사는 방법이 이렇게 변했어'라며 막 이야기를 해요.

김판수 한국 다녀와서 겪은 일이나 정보들을 서로 공유한다는 거죠?

송영미 그럼요. 예를 들어 우리도 한국 가서 건강검진 받잖아요. 어느 센터가 좋은지 정보도 교류하고. 또 한국 다녀 온 사람이 경험한 것들을 공유하죠. 여행 다녀오면 여행 스토리 이야기 하듯이. 사람마다 다 다른 경험을 해요. 그러면서 우리는 한국에 대한 정보를 얻는 거죠. 아주 단순한 거예요. 어디 건강검진센터가 좋다고 하면, 우리는 '언니 거기 가려면 예약해야 돼?'라고 묻는 것부터 시작해서, 이것저것 자세하게 묻는 거죠.

김판수 왜 그렇게 자세하게 정보를 교류하나요?

송영미 우리는 한국에 가기 전에 반드시 그런 세세한 정보를 한 번에 다 듣고 가야해요. 그렇지 않고 아무 준비 없이 그냥 갔다가는, 엄청 헤매고 오래 걸리고 결국 다음 한국 갈 때 다시 시도해야 되는 경우가 있거든요. 매우 사소한 일이지만, 상하이에 있는 우리들에겐 매우 중요한 정보인거죠. 한국에서 살면 사소하고 또 당연한 정보인데. 우리는 한국 한 번 가면 시각을 다투잖아요. 딱 정해진 기간에 모든 준비한 것들을 완성하고 와야 해요. 그래서 한국 들어가기 전에 미리 제대로 사전 조사를 하지 않으면, 알게 모르게 낭비하는 시간이 정말 많거든요. 한국에 사는 사람들은 오늘 아니면 내일 또 하면 되지만, 우리는 잠깐 다니러 가서 그 것들을 꼭 해결하고 와야 하니까. 완전히 다른 문제인거죠.

김판수 그렇군요. 엄마들이 한 번 들어올 때마다 정말 타이트하게 여러 가지 일들을 제대로 처리하고 돌아가야 하니까. 그래도 상하이에서 한국 엄마들끼리 모여 그런 정보를 공유하게 되면 한국이 외국처럼 느껴지기도 하겠네요.

송영미 그렇죠. 그래서 엄마들의 모임이 꼭 필요해요. 사람마다 경험하는 게 다르잖아요. 다른 엄마들의 경험을 통해서 제가 많이 배울 수 있어요. 한국에서의 일들 이외에도 상하이에서 살아가는 법까지도...

김판수 어쨌든 상하이에서 두 개의 언어를 쓰고 있는데, 그게 정체성에 어떤 영향을 미친다고 생각하세요?

송영미 예를 들어, 여기 아파트 엘리베이터에 함께 타고 있는 중국인이 담배를 피울 때 혹은 담배 냄새가 심하게 날 때, 우리가 가끔 한국어로 '어우, 담배 냄새나'라고 이야기 하거든요. 그러다가도 우리들끼리 서로에게 충고하죠. '우리 한국 가서 조심해야 해. 우리도 모르게 그런 말이 튀어나와. 여기서 한국말로 우리 감정 드러내는 게 습관이 되었어'라고 이야기해요. 실제로 한국 들어가면 무의식적으로 그런 말을 하게 되거든요. 그래서 한국 가서는 말조심해야 하죠. 그래서 저는 딸하고 한국에서 가끔씩 중국어로 대화해요. 식당 같은 곳에서 주변 한국인들이 예의나 경우가 없을 때.

김판수 우리는 상하이 한국인이라는 거죠?

송영미 그렇죠. 정체성이 좀 왔다 갔다 하죠. 환경에 따라서 조금씩 정체성이 바뀌는 것 같아요.

김판수 한국 들어갈 때 마다 어떤 감정을 느끼나요?

송영미 처음엔 두근두근 했어요. 지금은 그런 마음 없어요. 가면 할 일들이 쌓여 있잖아요. 한국에서 시간 순으로 처리해야 하는 것들. 꼭 구입해야 하는 것들. 꼭 찾아봐야 할 것들. 그렇게 하나하나 처리하면서. 그래서 저는 제가 한국사회로부터 뒤쳐져 있다고 생각해요. 상하이에서 저는 중국 뉴스가 아니라 한국 뉴스를 봐요. 그런데 여기 상하이에서 한국 뉴스를 보면 남의 일 같아요. 제 피부에 안 닿으니까. 이질감이 굉장히 크게 느껴져요. 그런데 또 상하이에 있으면 저는 손님 같다는 생각을 하죠.

김판수 한국에서 중국 오는 비행기 기내에서 입국허가서 쓰잖아요. '방문 목적'에 어떻게 표기하시죠?

송영미 저는 항상 '기타'에 표기해요. 사실 고민을 해보긴 했어요. 관광, 비즈니스, 공부 등 여러 가지 있잖아요. 한 번 쭉 읽어봤는데 별로 해당 되는 게 없더라고요. 그래서 늘 기타에 체크해요.

김판수 '리턴 홈' 체크를 고려해 본 적은 없나요?

송영미 리턴 홈? 우리 집은 집이죠. 실제 상하이 집에 도착하면 '아 집에 왔다. 편하다'라는 생각은 들죠. 그런데 그걸 서류에까지 표기하는 것은 생각 못했네요. 집으로 돌아오는 것은 맞죠. 그래도 완전한 리턴 홈은 한국이 아닐까요. 그래서인지 상하이에 돌아올 때는 진정한 의미의 '리턴 홈'이라는 느낌이 들지는 않아요.

'안 되는 게 너무 많은' 상하이

김판수 상하이에서 계속 살고 싶다고 생각하세요?

송영미 처음엔 중국이 재밌고 좋았어요. 물가도 쌌고. 조금 불편하기는 했지만 장점이 많았죠. 아이 교육 측면에서도. 그런데 지금은 우리 애도 한국에 가 있고, 피부로 느끼는 물가도 너무 높아졌고, 그 다음에 어떤 일을 하고 싶어도 안 되는 게 너무 많잖아요. 외국인이니까. 그래서 너무 힘들어졌어요. 솔직히 외국인이면 여기 정부가 도와주는 게 있어야지. 이제는 그냥 살지 말라는 거잖아요. 그래서 저도 이제 살기 싫다고 생각할 때가 많죠.

김판수 언제부터 그렇게 생각하셨나요?

송영미 2년 전부터요. 사실 여기서 한국인이 살아가는 이유가 뭐 있겠어요. 다들 돈을 버는 게 목적이잖아요. 그런데 이제 상하이에서 한국인이 돈 벌기 너무 힘들어졌어요. 반면 이제 한국인이 상하이에서 지출하고 있는 액수는 매우 커졌죠. 예전엔 한국인이 돈을 쓰려고 해도 쓸 곳이 별로 없었어요. 그런데 이제는 반대죠. 지출액이 굉장히 많아졌어요. 그만큼 상하이 소비수준도 올라갔고, 또 물가도 비싸졌죠.

김판수 구체적으로 어느 측면에서 가장 많이 느끼고 있는지요?

송영미 예를 들면, 아줌마 비용이요. 제가 여기 처음 왔을 때만 해도 아줌마가 집에 하루 종일 있어도 한 달에 800위안이었어요. 그런데 이제는 하루 4시간만 오는데도 한 달에 2,800위안이에요. 이번 설 지나면 많이 올려줘야 해요. 아줌마하고 저하고 사이가 너무 좋아서 지금까지는 그 정도로 지불했죠. 만약 새로운 아줌마를 구하게 된다면 3,000위안이 훌쩍 넘겠죠. 그래도 저희는 이제 둘만 있으니까 지출이 적지만, 식구가 많은 집은 장난이 아니죠.

중국인 파트너와의 '갑을'관계

김판수 중국인 파트너들과의 관계는 어땠나요?

송영미 저희 파트너들은 허가를 받아주는 조건으로 매출의 일부 비율을 가져가요. 그리고 처음에는 그 중국 파트너들이 우리한테 기술도 많이 배워갔어요. 그런데 점점 중국파트너들도 실력이 좋아지니까 우리에게 도움을 주지 않고, 그저 수익만 가져가더라고요. 뭐든지 풍성하고 많을 때는 문제가 없다가, 점차 기울어지면 서로의 감정들이 좋지 않게 변하는 것 같아요. 처음 같지는 않더라고요.

김판수 그런데 2004년 무렵이면 중국 의사들 지위가 낮았잖아요. 지금도 여전히 높은 편이 아니고. 그런데도 그쪽이 그렇게 행동했나요?

40

송영미 자기네 나라잖아요. 그리고 실제 병원 허가는 중국 파트너 이름으로 되어 있잖아요. 그들은 아마 우리 병원이 아니라 자기네 병원이라고 생각했을 거예요. 그들이 동의하지 않으면 우리는 아무것도 못하니까요. 그런데 우리는 우리 돈으로 했기 때문에 우리 것이라고 생각했죠. 똑같은 걸 두고 서로 다르게 생각한 거죠. 따지고 보면 우리가 정말 무모했던 거죠. 남의 나라에서.

김판수 처음에는 파트너들도 어느 정도는 저자세였을 것 같은데요.

송영미 절대 그렇지 않았어요. 자기네들이 없으면 우리가 어떤 것도 할 수 없다는 것을 너무나 잘 알고 있었어요. 그래서 남편도 그들이 원하는 것을 다 들어줬어요. 왜냐하면 우리가 하나하나 따지면 들어가면 그들과 오래할 수 없다는 것을 알고 있었던 거죠. 그래서 10년 동안 트러블이 없긴 했어요. 그렇지만 사실 마음 속 깊이 불안이 있었죠. 고생은 고생대로 했고요. 중국파트너들은 쉽게 돈을 벌었죠. 불공평하다고 생각이 들었어요. 우리가 결국 중국 파트너들을 위해 병원을 차린 느낌. 우리도 그렇지만, 여기 한국 사람들 중에 중국인들하고 파트너해서 억울한 경우를 당한 사람들이나 말 못하는 사정 있는 분들이 굉장히 많을 거예요.

김판수 그래서 다들 중국에서 그나마 돈을 번 한국인들은 사업이 아니라 부동산을 해서 벌었다는 말을 하는군요.

송영미 그렇죠. 부동산은 적어도 우리 명의로 되어 있잖아요. 다른 사업은 합법적인 영역이라고 하더라도 허가가 잘 안 나와요. 그러니까 어쩔 수 없이 중국인과 동업을 해야 하는 거죠. 그래서 저도 부동산이 가장 안전하다고 생각했어요. 내가 여기서 할 수 있는 일 중에 가장 안전한 일이었죠. 내 이름으로 할 수 있는. 언제든지 내가 원하면 팔 수 있고. 합법적으로.

김판수 그런데 2010년 조금 넘어서부터는 한국에서 너도나도 여기 상하이에 사업을 하고 있는 분들을 찾아왔잖아요.

송영미 맞아요. 정말 많이 들어왔죠. 한국 치과계에서도 우리 남편을 진짜 많이 찾아왔어요. 그런데 또 한 편으로는 여기 상하이를 너무 쉽게 혹은 우습게 알고 있긴 했어요. 그저 쉬운 중국이라고 생각했던 거죠. 그런 사람들 정말 많았어요.

상하이 한인촌의 가치

김판수 그래도 초기에는 상하이에서의 삶을 재미있다고 생각하셨잖아요. 그게 어떻게 가능했다고 생각하세요?

송영미 저는 다른 곳은 몰라도 상하이는 계속 살만한 곳이라고 생각했어요. 그리고 우리 엄마들이 이야기하는 것 중에 하나가 여기 홍췐루에 코리아타운이 형성되지 않아서 모두가 띄엄띄엄 살았다면 다들 오래 살지 못했을 거라고 말해요. 너무 외로워서요. 여기에서는 오며가며 한국 사람들을 계속 만나잖아요. 굳이 약속을 하지 않아도. 마트 가서도 만나고. 이렇게 스치듯 만나도 서로 의지가 되었어요. 그 힘이 굉장히 컸어요. 저도 여기 한인촌이 없었으면 못 살았을 것 같아요. 물론 여기가 위험하지는 않지만 늘 뭔가 불안한 느낌이 있잖아요. 그런데 불안한 한국인끼리라도 서로 모여 있으니까 안전하다고 생각했죠.

김판수 남성들은 그런 공동체적인 힘을 잘 생각하지 않더라고요.

송영미 남자들은 본인들이 주체가 되어서 여기에 들어왔잖아요. 회사 주재원으로 나오든 본인 사업을 위해 나오든. 그런데 여성들은 대개 처음에는 남편 따라 오잖아요. 본인의 의지가 아닌 채로 많이 나와서 그렇겠죠.

병원 관리와 중국 '재인식'

김판수 2005년 이후에는 병원에서 어떤 활동은 하셨나요?

송영미 저요? 한국인 위생사가 있었잖아요. 저는 안 나갔어요. 아무것도 안 했어요. 그저 남편이 정산하고 돈을 가져다 줬죠. 저는 한 3년 동안 정말 열심히 놀러 다녔어요. 너무 행복하게.

김판수 그 이후에는요?

송영미 한국에서 온 위생사가 2010년 정도에 들어갔어요. 병원 오픈한 지 5년 정도 지났을 때. 그때 남편이 그러는 거예요. 한국 간호사가 없으니까 정산도 잘 안 되고, 자기는 일 때문에 바쁘니, 병원에 좀 나오면 안 되냐고. 나와서 정산이라도 맞춰보라고 하더라고요. 그래서 처음에는 일주일에 2~3일 정도 나갔어요. 그런데 나가서 상황을 좀 보니까, 뭔가 하나씩 보이더라고요.

김판수 제일 처음 뭐가 보이던가요?

송영미 중국 치과대학의 학업과정은 조금 복잡한데, 어쨌든 대개 실력을 현장에서 배우는 과정을 거쳐요. '보조의사'라고 불렀는데, 우리 병원에는 중국동포 출신의 보조의사들이 왔어요. 그런데 그들이 손으로 하는 일은 남편한데 배우지만, 이외의 것들 예를 들어 환자에게 설명하고 서로 교감하는 것들은 굉장히 부족하거든요. 환자들이 질문하면 제대로 대답을 못하는 경우가 많았죠. 그래서 제가 인터넷에 들어가서 상식적인 것들을 쭉 공부한 뒤에 그들에게 학습을 시켰죠. 사실 간단하지만 제대로 표현을 해야 한다고. 우선 외우라고 했죠.

김판수 좀 더 구체적으로 설명 부탁드립니다.

송영미 예를 들어, 환자가 '여기가 지금 아파요'하면 의사가 설명을 해 줘야 하잖아요. X레이 사진을 보면서, 현재 치아 상황에 따라 앞으로 무엇을 해야 하고, 어떤 재료를 선택 가능한지, 각 재료마다 가격 차이는 어떤지, 그리고 왜 환자에게 그것을 설명해야 하는지 까지도. 그런데 그런 것들을 잘 못하더라고요. 그래서 제가 매뉴얼을 만들었어요. 그 전에는 그런 매뉴얼이 없었어요.

김판수 이외에 또 어떤 일을 하셨죠?

송영미 청소하는 것도 가르쳤죠. 치과 병원인데 너무 신경을 안 쓰더라고요. 그리고 물건 수납하고 정리하는 방법도 가르치고. 가장 기본적인 것들인데도 불구하고 거의 체계화 되어 있지 않았어요. 병원 오픈한지 5년이 지났는데도. 그걸 체계화 하는데 1년이나 걸렸어요. 남편은 환자 보느라 너무 바빴던 거죠.

김판수 한국인 위생사가 있었잖아요.

송영미 위생사는 상담도 하고 보조도 해야 하니까 바빴던 거죠. 처음에는 좀 해보려 했던 것 같은데 흐지부지 되었던 거죠. 사실 오랫동안 병원이 잘됐어요. 제가 체계화한 것들은 잠깐 왔다가는 외부자들은 몰라도 내부자들은 잘 알 수 있는 부족함이었죠. 예를 들어, 재료를 써도 관리를 안 하니까 낭비가 많았던 거였어요. 디테일한 부분들이 부족했죠. 그래서 처음에는 일주일에 2~3번 잠시 동안만 병원에 나갔다가, 나중에는 제가 할 일이 꽤 많다는 생각이 들어서 매일 오전에 나갔어요. 출근을 했죠.

김판수 오후에는 뭘 하셨어요?

송영미 오후에는 놀았죠. 오후에는 점심 약속부터 잡아서 나갔어요. 물론 매달 마감할 때는 한 며칠 바빴죠.

김판수 그러면 결국 사모님에서 공동창업자 지위로 되돌아갔다고 볼 수 있나요?

송영미 제가 주변 사람들한테는 자세하게 이야기를 안 했어요. 제가 병원에서 일을 한다고는. 그저 가끔 가긴 가는데, 마감할 때 잠깐 간다고. 다들 그렇게 생각했죠. 다들 제가 아침 일찍 나가고 있다고는 생각 안 했어요. 어차피 엄마들끼리는 점심부터 만났으니까요. 오전에 급한 일이 있으면 잠시 나가서 만나고 오면 되니까요.

김판수 그럼에도 불구하고 병원 일을 시작한 이후부터 상하이에서의 삶이 좀 더 역동적으로 변했을 것 같아요.

송영미 그렇죠. 그렇게 일을 하게 되면서 제가 중국을 좀 더 알게 되었죠. 원래는 제가 중국에 있었을 뿐, 중국 사람들과 일을 해보지는 않았잖아요. 초기에 병원 오픈할 때, 공사할 때, 집 살 때뿐이었어요. 그런데 2010년 이후에 병원에 나가서 일을 하게 되면서 중국 사람들의 많은 면모를 볼 수 있게 되었죠.

김판수 병원 일 참여 전후 중국 인식은 어떻게 변화되었나요?

송영미 제가 만나는 중국 사람은 집에서 일하는 아줌마, 마트 계산대
에 있는 사람, 식당 종업원 등에 불과했잖아요. 중국에 오래 있
었으니까 중국 문화를 조금 알긴 했지만, 중국인에 대해 어떤
판단을 하기에는 경험이 부족했죠. 중국 사람들의 습성에 대해
좀 더 잘 알게 된 것 같아요.

김판수 중국어는 얼마나 오랫동안 배우셨어요?

송영미 병원 인테리어 끝나고 6개월 정도 배웠어요. 그런데 2010년 이
후 병원에서 일 하는 중국인 직원들과 이야기를 많이 하게 되
면서 그 동안 쓰지 않았던 단어들을 쓰기 시작했죠. 그래서 중
국어도 많이 늘었어요. 어쨌든 제가 점점 월급, 직원 숙소, 업
무 등을 전반적으로 관리하면서 중국인들과 소통이 늘어나고
그에 따라 그들을 더 잘 이해하게 되었어요.

비가시적인 여성의 지위, '타이타이'로만 남다

김판수 그러다 점점 병원 일에 개입하는 영역이 커졌겠군요.

송영미 어느 선에서 딱 멈췄죠.

김판수 어느 선에서요?

송영미 제가 발언을 많이 하긴 했지만, 결국 마지막에는 남편이 결론
을 내렸어요.

김판수 왜 그렇게 되었나요?

송영미 일단 남편이 시작했던 병원이고 오랫동안 운영해왔잖아요. 직

원들은 남편을 오너로 인식하는데, 거기서 제 주장을 계속 내세울 수는 없잖아요. 그리고 저는 어차피 병원 일을 서포트 하러 갔던 사람이었으니까요. 그 병원에서는 남편이 권위가 있어야 한다고 생각했죠.

김판수 여기 상하이 한인촌을 조사하면 여성분들의 정체성이 정말 모호한 것 같아요. 사모님의 경우에도 병원을 오픈할 때 직접 세팅을 했고, 그 자금도 공동의 자산이었잖아요. 더구나 병원 운영에도 참여를 하셨고. 그럼에도 불구하고 내외적으로는 고정된 지위나 정체성을 가질 수 없는.

송영미 없어요. 저는 저대로 힘들었죠. 그런데 아무한테도 인정을 받을 수는 없었죠. 그런데도 제 눈에 많은 허점이 보였고 또 갈수록 수익 문제가 불거졌으니까, 제가 손을 놓을 수도 없었어요. 결국 누구로부터도 좋은 소리 못 들어가면서 끝까지 일을 해야만 했어요.

김판수 파트너들은 사모님께 어떤 호칭을 사용했나요?

송영미 타이타이(사모님)요. 마지막까지도 타이타이였어요.

김판수 직원들은 어떤 호칭으로 불렀나요?

송영미 직원들도 모두 타이타이라고 불렀죠.

김판수 그 호칭에 만족하셨나요? 시작부터 또 마지막에도 많은 일을 하셨는데도.

송영미 그 병원에서는 어쩔 수 없었어요.

김판수 스스로 어떤 지위를 선언할 수 있지는 않았나요?

송영미 그렇게 했죠. 그런데 우리 남편이 '그럼, 제 시간에 출근해서 제 시간에 퇴근해'라고 하더라고요. 그런데 저는 또 그렇게 살기는 싫었어요. 저도 나름 바빴거든요.

김판수 그런데 파트타임도 직위가 있잖아요.

송영미 그렇죠. 그리고 상하이에서 한국인 가족이 살아가려면 병원 일만 한다고 모든 일이 처리되는 게 아니잖아요. 그런데 제가 병원에서 직위를 가지려고 하면 그렇게 똑같이 출퇴근을 하라고 하니까. 그렇게 할 수 없었죠.

김판수 그런 문제들로 인해 어떤 문제가 있지는 않았나요?

송영미 처음에는 제가 병원에서 지출하는 돈만 신경을 썼거든요. 그런데 제가 점점 병원에 수입으로 들어오는 돈도 신경 쓰기 시작했어요. 그러니까 또 다른 문제가 보이더라고요. 자세히 말씀드릴 수는 없지만. 그런데 저는 수납 데스크에 앉을 수는 없었어요. 저는 항상 뒤에 가려진 사무실에서 일을 했거든요.

김판수 수납이 제일 중요한데 왜 앞을 지키지 않으셨나요?

송영미 아니, 거기 앉아있으면 창피하지요. 주변 한국인들이 거기 앉아있는 저를 보면... 이거는 단순히 제 개인과 관련된 문제가 아니었어요. 그래서 저는 항상 뒤에서 일을 했어요. 처음부터 제가 병원 수납 데스크를 지켰다면 그러려니 하겠지만, 저는 계속 놀았던 사람인데 갑자기 병원에 앉아 있으면 다들 '병원이 어렵나? 왜 저 분까지 저기 나가서 일을 하지?'라고 생각할 거 아니에요. 우리 병원 이미지에 타격이 있을 수 있었죠.

김판수 상하이 한인촌의 경우 2009년 무렵부터 한국 엄마들이 사모님으로 살다가 점차 집 밖으로 나와서 일을 하기 시작했잖아요. 사람마다 나오게 된 원인은 조금 달랐지만. 그래도 그때 한인촌 분위기로 볼 때 여성들의 경제활동에 대한 인식이 크게 바뀌던 시점이었을 것 같은데요.

송영미 그렇죠. 옛날엔 상하이의 한국 엄마는 거의 대부분 일을 하지 않았어요. 그런데 여기저기 옷 가게 생기고 또 부동산들도 많아지고 하면서, 일하는 엄마들이 많아졌죠. 분위기가 바뀌긴 했죠.

김판수 남편 분이 병원 일을 도와달라고 제의했을 때 큰 거부감은 없었죠?

송영미 뭐 그때는 어쩔 수 없이 가긴 했는데, 점차 저 스스로 '시간을 효율적으로 쓰고 있구나'하고 기분이 좋아졌어요. 나름의 활력이 생겼고요. 원래 제가 노는 게 체질에 잘 안 맞았고, 또 오랫동안 놀다 보니 시들해진 것도 있었죠. 그래서 실제 마음으로는 남편 병원이 아니라 아예 아무도 모르는 딴 곳에 가서 일을 했으면 훨씬 더 잘 했을 거라고 생각하기도 했죠.

김판수 왜 굳이 아무도 모르는 곳을?

송영미 여기서는 저를 거의 다 알아요. 직접 모르더라도 병원 이름을 대면 다 알죠. 그래서 저는 여기 사회에서도 제 발언을 별로 안 하고 살았어요. 항상 제일 가까운 지인들하고 모여서 이야기를 하더라도. 혹시 모르잖아요. 그래서 제 주장을 잘 안 했어요. 제가 튀는 사람이 되어버리면 병원 이미지하고도 연관이 되니까요. 여기 한인촌은 너무 좁은 곳이라.

김판수 한국에서는 어떠셨나요?

송영미 한국에서는 다르게 살았죠. 그런데 여기 와서는 그렇게 살았죠. 저는 사실 여기서 '창살 없는 감옥에서 살고 있다'는 생각도 많이 했어요. 원래 소문이 많은 곳이니까. 저는 더욱 조심스럽게 행동해야만 했었죠.

김판수 매일 행복하게 보여야겠네요.

송영미 네. 매일 해피해야 되는 사람이었고. 남 욕도 절대 하면 안 되는 사람이었고. 제 주장도 하면 안 되었고. 다른 사람은 제 행동을 그 사람 기준에서 보고 판단하잖아요. 그런데 그 사람이 다른 곳에 가서 제 이야기를 하면 또 그게 왜곡 될 수 있으니까요. 그래서 사실 여기서의 일상생활이 정말 힘들었어요.

김판수 실제로 본인 일을 하겠다고 추진한 적은 없었나요?

송영미 음. 생각해보니까, 훙첸루 쪽에 커피숍이 유행하기 전에 제가 샌드위치 커피숍을 오픈하고 싶었던 적이 있었어요. 그래서 한국 가서 조사도 했어요.

김판수 그때는 언제쯤이었나요?

송영미 막 병원에 나가던 무렵일 거예요. 그런데 한국 가서 못 배웠어요. 여기 살면서 늘 생각했었거든요. 여기 커피숍을 하면 잘 될 것이라고. 그때는 훙첸루에 커피숍이 한 개도 없을 때였어요.

김판수 그래도 여기 아파트 구매는 사모님이 적극적이셨죠?

송영미 네.

김판수 굉장히 중요한 경제행위를 하셨는데요. 여기 상하이에서는 대체로 여성들이 적극적으로 나섰잖아요. 남자 분들은 일 하느라 바쁠 때였고.

송영미 그렇죠. 재테크는 남자가 아니라 여자가 하는 거죠. 그래도 여기 남자들은 '당신이 세상 할 일 뭐가 있나, 아줌마가 다 해주는데'라고 말을 하죠. 그래서 우리는 항상 하는 일이 없는 사람. 그냥 늘 노는 사람으로 보이는 거죠.

김판수 그걸 수긍하셨나요?

송영미 사실 놀긴 놀았잖아요(웃음). 반박하기는 쉽지 않죠. '내가 왜 놀아? 내가 다 하잖아?'라고 할 수 없잖아요. 집안일은 밥하는 것 보다는 청소가 비중이 크니까, 아줌마가 거의 다 하는 것이고. 아이들도 학교와 학원 갔다가 늦게 오니까요. 우리 자신들도 인정을 하는 거죠. 그리고 어떤 집은 아줌마가 밥도 다 하거든요. 오히려 점점 놀 게 없어져서 문제죠. 노는 거에도 한계가 있으니까.

새로운 도전, JD 병원을 이끌며

김판수 근래 저장성 JD 지방을 자주 오간 것은 무엇 때문인가요?

송영미 저희 병원 초창기에 JD에서도 찾아오는 중국인 고객들이 있었어요. 언젠가 그 중 한 분이 우리하고 JD에 병원을 열고 싶다고 하더라고요. 그래서 제가 한 번 가봤어요. 그런데 그때는 여러 정황상 수익이 제대로 안 나올 것 같았어요. 그 이후에도 그 분이 종종 상하이에 올 때마다 찾아와서 만났어요. 그러다가 2014년 즈음 또 병원을 하자고 하더라고요. JD 지역 한 치과에 한국 의사가 있는데 너무 잘 된다는 거예요. 초창기에 비해 시간이 많이 흘렀으니, JD에 다시 한 번 가봤죠. 도시가 정말 많이 바뀌어 있었어요. 그러다 좋은 자리가 나서 치과를 열기로 했죠.

김판수 파트너는 어떤 사람들이었나요?

송영미 JD는 공동 투자 형태였어요. 원래 우리 파트너도 있고, 또 제안을 했던 사람의 파트너들도 있었어요. 저를 포함해서 총 투자자가 5명이었어요. 저를 뺀 나머지 4명은 중국인이었고. 그래서 허가증도 금방 나왔어요. 제가 공동 투자자였고, 남편은 정기적으로 JD에 와서 진료만 봤죠.

김판수 2014년 언제 부터였나요?

송영미 2014년 9월에 계약서를 썼어요. 그때는 제가 계약서 틀을 잡았어요. 그리고 투자자를 모이게 해서 계약을 맺었죠. 그리고 10월에는 제가 중국 투자자들에게 의료관광을 시켜주려고 함께 한국에 들어가기도 했어요. 한국에 잘 알고 있는 병원에 연락해서 미리 방문 예약을 잡았죠. 왜냐하면 원래 저는 치과하고 성형을 같이 하려고 했거든요. 그래서 JD에는 600~700평 정도를 얻었어요. 절반은 치과로 절반은 성형으로. 그리고 그때 같이 할 성형외과 의사를 찾기 위해 계속 미팅도 했죠. 11월부터는 병원 인테리어를 했어요. 제가 전체 인테리어 컨셉을 잡은후 시공에 들어갔죠. 인테리어 시공할 때에는 일주일에 한 번씩 JD에 가서 점검했어요. 그런데 인테리어가 점점 너무 중국스타일로 되고 있었고, 또 병원 내부 동선 짜임새도 너무 비효율적으로 되고 있더군요. 그래서 중간에는 아예 제가 인테리어시공을 관리감독 했죠.

김판수 지휘까지 하셨어요?

송영미 네. 2004년 말 상하이에 처음 병원 오픈할 때도 제가 인테리어 했잖아요. 그 병원은 나중에 2번 정도 리모델링했는데, 그 것도 제가 감독했고요. 또 2010년부터는 치과 일도 관리했고요. 사실 제가 병원 자리, 계약, 인테리어, 병원 관리 등 모두 다 알고 있잖아요. 그러니까 JD 병원 인테리어 설계도도 제가 직접 많이 변경했어요. 전문적으로 도면을 그릴 수는 없어도, 현장에서 대략적으로 다시 그려주면 그걸 도면으로 바꿔주는 거죠. 그리고 JD 병원 운영에 필요한 다양한 물건들도 다 세팅했죠. 정말 힘들었어요. 저 혼자 다 했으니까요.

김판수 이후에도 계속 관리하셨나요?

송영미 네. 2015년 3월에 오픈했는데, 사실 오픈 전에 사람 뽑는 게 정말 힘들었어요. JD가 지방이니까 그 지역에서 치과 경력을 가진 사람을 찾기 어려웠고, 또 한국에서 의사 구하는 것도 힘들었죠. 왜냐하면 상하이가 아니니까. 가족이 있는 의사들은 중국의 지방이라서 거절을 하더라고요. 그래서 결국 싱글 의사를 뽑았는데, 그런 경우에는 젊어서 경험이 부족했고요. 또 베테랑 한국 간호사를 뽑았는데 중국어를 못 하니까 실력 발휘를 못 하더라고요. 그래서 병원을 오픈하고 나서도 체계적으로 작동하지 않더라고요. 결국 병원이 모두 세팅된 다음에 시스템을 정착시키는 것도 제가 했어요.

김판수 처음에는 잘 놀았다고만 하셨는데, 실제로는 굉장히 중요한 일들을 담당하고 있었네요.

송영미 네. JD는 제가 다 했죠. 초기에는 매일 출근도 했었어요. 거긴 정말 출퇴근했죠. 직원들하고 아침 조회도 같이 했고, 현장 리뷰하고, 계속 직원들 일하는 거 체크하고, 환자 전화, 차트 등 모든 걸 다 관리했죠. 재무 부분도 다 관리하고.

김판수 거기는 어떤 직함을 가지고 있으신가요?

송영미 제가 동사장(대표이사)이에요. 다른 중국 투자자들도 동사장이
고요.

김판수 그럼 JD 병원의 경우 상하이 병원과는 달리 '내 것'이라고 생각
하시겠네요.

송영미 더 많이 애착을 하게 되더라고요. 처음부터 모든 걸 다 했으니
까. 그런데 제가 사실 상하이에 거주하고 있기 때문에, JD에
장기 체류를 할 수는 없잖아요. JD는 상하이와 '다른 중국'이니
까, 거기서 제대로 일을 하려면 다시 장기간 그 속으로 파고들
어야 하고요. 그래서 결국 작년 초중순 이후부터는 제가 관리
를 맡지 않고 다른 파트너에게 관리를 맡겼어요. 그 이후 저는
투자액에 따른 수익만 받게 되었죠. 그래서 지금은 JD 병원도
제 것이 아닌 것 같다고 생각하고 있어요.

김판수 대표님의 앞으로 계획이 궁금합니다.

송영미 JD 병원 때문에 고민 중이긴 해요. 현재로서는 구체적인 계획
을 갖고 있지는 않아요. 하지만 잠정적으로는 한국으로 가는
것도 고려하고 있어요. 돌아가서 이제는 제 인생을 살고 싶어
요. 딸 옆에서. 물론 여기 남편이 열게 될 새로운 병원을 다시
세팅해주고 난 이후에요.

김판수 이미 상하이에서 오랫동안 살았고, 또 이곳에서 병원 설립과
운영 관련해서 거의 전문가가 되셨는데, 아쉽지 않으세요?

송영미 안 아쉬워요, 전혀. 대신 JD 병원이 조금 마음에 걸려요. JD

병원은 제가 없으면 점점 힘들어질 수도 있으니까요. 저는 가족들에게도 늘 항상 한국으로 가고 싶다고 이야기 해왔어요.

김판수 만약 한국으로 돌아간다고 가정하면, 다시 중국에 되돌아올 생각이 있으신지요?

송영미 없을 것 같아요. 한국에서 자리를 잘 잡으면 다시 오지 않을 것 같아요. 물론 돌아가서 적응하는데 힘들겠죠.

주변 분들도 한국으로 돌아간 이후에 생각보다 힘들어 하더라고요. 그래도 제가 중국에서도 잘 적응하고 살았는데, 내 나라에서 적응 못하겠어요?

김충렬 전 상하이한인연합교회 부목사 / 현 천진엘림교회 담임목사[1]

김충렬 목사 인터뷰는 2016년 7월 약 3시간에 걸쳐 진행되었다.

그는 2011년 우연한 계기에 상하이 한인 연합교회에 부임했다. 그와의 인터뷰는 주로 2000년대 '상하이 한인 연합교회'의 변화와 발전에 관한 것이고, 또 개인보다는 주로 '상하이 한인 연합교회'의 관점에서 전개되고 있다. 따라서 이 인터뷰는 다른 인터뷰이들과 달리 매우 독특한 시점에서 중국과 상하이 한인사회를 조망하고 있다. 2016년 7월 인터뷰 후 얼마 뒤 그는 상하이에서 톈진으로 사역지를 옮겼고, 이 때문에 추가 인터뷰를 진행할 수 없었다.

주지하다시피 중국에서의 종교 활동은 엄격한 규제 속에서 이루어진다. 상하이 한인 연합교회는 상하이 시정부로부터 공식적으로 종교 활동을 승인 받은 최초의 외국 교회이다. 따라서 그와의 인터뷰를 통해, 우리는 중국에서 공식 승인 받은 외국 교회가 중국 정부와의 친밀한 관계 하에서 어떻게 중국인·중국사회와 상호작용하고 있는지 또 그 미묘한 경계는 어디까지인지 알 수 있다.

또 상하이 한인 연합교회는 성도 수 3,000명 정도의 대형 외국 교회이다. 교회의 구성원들이 참여하고 있는 각 하부 조직들은 상하이 한인사회 곳곳에 무수한 네트워크를 구성하고 있고, 또 이 네트워크는 상하이 한인의 경제, 사회, 교육, 일상활동 등에 체계적으로 영향을 미치고 있다. 상하이 한인 연합교회가 한인사회에 깊이 파고들어 있음을 잘 보여주는 증거는 '순장'들의 활동이다. 상하이 한인사회는 각 지역별로 위계적으로 분화되어 있다. 그러나 상하이 한인 연합교회와 소속 순장들의 활동을 통해 그 위계적 분화에도 불구하고 한인사회가 상당히 체계적인 공동체적 토대 위에서 작동하고 있음을 알 수 있다.

---

1) 이 인터뷰는 이선화(중국 산동대학 인류학과 조교수)와 김판수가 공동으로 진행했다.

상하이 한인 연합교회의 설립 초기

이선화 상하이 한인 연합교회에 대해 간단하게 소개 부탁드립니다.

김충렬 상하이 한인 연합교회는 1994년쯤에 설립되었습니다. 한중 수
교 이후 거의 바로 세워졌죠. 당시 상하이에 한인 교회가 없어
서 주재원으로 나와 있던 한국인들 중 신앙생활을 하시는 분들
이 한 가정집에 모여 함께 예배를 드리기 시작했어요. 그 모임
이 상하이 한인 연합교회의 모태가 되었어요. 이후 시간이 점
차 흐를수록 모임에 참여하는 분들이 늘어났고, 점차 한 가정
집에서 모임을 갖기 힘들어졌죠. 그때부터 모임 구성원들이 함
께 모일 수 있는 교회 장소를 물색했고, 지금 홍중루에 위치한
교회로 옮겨오기 전까지 3~4군데 장소를 거쳤습니다.

이선화 초기에는 교회가 어느 지역에 세워졌나요?

김충렬 정확한 지역까지는 제가 잘 모릅니다. 처음에는 가정집에서 모
이다가 나중에는 무도학교를 빌려서 모였다고 들었어요. 다만
그 곳에서는 오래 있을 수 없었죠. 중국 정부로부터 종교 활동
관련하여 허락받은 장소가 아니었기 때문입니다. 그래서 옮겨
간 곳이 중국 3자교회[2] 예배당 '신경당'입니다. 즉 우리의 종교
활동 모임이 중국 정부로부터 허락을 받은 거죠. 당시 중국인
들의 예배가 비어 있는 시간에 한국인들이 모여서 신앙 활동을
했죠. 그런데 점차 중국 예배당에서도 한국인 교인들을 모두
수용할 수 없을 정도로 사람이 많이 늘어났어요.

---

2) 3자교회는 중국정부와 중국공산당의 영도를 따르고, 국외 교회의 관리와 간여를
받지 않는 '자치(自治), 자양(自养), 자전(自传)'하는 중국기독교 교회를 의미한다.

김판수 그 정도로 많이 늘어났다면, 2002~2003년도 즈음 이었겠군요?

김충렬 그렇죠. 그때부터 교인들의 수가 폭발적으로 성장했죠. 상하이 한인사회도 확대되었고, 특히 주재원 수가 많이 늘었어요. 그 이후에도 교인 수는 해가 갈수록 증가했습니다. 2002년도에 현재 담임 목사님이 부임하셨고, 건강하게 잘 목회하셨고요. 2대 담임목사님입니다. 그래서 교회가 더욱 크게 성장했죠. 그래서 신경당에서 더 이상 모일 수 없을 정도로 교인 수가 많아졌죠. 그래서 우리 교회가 나서서 중국 정부에 교인 수가 너무 많아서 도저히 신경당을 이용할 수 없는 지경에 이르렀다고 설명했죠. 그리고 우리는 독립적인 예배 장소를 갖고 싶다고 요청했습니다.

상하이 시정부와 직접 협상하다

김판수 상하이 시정부에 직접 요청했나요?

김충렬 상하이 시정부죠. 시정부 내에도 여러 산하 부서가 있잖아요. 우리는 주로 종교국과 공안국에 요청을 했죠. 우리 교회는 지금도 주로 종교국, 공안국, 출입국 등의 부서와 협의를 합니다.

김판수 중국 정부 조직과 협상할 때 주로 어떤 채널을 이용했나요? 예를 들어 상하이 총영사관을 통해 접근한다든지...

김충렬 그때는 이미 우리 교회 규모가 꽤 컸기 때문에, '기관 대 기관'의 형식까지는 아니었지만 그래도 우리 교회 자체 역량으로 접근해서 협상을 했어요. 당시에는 상하이 시정부도 상하이 한인 연합교회 커뮤니티를 가벼이 여기지는 않았어요. 우리 교회 스스로 그 정도 역량을 발휘하고 있었어요.

이선화 그때 활약하신 분들은 주로 어떤 업무에 종사하셨나요?

김충렬 우리 교회 장로님들과 집사님들이었죠.

이선화 그 분들은 중국 정부 등에 대해 잘 아시는 분들이었죠?

김충렬 그렇죠. 그 분들은 대개 주재원이거나 개인 사업을 하는 분들이었기 때문에, 이미 오래 전부터 중국 정부 관계자들과 접촉하고 또 협상을 한 경험이 풍부했습니다.

이선화 그 이후에 바로 이 건물로 옮겨 오신건가요?

김충렬 여기 오기 직전에는 조금 작은 단독 건물을 임대했었어요. 그러다 좀 더 넓은 공간이 필요해서 2008년 말 홍중루의 이 곳에 정착을 했죠. 여기 우리 교회 건물이 가남호텔에 있잖아요. 지금 교회 공간도 원래 호텔이었어요. 우리 교회가 가남호텔 주인으로부터 건물 사용권을 구매해서 사용하고 있어요. 저는 2011년에 부임을 했고요.

이선화 교회 사용권 계약은 10년이었나요?

김충렬 네. 그래서 2~3년 후 2019년에는 계약 기간이 만료됩니다. 그래서 다시 재계약을 해야 돼요. 그때 여기로 이전하기 전에 우리 교회가 상하이 시정부에 미리 요청을 해서 허락을 받고 왔어요. 즉 중국 정부는 한국인 커뮤니티가 이 공간에서 기독교 활동을 할 수 있다고 공식적으로 승인했어요.

다양한 교단을 아우르는 '연합' 교회에 부임하기까지

이선화 교회 명칭이 상하이 한인 연합교회인데, 이 '연합'의 의미를 소
개해주시기 바랍니다.

김충렬 특별한 의미는 아닙니다. 한국 교회들의 교단이 굉장히 다양하
고 많잖아요. 그런데 우리 교회는 특정 교단에 한정하지 않고,
한국의 다양한 교단에서 신앙생활 하시던 분들이 오셔서 공동
으로 신앙생활을 갖는다는 의미에서 '연합교회'라는 용어를 썼
어요.

이선화 그런 '연합'의 의미라면 한국에서 목사님을 파견하거나 혹은 상
하이 한인 연합교회에서 목사님을 임용할 때 어떤 기준을 따르
고 있는지요?

김충렬 한국 교회의 교단에서 우리 교회로 파견하지는 않고, 대개 우
리 교회가 공식적으로 사역자들을 청빙합니다. 청빙할 때 우리
교회가 한국교회, 각 신학교, 관련 기관 등에 공고합니다. 그
공고를 보고 지원하는 분들을 인터뷰해서 모셔 오는 거죠.

이선화 목사님은 어떤 과정을 통해 상하이 한인 연합교회에 청빙되셨
나요?

김충렬 저는 우리 교회 담임목사님과 예전부터 알고 지내던 사이였습
니다. 2011년 당시 저는 마침 교회 사역을 잠시 쉬고 있었어
요. 그때 상하이 한인 연합교회에서 마침 급하게 사역자를 찾
아야만 하는 상황이 발생했어요. 그래서 그때 담임목사님이 저
에게 여기 상하이에 와서 함께 일을 할 수 있는지 급하게 요청
하셨고, 그래서 제가 부임하게 되었습니다.

이선화 이전에는 계속 한국에서 활동을 하셨나요?

김충렬 저는 2008년까지 한국에 있었어요. 그리고 2009~2010년에는 미국에 있었고요. 미국에서 막 돌아와 사역지 없이 잠시 쉬고 있을 때, 마침 담임목사님으로부터 연락을 받은 거죠.

이선화 미국에 계실 때에도 한인 교회에서 사역 하셨나요?

김충렬 아니요. 미국에서는 공부를 했습니다.

이선화 담임목사님께서 요청을 하셔서 이 곳에 부임하셨겠지만, 그래도 중국 또는 상하이와 같은 새로운 지역에 대한 기대 또는 또 다른 인연 등이 있었나요?

김충렬 저는 사실 제가 중국에 와서 사역하리라고는 전혀 생각하지 못했습니다. 그때 저는 상하이 한인 연합교회가 어떤 상황인지도 모르고 여행을 목적으로 잠시 상하이에 왔었어요.

이선화 2011년도에요?

김충렬 예. 2011년 6월에 담임목사님 또 제가 미국에서 함께 공부했던 목사님이 저에게 한국에서 잠시 쉬고 있는 차에 상하이에 한 번 여행을 오라고 하셨어요. 그 목사님은 저보다 6개월 일찍 이 곳에 오신 분이죠. 그래서 제가 상하이에 여행을 오게 되었어요. 그때 상하이에 와서 여기 계신 담임목사님과 다른 목사님들하고 오랜만에 인사도 나누고 여행도 하고 한국에 돌아왔거든요. 그런데 그 직후에 상하이 한인 연합교회에서 급하게 사역자를 찾아야 하는 상황이 발생했어요. 그래서 저에게 급하게 요청이 왔던 겁니다. 만약 제가 직전에 상하이에 여행을 오지 않고 또 그때 상하이 한인 연합교회를 방문하고 인사를 나누지 않았다면, 아마도 중국으로 오는 것에 대해 긍정적으로 생각하지 않았을 수도 있을 것 같아요. 그런 일들의 이어짐이 하나님의 뜻이라고 여기고 급하게 오게 되었죠.

이선화 결정 후 얼마 후에 부임하셨나요?

김충렬 한 달이 채 안 되었어요. 정말 급하게 왔어요. 제가 상하이 도시에 매력을 느꼈다기보다는, 이 곳에 제가 신뢰하고 또 존경하는 분들이 계셨기 때문이었고, 또 담임목사님의 목회 철학 등이 제가 생각하는 방향과 다르지 않았어요. 그래서 그렇게 빨리 결정하고 올 수 있었던 것 같아요.

연합교회의 조직과 운영 방식

이선화 교회의 목회 방식에 대해 구체적으로 알고 싶습니다.

김충렬 우리 교회는 성도님들에 대한 교육과 훈련을 통해 평신도를 리더로 성장시키고, 그리고 그 분들과 목회자들이 함께 사역을 합니다. 즉 목사들만 앞에 나서서 사역을 하지는 않죠. 제가 예전에 있었던 교회도 그런 시스템이었기 때문에 저에게는 매우 자연스러운 목회 방식이었습니다.

이선화 상하이 한인 연합교회는 어떤 조직들로 운영되고 있는지요?

김충렬 저희는 크게 보면 9개 위원회로 나뉘어져 있습니다. 예배, 교육(어린이·청소년), 선교, 구제, 재정, 관리, 장년위원회 등이죠. 그리고 우리 교회가 지금 실천하고 있는 사역들이 9개 위원회에 가지처럼 포함되어 있습니다. 즉 사역이 분과위원회별로 이루어지고 있습니다.

김판수 중국 정부 측에 협조 등을 요청할 때 어떤 분들이 주로 담당하고 있나요?

김충렬 우리교회에 대외협력위원회가 있어요. 주로 대외협력위원회에 속한 우리 집사님들과 장로님들께서 봉사를 하십니다. 필요한 경우에는 담임목사님이 함께 나서기도 하시죠. 대외협력위원회의 집사님들과 장로님들은 중국 상황에 대해 매우 잘 아시고 언어 측면에서도 막힘이 없는 분들이 속해 있어요.

김판수 연합교회 집사님들과 장로님들은 오랫동안 이 교회에서 섬기면서 발전에 많은 기여를 하신 분들이겠군요.

김충렬 우리교회 처음 설립할 때부터 계신 분들도 있고, 대체로 기본 10년 이상 섬기신 분들입니다. 모든 분들이 똑같이 열심히 사역하시지만, 우리교회가 어떤 중요한 결정을 내려야 할 때 또는 대외적으로 중국 정부와 만나서 협상을 할 때 주로 교회 대표로서 참여하시는 분들이지요. 오랫동안 중국에서 사업을 하셨기 때문에 대외적인 부분에서 굉장히 중요한 역할을 하시죠.

이선화 교회에서 가장 중요한 분과위원회는 무엇인가요?

김충렬 사실 모든 위원회가 중요합니다. 예배는 우리 교회 안에서 이뤄지고 있는 모든 예배들 및 특별한 집회를 관장하고, 또 교육은 어린이와 청소년을 위한 교회학교를 운영합니다. 매주 주일 예배 출석 인원수를 체크합니다. 많이 모일 때는 2,800명에서 2,900명 정도 모입니다. 물론 모든 성도들을 한 번에 수용할 수 있을 정도로 大예배실이 크지 않기 때문에 주일 예배는 3부 예배로 나뉘어 있습니다. 대예배실은 최대 1,200석 정도 수용할 수 있어요. 그리고 교회 학교도 1부와 2부로 나뉘어 있는데 주일 교회학교 어린이와 청소년 수도 1,100명 정도 됩니다.

이선화 굉장히 많군요. 특히 어린 학생들이 많네요.

김충렬 네. 굉장히 많은 편이죠. 학생 수는 유치원생, 초등학생, 중고 등학생을 포함한 총합입니다. 그래서 어린이 교육위원회와 청 소년 교육위원회 역할이 매우 중요합니다. 학생 수가 워낙 많 은 만큼 우리 교회학교의 다양한 프로그램에 봉사하시는 선생 님들도 많이 있습니다.

이선화 그 선생님 수도 적지 않을 것 같은데요.

김충렬 그렇죠. 우리 교육위원회 선생님 수도 수백 명입니다.

이선화 성도 분들이 일요일에 예배를 보기 위한 일련의 과정들은 어떻 게 진행이 되나요?

김충렬 일요일에는 상하이 전역에 교회 셔틀버스를 운행합니다. 셔틀 버스를 이용하는 성도님들 중 어른들은 장년 예배를 드리고, 부모 등과 함께 오는 아이들은 같은 시간대에 교회학교에서 드 리는 예배에 참여합니다. 각각 예배가 같은 시간에 끝나니까 다시 가족들이 모여서 셔틀버스를 타고 되돌아갑니다. 이외에 교회에서 봉사하시는 분들은 남아서 활동을 하시죠.

이선화 그 정도면 셔틀버스가 꽤 많이 필요하겠네요.

김충렬 예. 수십 대 정도를 운영하고 있습니다.

김판수 푸동 지역에서도 셔틀버스를 이용해서 이 곳 홍중루 교회에 예 배를 보러 오는지요?

김충렬 네.

이선화 상하이 내 한국인 집거지 중에서 셔틀버스가 돌지 않는 곳은 거의 없겠네요?

김충렬 그렇긴 하지만 아주 외곽까지는 운행하지 않습니다. 지우팅까지는 가지만 쑹장 지역은 너무 멀어서 아직 셔틀버스를 배차하지 못했어요.

김판수 여기 교회에서 푸동도 쑹장처럼 꽤 먼 곳인데 어떤 기준을 적용하고 있는지요?

김충렬 대체로 셔틀버스 한 대를 운행할 만한 정도로 성도님들이 출석하는 경우에는 배차를 하겠지요.

김판수 혹시 상하이 내에서 다른 외국인 교회와의 교류는 이루어지고 있는지요?

김충렬 특별히는 없어요. 교회들끼리는 1년에 한 번 정도 연합모임을 갖긴 해요. 우리교회 차원에서 하거나 성도들이 참여하는 교류가 아니라 목회자들 사이에 교류죠.

김판수 여기 계시던 목사님께서 작은 교회를 만들어서 독립하신 분도 있는지요?

김충렬 거의 없었어요. 예전에 2003~2004년 즈음에 푸동에서 우리 교회까지 거리가 좀 멀어서 분립 개척을 하신 분이 있어요. 우리 교회에서 푸동 쪽 거주하는 성도님들을 중심으로 개척을 했죠. 그래서 푸동 한인 연합교회가 설립되었죠. 분립 개척을 통해 완전히 독립된 교회가 만들어졌어요. 그렇게 한 번 있었고, 그 이후에는 없었습니다.

김판수 혹시 교회 목사님과 전도사님의 사모님들은 대체로 어떤 일을 하시는지요?

김충렬 거의 집에 있는 편이에요. 한국이라면 모를까 여기서는 딱히 할 수 있는 일이 없거든요. 주로 교회에 나와서 봉사활동에 참여하는 정도입니다.

이선화 연합교회에서 유치원도 운영한다고 들었습니다. 유치원은 어떻게 운영 되고 있나요?

김충렬 교회 부설 유치원이지만 독립적으로 운영을 하고 있어요. 중국에서도 학원법이 있어서 조건에 부합하면 유치원 인가를 받을 수 있어요.

김판수 그래도 외국 단체가 중국에서 독자적으로 교육 관련 인가를 받는 것은 쉬운 일이 아니라고 들었거든요.

김충렬 그렇죠. 그래도 저희 '엔젤 유치원'은 공식 인가를 받아서 운영하고 있습니다. 그리고 독립적으로 운영하고 있기 때문에 일반 국제 유치원과 학비 등이 동일합니다. 거의 다 한국 아이들입니다. 수업 전체를 한국어로 진행하기 때문이지요. 한중 국제결혼한 분들의 아이들도 있어요. 학생 수는 120명 정도 되고 공간은 우리 교회 옆에 있어요. 성도 분들 이외에도 우리 엔젤 유치원 소문을 듣고 보내는 분들도 많아요. 엔젤 유치원의 경우 중국 교육국 관할이기 때문에 관리도 굉장히 엄격해요. 예를 들어 수익이 발생을 할 경우 세금 납부 문제 및 교원 임용 및 관리 감독 등을 중국 법에 근거해서 동일하게 적용하죠.

이선화 한국인 선생님들의 자격 요건 등은 어떤 형태로 인정이 되는지
요?

김충렬 한국의 유아교육 관련 졸업자들의 교사 자격증이 어느 정도
인정이 됩니다. 그 조건에 근거해서 합법적으로 채용하고 있
어요.

중국 정부와의 신뢰와 외국인 교회의 사회사업

이선화 교회 내 카페를 운영하는 것처럼 다양한 사회적 활동을 많이
하시는데, 몇 가지를 소개해주실 수 있을까요?

김충렬 밤(Business As Mission) 카페는 사회 활동 성격보다는 우리
교회 성도님들이 편하게 활용할 수 있는 교제의 장소 또는 만
남의 장소로 볼 수 있습니다. 물론 이 카페에서 베이커리와 바
리스타 교육들도 하고 있고, 이 교육은 교인뿐만 아니라 상하
이 한인사회에 오픈되어 있죠. 또 교육 후에는 카페에서 봉사
도 하실 수 있습니다. 그리고 카페의 수익금은 주로 장학금으
로 활용되고 있고, 이외에는 구제와 선교에 사용됩니다. 밤 카
페는 그렇고요. 우리 교회 자체적으로 한국학교와 한인촌이 위
치한 민항구에 저희의 섬김이 필요한 곳에 가서 장학금 또는
구제금을 전달합니다. 그 대상은 우리 교회 교인에 한정되지는
않아요. 즉 우리 교회도 일종의 사회적 책임을 실천하는 거죠.

이선화 상하이 한인사회 이외에 중국 사회에 대한 사회적 활동은 하지
않나요?

김충렬 예전에는 그러지 못했는데, 이제 중국 정부도 우리 같은 외국

인 교회가 상하이에 도움이 필요한 시설 등에 대해 사회사업 활동을 실천하는 것에 긍정적으로 생각하는 분위기입니다. 그래서 우리 교회는 가끔 상하이 시정부와 함께 사회 활동도 합니다.

김판수 대략 언제부터 그런 변화를 체감하셨나요?

김충렬 제가 부임한 2011년에도 그런 분위기였어요. 제가 부임하기 훨씬 오래 전에는 그렇지 않았다고 들었거든요. 구체적인 년도를 특정할 수 없지만, 점점 우리가 상하이 시정부와 함께 활동하는 거에 대해 크게 꺼려하지 않는 분위기가 되었다고 합니다. 결국 우리교회와 중국 정부 간에 깊은 신뢰가 쌓였기 때문이라고 생각합니다. 특히 시정부의 종교국 및 공안국 쪽과 잘 협력을 하고 있거든요. 그리고 중국 정부 측도 기회가 만들어지면 함께 활동하는 것에 대해서도 긍정적으로 생각하는 것 같아요. 저희도 함께 할 수 있는 것에 대해서 기쁘게 생각하고 있지요. 왜냐하면 중국이라는 외국에서 이렇게 한인이 살아가고 있고, 또 우리가 함께 신앙생활을 할 수 있다는 것 자체가 감사한 일이니까요. 그래서 우리는 감사의 마음을 갖고 중국 사회에 대해서도 사회사업 활동을 전개하고 있어요. 성경에도 하나님께서 세상에 도움과 사랑과 또 긍휼이 필요한 곳에 가서 기꺼이 섬기라고 말씀하시거든요. 우리는 그에 대해 순종하는 것이 책임이자 기쁨이라고 생각하고 있기 때문에, 앞으로 중국 사회에 대한 사회사업 활동의 폭도 더 넓어지고 활성화될 것 같아요.

김판수 시정부 쪽 종교국과는 정기적으로 만남이 이루어지나요?

김충렬 정기적인 모임 일정은 없습니다. 대신 중국 정부에서 우리 교회를 방문합니다. 자주는 아니고 몇 개월에 한 번 정도요. 중국 정부 측에서 와서 우리의 근황을 묻기고 하고, 또 신앙생활 하는데 있어서 어려운 일은 없는지도 물어봐줘요. 그리고 큰 행사 등이 있을 때 안전사고가 발생할 위험도 있으니 우리 교회 차원에서 사전에 주의를 기울였으면 좋겠다고 협조를 요청하기도 하죠.

김판수 상당히 친절하군요.

김충렬 사실 우리 교회 건물에서 종교 활동을 할 때 하루에 수천 명이 드나들기 때문에 사고가 발생할 수도 있잖아요. 그러면 그 분들도 곤란하죠. 그러니 우리가 큰 행사를 기획하고 또 실행할 때 자체적으로 특히 안전사고에 주의를 해달라고 당부를 하죠. 그리고 항상 뵙던 분들이 계속 우리와 연락하기 때문에 관계도 상당히 친밀합니다.

이선화 중국 측에서 연합교회가 중국 사회에 기여하는 바가 있다고 생각하나요?

김충렬 우리는 상하이에서도 섬김이 필요한 곳에 다양한 활동을 하고 있지만, 상하이가 아닌 산둥성 칭다오에도 우리가 지원을 했어요. 그 쪽에 장애인 학교를 만들 때 학교 부지 마련, 교사 신축, 교원 확충 등에 있어서 우리 교회가 꽤 많은 지원을 했죠.

김판수 중국인 학교에요?

김충렬 그렇죠. 우리 교회가 칭다오 쪽과 특별한 연결이 있었던 것 같아요. 상하이에도 우리의 도움이 필요하고 서로 협력할 수 있는 기회가 있으면 당연히 하겠죠.

김판수 한국인 사회를 넘어서 중국 사회에 기여를 하려고 할 때에는 교회 내부에서도 숙고를 하고 있는지요? 우리의 활동에 대해 중국 정부가 어떻게 생각할까에 대해서.

김충렬 그렇죠. 그래서 항상 상호 협의를 하는 게 중요한 것 같아요. 어떤 경우든 우리가 먼저 찾아가서 이런 외부 활동을 하려고 하는데 시정부 측에서는 어떻게 생각하는지 물어보죠. 그 쪽에서 들어보고 좋다고 하면 협력할 수 있는 기회도 있고요.

김판수 사안별로 다르겠지만 사회사업의 경우 시정부의 어떤 부서와 협의를 하시나요?

김충렬 종교국은 사회사업 같은 것에 관여를 잘 하지 않아요. 사안에 따라서 시정부를 접촉하기도 하고 아니면 구정부를 접촉하기도 하죠.

이선화 교회 내부 활동을 할 때 미리 허가를 받는 경우가 있나요?

김충렬 우리 교회에서 지금 항상 진행하고 있는 예배 같은 경우는 이미 허락된 부분이기 때문에 괜찮은데, 그 이외에 다른 행사와 집회 등은 교회 내부 활동이어도 우리가 사전에 정부 측에 공문을 통해 공지합니다.

김판수 정기적으로 진행하는 행사 이외에 새롭게 부흥회 등을 진행하려고 할 때 그렇게 한다는 거죠?

김충렬 그렇죠. 그런 활동이 있을 때 우리가 대략적인 참여 인원수와 시간 등을 미리 공문으로 공지합니다. 우리 교회에서 있는 일을 그 쪽에서 잘 알고 있도록 해서 협조를 하는 거죠.

상하이에서 최초로 허가받은 종교단체가 되기까지

이선화 상하이 지역 말고 화동지역에서 먼 거리임에도 불구하고 여기 와서 예배를 보시는 성도 분들도 있나요?

김충렬 오시더라도 소수인 것 같아요. 다른 지역에도 한인 교회가 있기 때문에 이렇게 멀리까지 잘 안 오시죠.

이선화 상하이에서 연합교회 이외에 다른 외국인 교회도 이 정도 규모는 없죠?

김충렬 네. 우리 교회가 이 쪽에 자리 잡을 때 우리교회가 종교 활동을 할 수 있도록 허락받은 유일한 사례였어요. 즉 상하이에서 우리처럼 단독으로 건물 하나를 지정해서 승인받고 신앙 생활하는 곳이 없죠.

이선화 어떻게 연합교회는 중국 정부와 그 정도의 협의 체계를 구성할 수 있었나요?

김충렬 일단 한 번 생각을 해보시면 아시겠지만, 우리가 얼마나 오랫동안 많은 애를 썼는지 아시겠죠? 정말 오랫동안 또 치열하게 노력했죠. 처음에는 당연히 중국 정부도 터무니없는 소리라고 생각했을 것 같아요. 그래도 우리교회는 오랫동안 인원수가 너무 많기 때문에 그런 현실을 인정 해달라고 끊임없이 요청한 거죠. 그래서 그렇게 오랫동안 오고 가면서 서로 많이 친밀해졌죠.

이선화 오히려 그 과정에서 친밀해졌군요.

김충렬 네. 서로를 알게 된 거죠. 서로가 각각 상대방이 어떤 사고방식을 갖고 있는지 잘 알게 되고 또 이해를 하게 되었어요.

김판수 그런 오고가는 과정도 서로 간의 '예의'를 지켰기에 가능했던 거겠죠?

김충렬 그렇겠죠?(웃음)

이선화 그렇게 이 건물을 승인 받고 또 신앙생활에 대한 공식 허가를 받는 과정에서 다른 외국인 교회보다는 훨씬 더 깊고 친밀한 교류가 이어졌다고 볼 수 있는 거죠? 매우 적극적으로 접촉을 하고.

김충렬 그렇게 볼 수가 있겠죠. 우리는 꼭 얻어 내야 된다고 생각했기 때문에 그 만큼 많은 노력을 했죠.

이선화 아무리 규모가 크더라도 그 과정 자체가 얼마나 힘들었을지 왠지 이해가 됩니다.

김충렬 쉽지 않았죠. 우리교회가 중국 내 외국인 종교 단체 중 최초로 정식으로 인가를 받았는지에 대해서는 잘 모르겠어요. 하지만 상하이에서는 저희가 최초였어요. 신앙적인 관점으로 보자면 사람이 노력해서 될 수 있는 일은 아니었어요. 저희는 하나님 께서 우리에게 선물로 주신 것이라고 생각하고 있어요. 우리 내부에서도 모두 안 된다고 생각했다고 하더라고요. 절대 허락 되지 않을 것이라고(웃음).

이선화 중국에서의 선교 활동은 어떤 현지 특성이 있는지요?

김충렬 중국에는 종교법이 있고, 그 법에 따르면 외국인의 자국민에 대한 선교활동을 금지하고 있어요.

이선화 선교활동에서 전도 이외에 다양한 활동을 함께 진행하는 경우
는 없나요?

김충렬 만약 그렇게 한다면 '선교'라는 용어를 쓰면 안 되죠. 그건 중
국 종교법을 위반하는 거예요. 대신 이런 방식이 있어요. 중국
의 3자교회와 우리교회가 협력하는 거죠. 아직 중국 3자교회
내 교육 체계는 한국교회에 비해 부족한 부분이 있기 때문에,
우리교회가 컨텐츠나 검증된 프로그램의 측면에서 도와줄 수
있어요. 예를 들어 여름성경학교 같은 프로그램은 우리가 매우
발달된 부분이죠. 우리교회와 3자교회 간의 협력도 당연히 종
교국의 승인 하에 이루어집니다.

상하이 한인 연합교회와 한인 커뮤니티

이선화 미국과 중국 두 곳에서 오래 계셨는데 목회자의 관점에서 한인
촌은 어떤 차이가 있는지요?

김충렬 미국의 한국인들은 대개 완전히 정착하기 위해 왔기 때문에 죽
으나 사나 거기서 뼈를 묻으려 하는 경향이 있지만, 여기 상하
이는 다르죠. 왜냐하면 중국은 여전히 '영주권'이 없으니까요.
본인이 계속 살고 싶어도 그럴 수가 없는 곳이잖아요. 그래서
미국과 중국 내 한인들 커뮤니티 성격 자체가 달라요.

이선화 상하이 한국인 커뮤니티 내에서 교회가 지금까지 해왔고, 또
앞으로 할 수 있는 역할은 어떤 것들이 있을까요?

김충렬 외국생활 또는 중국생활을 처음 하시는 분들의 경우, 상하이에
왔을 때 모든 것들이 낯설잖아요. 어디서 무엇을 해야 될지도

잘 모르고. 물론 회사 주재원으로 오는 경우에는 회사 내에서 다양한 도움을 받겠지만 그럼에도 불구하고 세세한 손길이 미치지 않는 영역들이 분명이 있어요. 그래서 우리교회에 오셔서 공동체에 속하게 되면 많은 도움을 받을 수 있죠. 물론 우리교회 교인이 아니더라도 교회 차원에서 도울 수 있는 일들은 적극적으로 도와드립니다. 장학 활동을 통해 물질적으로도 도움을 드리지만 이외에도 외국 생활하면서 고립감을 느낄 때 정서적으로도 많은 도움을 받겠지요.

김판수 목사님께서는 2011년에 오셨는데 그 5년 동안 상하이 한인사회가 겪고 있는 변화를 교회 차원에서는 어떻게 인식하고 있는지요?

김충렬 이전에 비해 성도 분들의 수가 많이 줄었어요. 점점 상하이 한국인 커뮤니티가 축소되고 있어요. 주재원도 예전만큼 많이 오지 않고, 기존에 있던 주재원들도 많이 귀임했죠. 그리고 자영업 하시는 분들도 사업을 접고 한국으로 돌아가는 분들이 늘었어요. 이런 현상은 눈의 띨 정도예요.

김판수 언제부터 그런 변화가 두드러졌나요?

김충렬 이미 제가 왔을 때부터 줄어들기 시작했지만 2014~2015년부터 눈에 띌 정도로 많은 분들이 떠나시더라고요.

이선화 연합교회 성도님들이 가장 많고 상하이 한국인 커뮤니티도 번영했을 때는 언제였나요?

김충렬 그때는 2006년부터 2008년까지라고 들었어요. 주일에 3,500명까지 모였다고 들었어요. 대체로 2010년 이전이었어요. 지금은 교회 근처의 한인사회도 축소되었지만 신앙 생활하는 한국인 유학생 수도 꽤 많이 줄었어요.

김판수 유학생 수가 감소한 것은 학비와 생활비가 상승했기 때문이라고 보시는지요?

김충렬 그것보다는 요즘 상하이 소재 대학에서 외국인 학생들을 과거에 비해 상대적으로 엄격하게 뽑는다고 하더라고요.

이선화 실제로 외국인들의 중국 대학입학시험이 강화되고 있다고 들었습니다.

김충렬 네. 예전에는 중국 대학들 재정이 좋지 않아서 외국인 학생을 많이 받았고 그래서 한국인 유학생도 많았지만, 이제 중국 대학들이 그럴 이유가 없는 거죠. 그리고 중국 유학 온 우리 대학생들이 잘 적응하고 공부도 열심히 했다면 한국학생 평이 좋았을 텐데, 그렇지 못한 측면들이 많았다고 하더라고요.

김판수 저희는 줄곧 베이징에 있어서 상하이 대학 사정을 잘 모르는데, 구체적으로 알려 주실 수 있는지요?

김충렬 대체로 중국 생활에 적응을 잘 못했죠. 과거에는 중국 대학 입학이 쉬웠고 학사 관리도 거의 하지 않았으니까요.

이선화 졸업 후 취업 문제도 있다고 들었습니다.

김충렬 네. 중국 정부 입장에서 자국 대학 졸업자들도 취업이 잘 안 되니까 외국인 졸업생들에 대해서도 다양한 제한을 두기 시작한 이유도 있어요. 이제 외국인들은 여기서 졸업을 해도 현지에서 취업을 하는 데 있어서 제도적 장벽에 부딪히게 되거든요. 중국 정책은 항상 유연하게 변화되고 있지만, 지금 현재 중국 대학을 졸업한 외국인은 바로 취업을 할 수 없고, 2년 정도 중국 이외 국가에서 경력을 쌓은 후 돌아와서 취업을 할 수 있다고 하더라고요.

이선화 중국에서 졸업한 한국인 대졸자가 중국 현지 한국 기업이나 외국 기업에 취직하는 것은 가능한 거죠?

김충렬 그건 괜찮아요. 물론 아직은 중국 대학을 졸업한 성도님들 중에서 순수 중국 기업에 취직한 분들은 별로 없을 것 같아요.

김판수 현재 여기 교회건물 계약이 만기에 이르는데, 재계약 때 한인연합교회도 중요한 변화를 맞이할 수도 있겠군요.

김충렬 그럴 거 같아요. 특히 이 근처 지역을 보셨겠지만 현재 공간적으로 큰 변화를 맞이하고 있거든요.

김판수 네. 여기 올 때 주변을 둘러봤는데, 이 근처 지역 전체를 대대적으로 허물었더라고요.

김충렬 이 근처 지역 전체가 재개발되고 있어요. 우리교회 앞에도 허물고 새로운 건물을 올리고 있고요. 결국 그렇게 새로운 건물들이 완공되면 이 근처 부동산 가격이 치솟을 것이고, 그럼 우리교회 임대료도 크게 상승하겠죠. 8년 전에 계약했을 때만 해도 이 지역이 굉장히 외곽이었고 상당히 후미진 곳이었죠. 그래서 우리가 이렇게 넓게 공간을 빌리면서도 경제적으로 큰 부담이 없었어요. 하지만 이제 상황이 크게 달라질 것 같아요. 그래서 우리는 매일 기도하고 있어요.

이선화 임대료뿐만 아니라 사실 이 건물 자체도 재건축할 가능성도 있지 않나요?

김충렬 가능성 자체를 배제할 수 없지만 이 건물 덩치가 굉장히 크기 때문에 힘들 수 있을 것 같아요. 결국 우리가 나가게 된다고 하더라도, 이 건물은 재건축보다 리모델링을 해야 하고, 또 각 공간을 쪼개서 분양을 해야 하는데, 그것도 쉬운 일이 아닐 것 같아요. 우리는 큰 공간을 통으로 빌려서 쓰고 있으니까 임대인은 상당히 안정적이고 편하게 생각하는 측면이 있어요. 결국 재계약 때의 여러 상황에 따라 결정이 되겠죠.

김판수 혹시 다른 한국 기관에서 교회 공동체의 힘을 빌리기 위해 도움을 요청할 때도 있나요?

김충렬 네. 모두 연결되어 있죠. 이번 한국 총선 재외국민 부재자투표 때도 상하이 총영사관에서 우리교회에 나와서 투표 독려를 했어요. 우리교회 1층에 데스크를 마련하고 거기서 사전 등록 접수를 했죠. 그때 우리교회 교인 분들이 많이 기여했어요. 교회 주보에도 몇 주 동안 계속 홍보도 했고요. 교회에서 가능한 한 많은 도움을 드렸죠.

김판수 이처럼 상하이 한인사회에서 교회가 중요한 네트워크의 장으로 기능하고 있던데, 목사님께서는 상하이 한인 연합교회가 어떤 성격의 공동체를 만들고 있다고 생각하시는지요?

김충렬 상하이 한인사회는 기본적으로 개인 비즈니스든 기업 주재원이든 다양한 분야에서 활동하시는 분들이 교회에 모이잖아요. 그렇게 다양하게 모이기 때문에 교회 내에서 한인사회의 어떤 문제 등을 공유하고 그에 대해 함께 기도를 하거나 실천을 통해 기여할 수 있는 기회를 만들어갑니다. 특히 한국사회 내에서 어려움을 겪고 있는 분들 중 우리 교회가 일시적으로라도 도와드려야 할 경우에 적극적으로 나서기도 하고요.

김판수 일상적으로 어떤 영역에서 도움 요청을 많이 받나요?

김충렬 처음 오신 분들이 대개 아이들 학교 문제를 많이 도와달라고 하세요. 어디를 보낼 수 있는지, 어디에 학교가 있는지, 학교별로 무엇을 준비해야 하는지 등을 도와드립니다. 실제로 상하이에 네트워크가 없는 분들은 이에 대한 정보를 쉽게 얻을 수 없거든요. 사실 교육 관련 정보들이 네트워크가 없는 한인 분들에게 굉장히 중요합니다. 그 다음으로 많이 오는 요청이 집을 구하는 문제입니다. 동네별로 어떤 특성이 있는지, 어디서 구해야 하는지, 그 곳에 정착하기 위해 어떤 것들을 고려해야 하는지 등도 중요한 정보에 해당하지요. 이런 부분은 우리교회 성도님 중 부동산 하시는 분들이 열심히 봉사를 하시죠. 사실은 상하이에 아무것도 모른 채 왔다면 일단 우리교회를 찾아와서 도와달라고 하면 모든 필요한 부분을 바로 연결해 드릴 수 있어요.

김판수 정착 초기에는 교회를 찾아가는 것이 가장 효율적이겠군요.

김충렬 네. 가끔은 상하이에 들어오기 전에 우리교회에 전화를 해서 도움 받을 수 있는 것들을 물어보시는 분들도 있어요. 그에 대해서도 우리가 적극적으로 도움을 드리죠. 실제로 상하이 한인 사회의 실생활 정보에 있어서는 교회만큼 정보와 자원을 갖춘 곳이 없죠.

김판수 한국에서 전화를 통해 문의하시는 분들은 상하이에서의 물가와 생활비 등에 기본적인 정보를 갖고 있는 거죠?

김충렬 그 정도까지는 제가 모르지만 여전히 많은 한국인들의 중국에 대한 인식이 낮은 것 같아요. 여기 상하이에서 오래 살다가 한국에 돌아가면 집을 얻어야 하잖아요. 그래서 한국의 부동산에 가서 '외국에서 살다가 와서 잘 모른다'라고 말하면, 어디서 왔냐고 물어본다고 합니다. '상하이에서 살다왔다'고 하면, 대체로 아주 저렴한 집들을 보여준다고 하더군요. 구하는 분이 어느 정도 수준 있는 곳으로 요청을 해도 그렇게 반응한다고 하더군요.

이선화 아직도 그런가요?

김충렬 일단 중국에서 살다 왔다고 하면 아직 많은 한국인들이 '굉장히 어렵게 살다가 돌아왔다'라고 생각한다고 하더라고요. 상하이에서 왔다고 해도 잘 모르는 거죠. 그래도 상하이에 처음 오시는 분들 중 우리교회에 나오시고 또 여기 오래 계신 분들과 계속 대화를 하다 보면 중국과 상하이에 대해 편견을 가진 분들도 아주 빨리 인식을 바꾸시기도 합니다.

일상적인 한인공동체, 개별교구 소모임

김판수 상하이 한인 연합교회의 경우 한인사회를 개별 교구로 나누어 일상 활동이 이루어진다고 들었습니다. 초창기에는 1개 교구만 있었는데 점차 확장되었다고 하더라고요.

김충렬 네. 지역 별로 나뉘어져 있습니다. 현재 교구는 10개입니다. 여성의 경우를 예로 들어 설명하면, 1~4교구는 구베이하고 푸동입니다. 5~8교구는 금수강남과 롱바이 등 홍췌루와 그 주변 지역이고요. 그 다음 9교구는 지우팅과 완커 지역. 10교구는 지역이 아닌 직장인들이 대상입니다.

이선화 10교구는 왜 따로 나누었나요? 언제부터였나요?

김충렬 제가 왔을 때 이미 그렇게 나뉘어져 있었습니다. 우선 왜 지역
별로 나누었냐면 각 교구 별로 모임을 갖는 소그룹이 10개 정
도 있어요. 주중에 1회 모임을 갖는데 성경에 대해 토론도 하
고 서로의 삶을 공유하고 함께 기도도 합니다. 10교구에 따로
여성 직장인들은 낮 시간에 모일 수가 없어서 새벽, 주말, 또는
밤에 함께 소모임을 갖는 거죠.

이선화 남성 교구는 어떻게 나뉘어져 있나요?

김충렬 남성 교구는 또 다른 체계로 구성되어 있어요. 남성 교구는 크
게 3개 교구로 나뉘어요. 1교구는 구베이와 푸둥, 2교구는 금
수강남과 롱바이, 3교구는 완커와 지우팅이에요. 남성들의 소
모임도 여성들의 경우와 같아요. 남녀 교구 수 차이는 여성 성
도님들이 더 많기 때문입니다. 남성 성도들의 경우 직장생활
및 출장 등이 많기 때문에 소모임 활동 빈도수가 좀 더 적죠.

교회와 한인사회의 연결, '순장'

이선화 소모임 별로 리더가 있다고 하셨잖아요.

김충렬 소모임 리더를 저희는 순장이라고 칭합니다. 순장 분들은 교회
에서 별도로 약 1년 반에서 2년 정도 교육을 받아야만 합니다.
그렇게 교육을 받은 분들 중 교회가 소모임 리더로 내세운 분
이 순장 역할을 맡으십니다. 이 분들은 사실상 거의 목회자라
고도 볼 수 있어요.

이선화 아, 지역 소모임의 목회자 역할을 하신다는.

김충렬 그렇죠. 우리 같은 목사들은 우리교회 규모가 너무 커서 교구 전체에 밀착해서 활동할 수 없거든요. 그리고 교회 내부에서도 교육, 훈련, 예배 등을 많이 맡고 있으니까요. 반면 순장과 소모임 참여하시는 성도님들은 우선 거주 및 활동 지역이 동일하고 서로가 공유할 생활 등이 많거든요. 실제로 소모임 내 어떤 분이 급히 도움이 필요할 때 거의 순장님에게 먼저 전화를 해요. 그러면 순장님이 가능한 한 바로 뛰어가서 문제 해결을 도와드립니다. 일종의 '친정 엄마'나 '언니' 역할을 한다고 생각하시면 이해가 쉬울 것 같아요.

김판수 만약 순장님이 해결할 수 없는 범주의 문제일 때는 어떻게 도움이 이루어지는지요?

김충렬 그러면 이제 교회에 도움을 요청하는 경우도 있죠. 그럼 교회에서 해결 가능한 분들을 연결해 드립니다. 순장님들은 대개 중국 생활을 오래한 분들이 많거든요. 예를 들어, 상하이에 처음 오신 분들이 아이가 아파서 병원에 가야할 때 어느 병원에 가야 하는지, 중국인 의사에게 어떻게 이야기해야 하는지, 교통편은 어떤지 등을 자세히 도와드립니다. 본인 스스로 친정 가족처럼 책임지고 데리고 다니면서 도와주시는 경우도 많아요.

김판수 순장님들은 개인 시간도 그렇지만 본인 스스로 지출하는 비용도 많을 것 같아요.

김충렬 기쁨으로 하세요. 정말 대단하다고 말할 수밖에 없어요.

김판수 순장님들이 상하이 한인 연합교회의 공동체를 유지하고 발전시키는데 있어서 가장 중요한 역할을 하고 계신 것 같군요.

김충렬 정확합니다. 그래서 우리 교회는 사실 순장님들을 거의 목회자라고 생각하고 있어요. 어느 누구도 월급을 주거나 하는 것도 아닌데 전심을 다해 하나님을 섬기고 또 성도님들을 위해 봉사하세요. 그래서 우리 교회의 하부 구조가 굉장히 탄탄할 수 있는 거죠.

김판수 그럼 주재원 분들은 순장 역할을 잘 못할 수도 있겠네요. 시간의 여유도 그렇고 중국에서 장기간 계실 수도 없으니까요.

김충렬 그래도 주재원 중에도 순장님이 계십니다. 비율적으로 적지도 않아요. 물론 1년 반에서 2년 정도 교육·훈련을 받으시기 때문에 그 이후에 한국으로 귀임하시게 되면, 저희는 조금 아쉽기도 할 수 있지만, 저희는 비록 우리 교회에서 섬기지 못해도 또 다른 곳에서 섬기실 것이기 때문에...

김판수 순장님들에 대한 교육·훈련은 어떤 과정으로 구성되어 있나요?

김충렬 처음에는 정규 수업 코스를 모두 수강하셔야 합니다. 출석도 체크하고. 그 과정이 1년 반에서 2년 정도 이루어집니다. 또 담임목사님이 직접 1주일에 1회 순장님들만을 대상으로 '순장 교육'을 합니다. 그래서 우리 교회에서는 순장님들을 '작은 목사'라고 칭합니다. 왜냐하면 장기간의 교육·훈련 과정을 통해 순장님들이 담임목사님의 목회 철학과 사역 방향 등을 깊이 숙지하게 되거든요. 이 과정은 예배에 참여하는 것과는 다른 차원입니다. 교회에서 '리더'를 내세우는 것은 매우 중요한 일이거든요. 그만큼 우리 교회가 많은 에너지를 쏟으면서 순장님들을 교육합니다.

김판수 교육 과정에서 탈락 비율도 상당할 것 같아요.

김충렬 탈락하는 분들도 있습니다. 예를 들어, 훈련 교육 과정 중에 갑자기 귀임 발령이 나서 한국으로 돌아가는 경우. 혹은 예전 상황에는 순장 교육에 참여할 수 있었지만 갑자기 상황이 바뀐 경우. 혹은 순장님으로 활동 하시다가 잠시 쉬시는 경우도 있습니다. 그럼에도 불구하고 교회에서 여건에 따라 여러 가지 활동을 맡으세요. 그래서 상하이 한국인 커뮤니티에서 우리 교회가 기여하는 모든 일들을 실제로 아래로까지 연결하고 실천하시는 분들이 순장님들이에요. 엄청난 역할을 맡고 계시는 거죠.

이선화 순장님들은 비교인들을 대상으로도 활동을 하시는지요?

김충렬 네. 우리 교회에 나오지 않거나 교인이 아니더라도, 순장님은 본인이 살고 있는 지역 또는 같은 아파트에 상하이 생활이 처음인 한국인이 이사를 오게 되면, 혹시라도 도움을 드릴 수 있는 부분이 없는지 늘 고민하시죠. 우리 교회에서 계속 그 부분들을 교육하고 강조하고 있기도 하고요.

결국 순장님들이 우리 교회의 공동체 역할을 이끌어 가시는 거예요.

제 2 부

디자인 · 설계 영역에서

A.LEE 대표 인터뷰는 2016년 3월, 7월, 2018년 1월 총 3회에 걸쳐 약 12시간 동안 진행되었다.

그녀는 국내 모 대기업 패션 계열사에서 10년간 직장 생활 후, 미국에 가서 유학 및 직장 생활을 10년 정도 했고, 2007년 개인 사업을 위해 상하이에 진출해서 지금까지 활발하게 활동하고 있다. 그녀는 30년 이상 패션업계에서 활동 해왔고, 특히 의류 디자인, 마케팅, 무역 에이전트, 무역회사 운영 등 다양한 방면에서 경력을 쌓아왔다.

그녀는 미국과 중국에서 오랫동안 생활했기 때문에 한국식의 '빨리빨리 문화'를 탈피해서 중국식의 '만만조우(慢慢走)'를 체화하여 바쁜 업무 속에서도 '삶의 여유'를 즐기고 있다. 실제로 그녀는 굉장히 많은 시간을 사업에만 쏟고 있지만, 일상적 업무와 생활 속에서 관찰자의 시선으로 중국 사회의 변화를 놓치지 않고 흥미롭게 분석하고 있다.

이 사례에서 가장 두드러지는 점은, 신앙적 삶이 중국에서의 사업 활동에도 깊이 적용되고 있다는데 있다. 그녀는 상하이에서의 11년 동안 술 접대를 하지 않고, 돈 봉투도 건네지 않으며, 부동산 투자도 없이 순수한 개인의 노력만으로 사업을 유지하고 있다. 이런 중국 비즈니스가 가능했던 것은 풍부한 경력, 다양한 언어구사 능력, 패션 업계 내 풍부한 경험, 그리고 전문성 때문이었다. 따라서 관련 업계는 이미 상하이에서 쇠퇴한지 오래되었지만, 그녀가 운영하는 회사에는 처리할 수 있는 양보다 더 많은 일들이 쌓여있다. A.LEE 대표는 '진심'은 어디에서는 통한다는 철학 하에 상하이에서의 사업을 유지해왔고, 앞으로도 그럴 수 있기를 희망하고 있다.

2007년, 준비된 '후발 주자'로 중국 진출

김판수 중국 진출 과정에 대해 말씀해주십시오.

A.LEE 저는 중국 오기 전 미국에 있었어요. 그러다가 '내 사업을 하겠다'해서 중국으로 왔어요. 원래 저는 한국에서 디자인 쪽으로 10년 동안 직장 생활을 했어요. 그러다 보니까 머천다이징(merchandising)을 하고 싶어서 미국으로 갔죠. 개인 부티끄를 운영하면서 의류 디자인을 하면 나의 디자인 취향대로 기획해서 상품화할 수 있지만, 대기업브랜드에서 디자인할 경우 대량 생산 상품이기에 마켓을 알아야 하거든요. 그래서 전문적으로 마케팅 분야를 배우기 위해 미국으로 갔어요. 미국에서 공부를 마치고 한 동안 그 곳에서 직장 생활했죠. 리테일 체인스토어(retail chainstore)에서 프라이빗 브랜드(private brand) 디자인을 했고 또 나중에는 한국 무역회사하고 조인해서 미국에 브랜치 오피스를 셋업하기도 했어요. 제가 미국 바이어를 직접 컨택해서 한국 본사에 바로 오더 주는 식으로. 일종의 커미션을 받는 에이전트였죠. 이후 저는 제 사업을 하고 싶어서 2005년에 한국에 왔죠. 한국에서 2년 정도 에이전시 회사를 운영 하다가 2007년에 중국에 왔어요. 왜냐하면 단가도 오른 데다 가격 경쟁도 굉장히 심해졌었거든요. 그러다 보니까 결국 가격 경쟁 승부에서 이기기 위해서 중간 마진을 상쇄해야만 했고, 그래서 2007년 직접 중국으로 왔죠.

김판수 2007년에 처음 중국 땅을 밟았나요?

A.LEE 미국에 있을 때 가끔 중국으로 출장을 왔어요. 1990년대 말부터요. 그때는 중국 환경이 너무 열악해서 제가 중국에 삶의 터를 잡고 사업하리라고는 상상도 못했죠. 특히 봉제공장의 경우

노동 집약적 산업이어서 더욱 환경이 안 좋았죠. 당시 화장실에는 문도 없었던 시절이니까. 그런데 출장을 계속 다니다 보면 상하이가 굉장히 빨리 발전하고 있는 게 느껴졌어요. 발전 속도가 너무 빨랐죠. 그래서 2007년에 중국에 오기로 결정했는데, 사실 이미 너무 늦게 왔었죠. 제가 올 때는 이미 중국 생산 가격이 상당히 오른 상태였거든요. 그때 장기적으로 보고 인도로 가는 것도 생각했는데, 인도는 저의 사업을 시작할 수 있는 현지 생산기반 인프라가 전혀 안 되어 있었죠. 중국의 경우 제가 오랫동안 무역회사를 통해 출장 다니면서 이미 현지 생산 공장 노하우를 축적하고 있었기 때문에 후발주자여도 해볼만 하다고 생각했어요. 제가 올해(2016년)로 10년차거든요. 지금 생각해보면 중국의 변화속도로 봤을 때 제가 예상한 것 보다 더 일찍 왔다고 생각해요. 이미 중국 내 생산 가격은 많이 상승하여 경쟁력이 약화됐을지라도, 저는 무역회사로 전환 한데다 한국과 미국에 기반이 있어 중국에서도 기반을 다질 수 있었죠.

김판수 한국에서 꽤 오래 직장 생활을 하다가 미국 유학을 선택하셨는데, 어떤 계기였는지 궁금합니다.

A.LEE 제가 회사 다닐 때 과장급 이상은 미국에 단기연수를 보내줬어요. 그때 미국에 가니까 대학 커리큘럼이 한국과 많이 다르더라고요. 제가 한국 대학에서 들었던 패션 분야 수업은 이론 중심이었어요. 그런데 미국 대학에서 수업을 들어보니 패션 쪽은 학위뿐 아니라 실무 경력도 10년 이상 겸비 되어 있는 분들이 강의를 하시더라고요. 그래서 미국에서 좀 더 배우고 싶다고 생각했어요.

중국인 직원 및 바이어들과 인간관계 맺기

김판수 대표님 회사의 직원 구성은 어떻게 이루어져있나요?

A.LEE 제가 처음에는 중국어를 못해서 한국 직원을 한 명 두고, 나머지는 중국인과 중국동포를 고용했어요. 그러다 3~4개월 후 회사를 다시 셋업할 때 한국 직원 없이 시작했어요. 왜냐하면 업무를 볼 때 바이어나 협력업체들과 논쟁이 벌어지면 상대방의 잘못인데도 말로 싸워서 설득하지 못하면 우리가 책임져야 하는 경우도 있어요. 그때 현지 중국인이 아니면 언어표현의 세밀한 부분에서 한계가 있고 또 때로는 중국인끼리는 서로를 더 잘 이해해주는 부분이 있어서, 문제가 생기면 한국인 직원보다 합의점을 더 쉽게 찾더라고요. 물론 중국 직원들도 한계가 있죠. 저는 대학부터 지금까지 의류 쪽 경력이 30년이 넘어요. 하지만 직원들은 길어야 10년 정도거든요. 그래서 제가 커버할 일이 굉장히 많죠.

김판수 중국 바이어들하고 상대할 때 중국인 직원들의 역량을 어느 정도까지 신뢰하는지요?

A.LEE 저는 말 보다는 글 쓰는 감각 같은 걸 많이 가르쳐요. 문제가 생겼을 때 바이어들하고 주고 받는 이메일 하나 때문에 그게 해소되거나 아니면 더 커질 수도 있거든요. 어떨 때는 바이어들이 잘못을 하고도 인정하지 않는 경우도 있고요. 그때 이메일을 정말 잘 보내야 해요. 그 바이어 스스로 '맞아, 우리도 잘못이 있어'라고 인정하게 해야 하거든요. 그때는 가능한 한 제가 직접 메일을 보내는데, 가끔 직원 성장을 돕기 위해 메일을 써보라고 해요. 그때 우리 직원이 가끔 아주 미묘하지만 잘못된 표현으로 문제를 증폭시킬 수 있는 내용의 메일을 작성하는 경우

도 있어요. 경험과 감각이 부족한 거죠. 그런 부분도 코치해요.

김판수 직원들의 성장을 돕는 것이 굉장히 중요하군요.

A.LEE 그렇죠. 회사의 성장을 위해서는 직원들의 성장이 필수적이니까 제가 많이 도와야죠. 물론 그렇게 크면 언젠가는 더 좋은 조건의 회사로 이직을 하거나 본인 회사를 설립할 수도 있겠죠. 그래서 제 주변에서도 그런 위험 부담이 있다고 조언을 해요. 하지만 그거는 감수해야 해요. 지인 회사들 중에도 실제로 그렇게 회사 고객을 빼서 자기 사업 시작한 직원도 있었죠. 그런데 제 직원이 영원히 제 직원일 수 없어요. 저도 사업 시작할 때 '큰 바이어 말고 작은 바이어 한 업체를 갖고 나와 사업을 하겠다'고 회사 CEO와 협의했어요. 사실 회사 입장에서는 제가 작은 바이어와 작업해도 거의 타격을 받지 않았으니까요. 하지만 중국에서는 그 정도 상도를 바라기는 힘들어요. 한국 기업 대표들이 이런 일들 때문에 많은 피해를 받았고요. 그런데 저는 그것도 비즈니스 능력이라고 생각해요. 제가 어떻게 직원들과 관계를 맺는가에 따라서 5명 나가는 것을 3명으로 줄일 수 있고, 나머지 2명과 계속 일을 함께 할 수 있잖아요.

김판수 직원들은 어떻게 채용했나요?

A.LEE 중국에 와서 초반에는 주로 광고를 내서 채용을 했는데 짧은 면접으로는 직원 자질이 제대로 파악되지 않아서 검증되지 않은 직원들이 채용되는 경우들이 있었어요. 그래서 지금은 가급적 동종 업계 지인들 소개를 통해 채용하고 있어요. 사실 우리 직원들 경력이 부족하지는 않아요. 그리고 상하이에서 소규모 업체 직원들은 오히려 규모가 큰 업체보다 급여가 높은 편이에요. 왜냐하면 구직자들이 큰 기업을 선호하기 때문이죠. 그래

서 상하이에서 작은 회사를 운영하는 분들이 갈수록 더 힘들어 해요. 이런 상황이기 때문에 저희는 4년제 대학 졸업자 보다는 대체로 2~3년제 대학 졸업자를 채용하고 있고, 대신 성실한 사람을 뽑아 가르쳐서 실력을 배양시키죠. 그리고 저희 직원들 임금은 다른 업체 대비 20~30% 높아요. 왜냐하면 우리 직원들은 바이어를 상대해야 하는 '을'의 위치에서 일하는 것뿐만 아니라 공장도 상대하는 중간관리자 위치에도 있어서 업무 스트레스를 많이 받거든요.

김판수 직원을 힘들게 뽑는 만큼 오랫동안 있고 싶은 회사로 만들어주는 것도 중요하겠군요.

A.LEE 제가 중국에 10년 있었잖아요. 현재 근무 연수가 가장 긴 직원은 8년 되었어요. 초기에 저희 직원들은 영어를 못했거든요. 그런데 저는 미국 바이어가 많았기 때문에 제가 영어를 가르쳤어요. 하루에 1~2시간 정도씩. 저도 사실 예전 한국에 있을 때 대기업에서 일했거든요. 그때 제가 다닌 회사는 제가 언어를 배우고 싶으면 언제든지 보조를 해줬거든요. 그때 우리가 일본 출장을 자주 갔기 때문에 일본어도 배웠어요. 회사에서 일본인 강사를 모시고 와서 새벽에 수업을 들었죠. 그때 저는 불어도 배우고 싶었어요. 그래서 회사에서 저에게 외부 학원 수강비도 지급해줬어요. 그래서 저 또한 직원들에게 가능한 한 높은 급여를 주고, 그리고 다양한 요구 사항을 만족시켜주려고 해요. 그게 결국 윈-윈 하는 길이라고 생각해요. 중국도 자본주의 사회잖아요. 만약 그렇게 해줘도 직원이 떠난다면, 결국 제가 최선으로 베풀지 못한 것이잖아요. 결국 제 책임이죠.

김판수 상하이에서 의류 무역회사를 오랫동안 유지해오셨는데 나름의 현지화 방식이 있으신가요?

A.LEE 중국에서는 새로운 바이어를 컨택할 때, 그들이 뒷돈 같은 것을 요구하는 경우가 있잖아요. 그때 저는 '저희는 안 합니다'라고 이야기합니다. 심지어 직접 중국 공장에서 연락받은 적도 있어요. '너가 잘 모르는데, 중국은 어쩔 수 없어. 그런 거를 해줘야 해'라고. 그래도 저는 딱 자르죠. 저는 그런 식으로 해서 오더를 받지 않아요. 그게 제 사업의 기본 철칙이에요. 사실 사람들이 사업을 하면서 하지 말아야 하는 것을 계속 선택하는 경우가 많잖아요. 하지만 저는 '그 길' 이외에 여러 가지 길들이 있다고 봐요. 저는 깨끗하게 돈을 벌어야 즐겁게 쓸 수 있다고 생각해요. 제가 그렇게 10년 동안 중국에서 사업을 하고 있잖아요. 주변에서 신기하게 봐요. 어떻게 그렇게 사업을 유지했냐고. 물론 회사 규모는 줄었어요. 하지만 저는 그런 이유로 규모가 줄었다면 남는 시간에 다른 것들을 하면 된다고 생각해요. 저는 중국에서도 그런 진심이 통한다고 봐요. 실제로 그렇게 중국 공장들하고 오랫동안 협업을 해왔잖아요. 중국 공장들도 제가 힘들 때 저만 믿고 많이 도와줘요. 제가 신뢰를 쌓아왔으니까요. 제가 쌓아온 신뢰관계가 가장 중요한 자산이 되고 있는 거죠. 여기는 중국이잖아요. 결국 문제가 생기면 중국 사람의 도움을 받아야 해요. 중국 사람이 제 오른팔이 되어주고 왼팔이 되어줘야 해요. 그래서 저는 사업할 때 옳은 방법으로 열심히 씨앗을 뿌리면 언젠가는 거두게 된다고 봐요.

김판수 바이어들과 어떤 방식으로 인간관계를 쌓는지요?

A.LEE 업무를 통해 신뢰를 쌓아가는 겁니다. 오랫동안 함께 일을 하면 바이어도 제 성향을 잘 파악하기 때문에 저희 회사 업무처

리 방식에 대해 신뢰를 해주시더라고요. 예를 들어, 저희는 기존 바이어와 경쟁관계에 있는 업체에서 상담 요청을 받는 경우에 거절합니다. 경쟁 상태의 브랜드들을 동시에 유치하려 하면 바이어들 간에 패션 정보가 노출될 수 있기 때문이죠. 이처럼 경쟁사 오더 거절을 원칙으로 삼으니까 바이어들이 저희 회사에 대해 신뢰를 하게 되고 결과적으로 장기간 협력관계를 유지하게 된 것 같아요.

중국에서 사업가로 살아가기

김판수 그래도 신뢰를 계속 쌓기 위해서는 다른 한 편으로는 실력을 더욱 키워나가야겠죠?

A.LEE 그렇죠. 옳지 않은 방법을 따르지 않고도 계속 오더를 받으려면, 저 스스로도 끊임없이 발전해야죠. 정당하게 오더를 받기 위한 유일한 방법이죠. 그래도 제 방식에는 큰 장점이 있어요. 저는 접대를 하지 않으니까 술을 먹지 않아도 되고, 그래서 중국에서 사업 하면서도 제 건강을 지킬 수 있었죠. 저는 사실 주변 회사 사장님들 보면 '저렇게 매일 술을 마시고도 몸이 버틸까?'라고 많이 우려했어요. 한 편으로는 제가 여자이기 때문에 더더욱 그런 방법을 피한 것이기도 하죠. 그런데, 어차피 시대를 막론하고 남성 위주의 사회로 유지되어 온 것을 부정할 수 없잖아요. 제가 남자가 아니기 때문에 비즈니스 할 때 손해 볼 수밖에 없는 상황도 당연히 있지만, 중국 음주 문화를 볼 때에는 제가 여자라서 '저는 못 마십니다'라고 이야기할 수 있는 것에 감사해요. 중국에서는 남자가 비즈니스 할 때 술을 못 마시는 거는 용납이 안 되는 것 같아요. 즉 상대방이 '술을 못

마신다고? 그럼, 내 술 잔 못 받아?'라는 말이 나오면 관계가 힘들어지죠. 하지만 저는 과거 신입사원 때도 '저는 안 마셔요' 라고 해도 용납이 되더라고요.

김판수 그래도 남성적 비즈니스의 장점도 많겠죠?

A.LEE 그렇죠. 사실 저는 개인적 능력과 영역 이외에 도움을 받는데 제한이 있어요. 남성 비즈니스와는 그라운드 자체가 다른 거죠. 예를 들어, 제가 아는 언니가 패션 분야 사업을 했는데, 나중에는 남편이 주재원으로 근무하다 퇴사 후 언니 사업에 조인을 했어요. 그렇게 남편이 합류를 하게 되자 갑자기 회사 규모가 괄목할 정도로 확장되더라고요. 남편이 선후배를 통해서 금융 쪽으로 도움을 받고 또 바이어들과 공장들에도 네트워크도 넓혔죠. 그 남편은 옷에 대해 전혀 모르지만, 사업 확장에 필요한 여러 조건들을 남성 사회 속 인맥을 통해 제공한 거죠. 남성들만의 특별한 인맥 그라운드가 있더라고요.

김판수 한국인과 중국인은 옷 입은 것을 통해서도 쉽게 구분되는 경우도 있잖아요. 대표님께서는 한국의 '차려 입는' 문화를 어떻게 보시나요?

A.LEE 서울 출장 때 카페에 가면 주부들이 너무 곱게 차려 입고 있더라고요. 화장도 저보다 더 신경 쓰고. 사실 저도 한국에 있을 때는 일상적으로 굉장히 차려입었어요. 그런데 미국에 가서 보니 많은 사람들이 평소에는 국민 옷이라 볼 수 있는 갭 티셔츠와 청바지 같은 실용적인 이지케주얼을 입고 다니더라고요. 강의실에서 교수님들도 그렇게 입고. 저도 나중에는 미국의 그 실용적 문화를 좋아하게 되었죠. 그런데 저도 한국에 오면 다시 차려입게 되더라고요. 그러니까 한국에서는 옷 사업이 잘될

수밖에 없어요. 일종의 '폼생폼사 나라'라고 생각해요. 사람이 살기 위해서는 먹는 게 제일 중요하잖아요. 그런데 우리는 '의식주' 문화에서 '의'가 가장 앞에 있잖아요(웃음). 그러니 우리 같은 사람들은 좋죠. 사람들이 옷에 정말 관심이 많으니까. 그럼에도 불구하고 미국에 가서 되돌아 봤을 때, 한국은 어쩌면 필요하지 않은 일에 지나치게 많은 시간과 에너지를 소비하고 있다는 생각이 들더군요. 저런 일보다는 좀 더 창의적인 일에 더 몰두하면 좋겠다고 생각하죠. 아는 동생이 미국에서도 굉장히 좋은 회사에서 일하고 있거든요. 그 동생이 한국 다녀와서 저한테 '한국에서 너무 창피했다'고 하더라고요. 자기가 친구 만날 때 자연스럽게 바지에 흰 티셔츠를 입고 압구정에 나갔는데, 친구는 머리에서부터 발끝까지 온 몸을 명품 정장으로 갖춰 입고 나왔다고 해요. 처음에는 동생도 친구보고 '잡 인터뷰 보는 것도 아닌데 뭘 그렇게 꾸미고 나왔냐'고 했는데, 커피숍 안의 주변 사람들 모두 그렇게 꾸미고 있더라는 거예요. 그래서 자기도 백화점 달려가서 다시 꾸며 입고 나와야 하는지 고민했다고.

김판수 한국은 일상적으로 '빨리빨리' 문화가 있는데 중국의 경우 일상에서는 '느릿느릿' 문화가 있잖아요. 중국에 오래 계신 분들은 한국의 빨리빨리 문화에서 탈피해서 좋다고 하던데, 대표님은 어떠신가요?

A.LEE 저는 중국 처음 왔을 때, 중국 사람들이 일을 너무 늦게 처리하는 것 때문에 스트레스 받은 적이 많았죠. 사실 제가 미국에서도 일처리 속도 때문에 엄청 답답했거든요. 그래서 제가 중국에서 와서 배운 것들 중 한 가지가 바로 '만만조우(慢慢走: 천천히 가자)'였어요. 사실 미국과 중국이 그런 측면에서 비슷하

더라고요. 빨리빨리라는 게 어떤 목표에 도달하기 위해 중간과정을 상당 부분 잘라내는 거예요. 이 과정에서 많은 것들을 놓치는 거죠. 그 중에서도 일을 할 때 '즐거움'을 느낄 시간과 여유를 놓치는 경우가 많더라고요. 그걸 깨닫고 중국 사회를 다시보니까 다들 삶의 여유를 놓치지 않더라고요. 저는 한국에서도 식사 시간을 전투하듯이 보냈어요. 심지어 먹으면서 일 하는 게 익숙했죠. 다시 생각해보면 그런 삶은 인간의 삶이 아니라 '기계의 삶'이었어요. 그래서 저도 중국에 와서 항상 바쁘긴 하지만 예전에 비해 상대적으로는 '만만조우'를 실천하고 있어요.

상하이 한인커뮤니티와 사회경제적 삶

김판수 일상적으로는 한인촌의 어떤 커뮤니티를 주로 이용하시는지요?

A.LEE 저는 홍췐루의 한국 수퍼마켓 천사마트를 가장 자주 이용해요 (웃음).

김판수 한인사회에서는 천사마트가 물건을 너무 비싸게 판매한다고 말이 많더라고요.

A.LEE 하지만 저한테는 시간이 곧 돈이잖아요. 거기가 비싸긴 해요. 그래서 제가 아는 분도 저한테 '시장 같은 곳에서 사면 정말 저렴해요'라고 추천해요. 저도 재래시장 가면 천사마트의 1/5에 과일을 구할 수 있다는 것을 알죠. 그런데 저는 시장을 찾아가는 것도 시간이고, 로컬 시장에서 하나하나 흥정해서 사는 것도 시간이에요. 특히 재래시장에서는 아주 작은 것 하나도 흥정을 하면서 사야 하잖아요. 그렇다고 상하이에 제 가족이 있는 것도 아니고. 많이 사봐야 결국 못 먹게 되거든요. 그래서

저는 옷을 사더라도 그냥 백화점 가서 사요. 왜냐하면 백화점 가면 제가 좋아하는 브랜드가 모여 있고, 그러니 시간을 절약할 수 있잖아요.

김판수 상하이의 한인 교회들은 한인사회의 경제 활동에 어떤 영향을 미친다고 생각하세요?

김판수 사실 종교단체는 개인들의 신앙 활동을 도와주는 역할을 하지만, 또 다른 기능은 개인들이 본인의 사업이나 경제 활동을 위해 브릿지 역할을 한다는 거죠. 미국에서는 여기 상하이보다 후자의 기능이 더 발달했어요. 어떤 한국인이 미국에 사업하러 가면 다들 교회부터 찾아가라고 조언했거든요. 지금은 확실히 어떤지는 잘 모르겠지만, 여기 상하이에서 사업하시는 분들은 미국에서처럼 절박한 심정으로 교회를 찾지 않았던 것 같아요. 왜냐하면 상하이에는 일단 주재원이 많잖아요. 매우 안정되어 있죠. 또 다른 그룹은 사업하는 분들인데 여기서는 상대적으로 물가가 저렴했고 중국동포들 도움도 쉽게 받을 수 있었으니까 교회를 경제 활동의 브릿지로 여기는 정도가 덜했던 것 같아요.

김판수 최근 상하이 한인들의 신앙생활 상황은 어떤가요?

A.LEE 제가 처음 왔을 때 상하이 한국인 개신교 성도 수는 5,000~6,000명 이하였어요. 제일 큰 연합교회가 3,000명 정도, 그 다음 은혜교회와 온누리교회가 각각 400명 정도, 그 이외에는 작은 교회들. 지금도 상하이 한인 비율에 비해 신앙생활 인구는 많지 않아요. 8% 정도? 지금은 상하이의 한인 사업체들이 어려워져서 귀국하는 분들이 많고, 주재원들도 회사경비절감 정책 때문에 가족 형태가 아닌 단신 부임이 많아서 성도 수가 크게 줄어들고 있어요.

김판수 상하이 한국인들이 경제적으로 조금 힘들어진 영향도 있겠죠?

A.LEE 가장 중요한 요인은 주거비 증가겠죠. 제가 현재(2016년 여름) 살고 있는 집 작년 매매가가 1㎡에 4만 위안 정도였어요. 그런데 지금은 6만 위안이 되었어요. 여기 부동산 가격 상승 폭이 상상을 초월할 정도여서 임대료도 크게 오른 거죠. 그래서 한국인들의 삶도 상대적으로 궁핍해진 거죠.

김판수 임대료가 그렇게 올랐는데도 오랫동안 집을 사지 않고 잘 버티셨네요.

A.LEE 그러니까요(웃음). 처음 상하이 왔던 분들은 사업이 안돼서 문을 닫더라도 부동산 때문에 오히려 돈을 벌어서 귀국했죠. 저는 제가 2007년 경 중국 올 때 저희 부모님과 가족 모두 중국에서 절대 부동산 사지 말라고 했어요. 공산주의 국가이고 자국민 보호 때문에 주택법을 입맛에 따라 바꿀 수 있다고. 저는 잘 모르니까 정말 그럴 수 있겠다 했죠. 제가 처음 왔을 때 살았던 아파트 가격이 백사십만 위안이었는데 지금은 거의 칠백오십만 위안이에요. 엄청 올랐죠.

김판수 대표님이 집을 사지 않아서 중국인 직원 분들이 아마 애를 많이 태웠을 것 같아요.

A.LEE 우리 직원들은 저한테 '왜 집을 사지 않느냐'고 이해할 수 없다고 이야기해요. 그럴 때마다 저는 '내가 너희들하고 다르잖니. 너희는 급여를 받지만, 나는 급여를 주고 있고, 또 집보다는 회사를 중시한다'고 말하죠. 사실 저는 회사를 운영해서 이윤을 만들었고, 그 때문에 우리 직원들이 집을 샀죠. 오히려 제가 집을 샀으면 투자를 줄였어야 했고, 그럼 결국 회사를 안정시키

는데 늦어졌거나 곤란을 겪었겠죠. 그리고 저는 제가 부동산을 통해서 많은 돈을 벌었다면 과연 행복했을까라고 생각해보면 역시 일을 통해 잘 살 수 있는 삶이 가장 좋다고 믿어요. 성취욕도 있고요.

김판수 상하이는 계속 개발될 수밖에 없겠죠? 집값도 자연스럽게 더 오를 테고.

A.LEE 네. 미국도 일본도 결국 부동산 가격이 고꾸라진 적이 있지만. 저는 중국이 미국·일본과 다르다고 봐요. 특히 상하이는 국제도시이고. 수요보다 공급이 항상 부족해요. 그래서 계속 집값도 오를 수밖에 없다고 봐요.

김판수 여기 우중루의 현륜빌딩에는 1층에 한국은행도 있고 또 많은 오피스가 한국 업체로 채워져 있더군요. 그런데 여기에서 홍첸루 한인촌까지 가깝지는 않잖아요. 또 홍첸루 한인촌과의 거리만큼 또 구베이하고도 거리가 있고. 어떤 이유 때문에 한국인 사업체가 몰리게 되었나요?

A.LEE 여기가 예전에는 상하이의 변두리였으니까 임대료가 쌌어요. 그런데다 한인상회가 여기에 있고, 또 한국계 은행도 2개 정도가 있잖아요. 그러니까 점점 더 모여들게 되었죠. 이외에도 여기에 자리를 잡으면 구베이 근처 상하이 총영사관이나 대기업들과의 소통도 유리한 측면이 있으니까요.

한국인의 상하이 인식 변화

김판수 근래 중국이 부상한 이후 한국의 지인 분들이 중국 진출 등과 관련해서 물어보거나 도움을 요청한 경우가 많아지고 있죠?

A.LEE 그렇죠. 왜냐하면 한국 경기가 워낙 안 좋잖아요. 한국에서 볼 때는 중국이 빨리 성장하고 그래서 많은 기회가 있을 거라고 생각해서 다들 '중국 어때?'라고 물어보죠. 정말 많이 묻더군요.

김판수 대략 언제부터 그런 질문들을 받기 시작했었나요?

A.LEE 물론 10년 전에도 중국이 세계의 중심이 될 것 같다는 이야기가 많았지만, 그래도 일반 한국인들은 제가 사업하러 중국 간다고 하면 '왜 중국 같은 곳에 가?'하고 의문을 제기했거든요. 그런데 대략 2013년부터 주변에서 많이 물어보더라고요. '내가 상하이에 가면 뭘 할 수 있을까?'라고요. 주로 제가 예전에 한국 대기업에서 일할 때 함께 일했던 동료라든지, 아니면 디자이너들.

김판수 가족이나 친척 분들이 자녀 유학 관련해서 도움을 요청하지는 않나요?

A.LEE 사실 제가 먼저 제안을 해요. 저는 꼭 상하이 유학을 추천해요. 상하이는 여행 이외에도 아이들이 미래를 볼 수 있는 곳이라고 생각하거든요. 물론 미국도 당연히 추천하죠. 그런데 현재 세계에서 가장 빨리 변화하는 곳은 상하이예요. 젊은 아이들은 그런 변화를 직접 봐야 미래의 큰 그림을 그릴 수 있다고 생각해요. 그런데, 제가 아무리 추천해도 제 친구들은 자녀들을 모두 유럽과 미국으로 보내고 싶어 할 뿐 상하이로는 안 보내더라고요(웃음).

김판수 한국 사람들에게 중국은 여전히 첫 해외 여행지로 인식되지는 않죠.

A.LEE 왜냐하면 사람들이 중국 여행을 너무 저렴한 패키지여행으로 와서 그래요. 그래서 제가 한 번은 친지에게 상하이를 제대로 경험하게 해줬어요. 그랬더니 상하이에 대한 인식이 높아지더라고요. 그 이후에는 그 분이 완전히 생각이 바뀌어서 저 대신 상하이 홍보대사가 되었어요. 친구들한테 상하이 꼭 가보라고 설득한대요.

이미 너무 앞선 중국

김판수 요즘 중국이 친환경 정책을 실행하고 있잖아요. 의류 업계는 다른 업종에 비해 타격이 클 것 같아요.

A.LEE 예. 여기 주변 140개 정도의 염색 공장이 문을 닫았어요. 몇 달 전에만 70개 정도의 공장이 문을 닫아서 원단 염색에 곤란을 겪었거든요. 2016년 9월에 항저우에서 G20 정상회담을 개최할 예정이라 더 심해졌어요. 그래서 예전에는 염색 공장이 우리한테 오더 달라고 부탁했는데, 이제는 우리가 염색 공장 찾아가서 우리 것 좀 해달라고 부탁하는 상황이에요. 결국 상하이 같은 대도시에서 사업하려면 서비스업이나 친환경 산업으로 전향하라는 거죠. 더구나 이제 중국인들도 한국 옷을 온라인과 모바일로 직접 한국 매장을 통해 구매하기 때문에 한인촌의 한국 옷매장도 힘들어졌죠.

김판수 갈수록 한국인들의 사업 영역이 좁아질 수밖에 없겠네요.

A.LEE 지금 중국에서는 IT와 SNS를 통해서 모든 게 다 이뤄지니까. 심지어 요즘(2016년 6월) KFC나 그 외 많은 종류의 업소에서

영수증을 달라고 하면 QR코드로 찍게 해요. 그러면 영수증을 개인 이메일로 바로 보내줘요. 필요하면 고객이 직접 프린트 하라는 거죠. 어차피 영수증 필요한 사람들은 직장인이니까. 요즘 보면 중국이 정말 많은 부분에서 빨리 치고 나가고 있어요.

김판수 영수증 비용도 줄이면서 동시에 개인 고객 정보도 취합하는 군요. 중국에서 일반 기업들까지도 개인 정보를 마구 수집하고 있는데, 사람들은 왜 또 그렇게 잘 따라가고 있나요?

A.LEE 예를 들어 KFC에서 영수증 받으려면 이메일 주소, 핸드폰 번호, 회사 이름, 등록처, 납세번호 모두 입력해야만 합니다. 개인의 중요한 정보가 전부 흘러들어가는 거죠. 그런데 우리처럼 사업하는 사람들 입장에서는 절세를 위해서 적극적으로 동조할 수밖에 없어요. 회사들도 이윤 대비 경비를 많이 써야 절세를 할 수 있거든요. 그래서 저도 무조건 영수증을 끊어요. 중국에서도 국가와 기업이 빅데이터 시대에 IT와 모바일을 이용해서 개인에게 편리를 주는 대신 무엇을 얻어가야 할지 끊임없이 머리를 쓰고 있는 거죠.

김판수 여기 IT 업종에 계신 분은 중국이 이미 한국보다 2년 앞서 있다고 했는데 사실이군요.

A.LEE 엄청난 거죠. 우리가 2년 따라잡는 동안 중국은 5년에서 10년은 더 앞서나가 있을지도 모르죠.

김판수 이제는 바이어들도 점점 무역회사를 끼지 않고 직접 현지 공장을 컨택하고 있지 않나요?

A.LEE 그렇죠. 예전에는 바이어 - 에이전트 - 무역회사 - 공장 이렇게 되었는데, 이제는 바이어들도 비용을 줄이기 위해 현지 공장에

다이렉트로 오더하는 경우가 많죠. 물론 미얀마, 인도네시아, 인도 등은 여전히 무역회사를 껴야 하지만, 이제 상하이 같은 곳의 업무 서비스는 다르거든요. 과거 상하이에서 생활했던 한국인들 말에 따르면, 흔히 '역시 2% 부족해'라고 했다는데 사실 2% 부족이 아니라 20~30% 이상 부족했거든요. 저도 그때 스트레스를 많이 받으면서도 여기서 제가 일을 할 수 있으니 감사하자라고 생각했죠. 그런데 요즘 미국에서 열리는 패션 컨벤션에 가면 중국 생산업체에서 무역 회사를 끼지 않고 나와서 부스를 만들고 직접 상담을 해요. 그리고 중국 사람들은 영어를 잘 하거든요. 이제 중국 생산자들이 글로벌한 유통은 물론 판매까지 직접 챙기고 있어요. 또 이미 생산을 통해 큰 자본을 축적한 업체들은 자체 브랜드 사업까지 하면서 서비스 마인드까지 무장했죠.

김판수 그래도 중국 내 최저임금이 너무 올라서 중국 공장들도 힘들어 하지 않나요?

A.LEE 사실 중국인 공장들이 직면한 문제는 임금보다는 오히려 노동력 수급 자체에 있어요. 현재 중국 청년들은 높은 임금을 준다고 해도 힘든 일을 하지 않으려고 하죠. 돈을 더 준다고 해도 '나는 힘든 일 안 해'라고 거부하니까요.

김판수 언제부터 그렇게 변화되었나요?

A.LEE 음, 10년 전만 해도 봉제공장과 패션 무역회사 등에서의 야근은 당연했어요. 그런데 2012~2013년 즈음부터 직원 채용할 때 제가 직원을 인터뷰하는 게 아니라 구직자가 오히려 저를 인터뷰해요. 그리고 '패션회사라서 야근할 수도 있다'라고 이야기하면, 구직자들이 전화를 끊어버려요. 일이 많다고 생각하는

거죠. 요즘 중국 젊은 세대들은 편하고 정시에 끝나는 일을 원하고 있으니까요.

김판수 상하이 같은 대도시여서 그렇겠죠?

A.LEE 꼭 그렇지만도 않아요. 1자녀 정책의 영향으로 부모들도 자식들에게 그런 힘든 일을 시키지 않으려 하니까요.

김판수 근래 중국 사업 환경의 변화는 중국으로 진출하고 싶은 한국인 전문기술자 등에게 어떤 영향을 미칠까요?

A.LEE 의류 업계로 볼 때, 예전에는 중국 업체들이 한국 전문인력들을 웃돈 주고 모셔갔죠. 하지만 지금은 중국에 이미 셋업이 다 되어 있기 때문에 특화된 전문인력 외에는 한국 인력을 그렇게 필요로 하지 않아요. 예전에 제가 처음 상하이 왔을 때, 중국 사람들이 저에게 한국 디자이너를 소개시켜 달라고 했어요. 그때 한국에 있는 디자이너들이 제안을 거절했죠. 지금도 중국 회사에 한국 디자이너들이 활동을 하고 있긴 한데, 이제는 중국 업체가 절실하게 한국인을 찾지는 않아요. 근래에 제가 미국이나 한국에서 활동 중인 한국 디자이너를 상하이 업체에 소개하려고 했는데, 그들은 오히려 유럽 디자이너를 찾고 있더군요.

[2018년 1월 인터뷰]

중국의 급격한 변화를 뒷받침하는 것

김판수 1년 6개월 만에 찾아뵙네요. 어떻게 지내셨나요?

A.LEE 중국은 이제 세계의 중심이잖아요. 그 안에 제가 있다는 것 자

체에 감사하고 있습니다. 사실 요즘에는 중국이 무섭다는 생각을 해요. 너무 변화가 빠르니까요. 그리고 최근 중국 국가의 힘에 대해서도 매우 놀라고 있어요. 어떤 정책을 발표하면 너무 빨리 시행이 되고 또 안 되는 게 없더라고요. 그게 가능한 이유는 중국 국민의 지지가 바탕에 있기 때문이라고 생각해요.

김판수 구체적으로 어떤 게 있을까요?

A.LEE 시진핑 체제에 대한 중국 국민들의 호응도가 상당히 높잖아요. 제 차를 운전하는 기사도 항상 라디오를 공산당과 정부 관련 채널을 맞춰 놓고 있어요. 늦은 밤 집 앞 과일 가게에 가면 주인이 TV를 너무 열심히 보는 거예요. 저는 그저 재미있는 드라마를 본다고 생각했죠. 그런데 시진핑 주석이 군대 사열하는 것을 너무 행복한 표정으로 보고 있더라고요. 왜 좋아하냐고 물으니까, '시진핑 주석 때문에 국민들이 잘 살게 되었다'고 말하더군요. 오히려 고급 지식인들 같은 경우에는 이민 가고 싶다고 한다는데, 중국 블루칼라 노동자들의 경우 시진핑 체제를 상당히 지지하고 있는 것 같아요. 그래서 근래 중국의 변화가 더 빨라지는 것 같아요.

대형쇼핑몰의 등장과 홍첸루 한인촌의 쇠퇴

김판수 저도 1년 만에 상하이에 왔는데 홍첸루 한인촌 주변 경관이 작년과 엄청난 차이가 있더라고요.

A.LEE 지금 홍첸루에서 200~300미터 떨어진 우중루 사거리에 거대한 크기의 쇼핑몰 완샹청(万象城 , MIXC)하고 그 건너편에는 더

큰 규모의 아이친하이(愛琴海, AEGEAN) 쇼핑몰이 오픈했잖아요. 제가 2007년 상하이에 왔을 때 우중루 현륜빌딩에 오피스를 계약한 것은 많은 바이어 회사들이 근접한 거리에 있고, 또 이 건물에 한국상회, 한국계 은행, 관련 한국기업들이 많아서였거든요. 그리고 주변에 한국 교회도 있었으니까요. 처음 사업 시작하려면 서로서로 도움 될 일이 많아 좋은 입지조건이 있었어요. 그런데 당시 이 지역 생활권 상에서 부족했던 게 바로 근처에 대형 쇼핑몰이 없었다는 거였어요. 다행히 우중루 사거리에 쇼핑몰이 들어온다고 듣긴 했지만, 그때 건물 골조만 올린 상태에서 건축업자와 개발상과의 계약 문제로 7년 정도 중단된 상태에서 계속 방치됐거든요. 그래서 그 곳은 오랫동안 너무 칙칙하고 우울해 보이는 지역으로 남아 있었어요. 그런데 다시 개발된다고 하더니, 불과 1년 내에 그 큰 건물의 골조가 새로 올라와버렸어요. 대형 쇼핑몰 두 개가 갑자기 생겨버린 거죠. 정말 놀라운 속도로. 물론 완상청의 경우 쇼핑몰의 입지를 아직 굳히지 못했어요. 고객들이 선호하는 브랜드의 입점률이 높지 않거든요. 예를 들면 대중적인 판매율을 나타내는 자라(ZARA)가 입점하지 않았고요. 사실 요즘은 자라 입점이 쇼핑몰의 밸류를 보여주는 척도에요. 자라가 고가는 아니지만 많은 고객을 흡수하는 매장이기 때문에 중요하죠. 어쨌든 완상청은 정말 돈으로 건물을 바른 느낌이 나요. 쇼핑몰로 연결되는 주차장 입구의 경우 천장도 대리석으로 마감처리를 할 정도니까요. 어쨌든 홍첸루에서 몇 발자국 안 되는 곳에 대형 쇼핑몰 두 개가 들어섰으니 홍첸루 한인촌의 옷가게들이 타격을 받고 있어요. 손님도 줄었지만, 더욱 큰 문제는 직원들도 구하기 힘들어졌다는 거예요. 그 쇼핑몰들이 오픈하면서 매장 직원 수요가 급증했거든요. 청년들도 다들 완상청이나 아이친하이 쇼핑몰 같은 환경 좋은 곳에서 판매사원으로 일하고 싶지 한인촌의 조그만 옷가게 점원으로 있고 싶어 하지 않죠.

김판수 제가 보기에도 홍췐루 한인촌의 매장들이 1년 사이에 눈에 띌 정도로 쇠퇴했더라고요.

A.LEE 장사가 안 되는 거예요. 그러니까 문 닫는 데도 많고. 미국에 서 '반스앤노블' 같은 대형서점 때문에 작은 서점들이 다 죽어 버린 것처럼, 여기 상하이에서도 미국이나 한국에서 이미 일어 난 현상들이 빠르게 반복되는 거죠. 대형화로 인해 소형 매장 들이 경쟁에서 밀려나는 것뿐만 아니라, 오프라인스토어보다 온라인쇼핑의 활성화 또한 한인촌 매장들의 쇠퇴에 큰 영향을 미치고 있어요.

'너무 쉽게' 부를 축적한 상하이인

김판수 상하이에서는 그러한 변화가 조금 다르게 나타날 것도 같아요.

A.LEE 그런 측면도 있죠. 과거 중국 인구 중 극소수만 여유를 누렸다 면, 지금은 그 비율이 굉장히 증가했죠. 그 중에서도 상하이 사 람들은 평균적으로 가진 돈이 너무 많잖아요. 미국에서 부활 절, 추수감사절, 크리스마스 등에 쓰는 장식 소품들은 대개 중 국에서 생산해서 수출해왔거든요. 저도 그때가 되면 상하이 꽃 시장의 수출 후 남은 상품을 파는 작은 상점에 가서 구매를 했 어요. 거기에는 할머니와 할아버지가 작은 상점을 열심히 운영 하셨거든요. 그런데 얼마 전에 갔더니 문이 닫혀있는 거예요. 장사가 안 되어서 폐점한 줄 알고 안타까워서 옆 가게에 물어

봤죠. 그런데 옆 가게 주인 말씀이 "그 두 분은 지금 두 달 동안 유럽하고 미국 여행 중이셔"라고 하더라고요. 이게 현재 상하이 사람들 라이프 스타일이에요. 상하이 사람들은 대개 부동산을 통해 대규모 자산을 갖게 되었잖아요. 지금 장쑤성 우시(無錫)에서는 6층 이하 건물을 모두 철거하고 초고층 건물을 새롭게 올리고 있어요. 정부의 명령이 내려온 거죠. 순식간에 벌어지고 있는 일이에요. 그런데 우시 사람들은 그 것 때문에 고통 받지 않고 있어요. 이미 가진 돈이 많지만, 재건축으로 인해 또 부를 쌓게 된 거죠.

김판수 최근 상하이 출생 청년들의 경우 그 부동산 수혜 때문에 '노동'을 악세사리처럼 생각한다고 하더군요.

A.LEE 그렇죠. 상하이 호구를 가진 조부모들이 부동산으로 너무 쉽게 어마어마한 돈을 벌고 있기 때문이죠. 저는 그게 정말 위험하다는 생각이 들어요. 왜냐하면 상하이 호구를 가진 젊은 청년들이 일은 제대로 하지 않으면서도 해외여행, 고급 아파트, 고급 자동차 등에 돈을 펑펑 쓰거든요. 그리고 그 아이들 중 많은 수가 부동산 사업에만 신경을 써요. 상하이에서는 그 변화가 너무나 빨리 도래했어요. 아마도 상하이에서는 그에 대한 부메랑 또한 상당히 빨리 올 것 같아요. 어쨌든 상하이의 변화는 너무 빨라요. 제가 여기 살고 있지만 결코 그 속도를 따라갈 수 없을 정도로요. 사람들의 삶도 가치도 너무 빨리 바뀌고 있고요. 한국 백화점에 가면 유모차를 무료로 대여하잖아요. 여기는 고급 쇼핑몰에 가서 유모차를 대여하면 500위안 보증금을 받아요. 물론 사용 후 반납하면 당연히 금액을 돌려받죠. 그런데 어떤 사람들은 급하다고 그걸 반납도 안하고 그냥 대충 놓고 가버려요. 이제 상하이 사람들한테 500위안은 돈이 아니라는 거죠.

김판수 최근 상하이에서 법치 문화도 굉장히 빨리 정착되고 있다고 들었어요. 저도 여기서 공유 자전거를 이용하고 있는데, 자전거 주차가 자동차 주차보다 더 질서정연하고 엄격하게 지켜지고 있더군요.

A.LEE 저는 10년 전만 해도 상하이에서 횡단보도 건너는 것 자체가 공포였어요. 파란 신호등인데도 자동차와 오토바이는 여전히 쌩쌩 지나가고 있었으니까요. 그런데 지금은 정확해요. 제가 기사 아저씨한테 급하다고 부탁을 해도, 이제는 절대 안 된다는 대답만 해요. 모든 곳에 카메라가 설치되어 있고 또 감시되고 있으니까요. 물론 이제 안전해지긴 했죠.

좁아지는 입지, 전략적 대응

김판수 홍웬루 1층 전면 상점들의 경우 이미 한국색이 많이 지워졌더군요.

A.LEE 너무 많이 바뀌었어요. 한국 사람들이 상점 임대료를 감당할 수 없어요. 제가 홍췐루에 자주 가는 피부 마사지가 있는데 오랜만에 갔더니 문을 닫았다는 거예요. 한국인이 사장이었고 고객도 꽤 많았어요. 매출로만 보면 닫을 이유가 전혀 없는 곳이었어요. 그런데 이야기를 들어보니까, 거기가 처음에는 10년 계약으로 월 2만5천 위안 정도에 계약했었어요. 그런데 이번에 재계약 할 때 중국인 주인이 5만 위안 이상을 달라고 했다고 하더군요. 그건 결국 '이만 나가라'라는 이야기와 다를 바 없죠.

김판수 사드 영향으로 볼 수 있을까요?

A.LEE 아니에요. 그 근처 임대료가 전체적으로 많이 오른 상태였어요.

김판수 홍첸루 한인촌의 쇠퇴 자체는 정치적 문제보다는 경제적 문제라는 말씀이시죠?

A.LEE 네. 10년 전에 비해 한인촌만 쇠락했을 뿐, 그 주변은 이미 너무 많이 발전했어요. 그러니 여기도 임대료가 엄청 오를 수밖에요. 대형 쇼핑몰도 2개나 들어왔고, 바로 옆에 고층 오피스 건물도 들어서고 있으니까요. 지하철도 주변에 몇 개나 생겼고요. 그리고 이제 상하이에서 저렴한 노동력을 구하기가 너무 어려워졌어요. 예전과 달리 이제는 중국 농촌과 소도시에도 서비스업 관련 일자리가 많아져서 굳이 상하이 같은 대도시에서 고생하고 또 가족과 떨어져 지낼 필요가 없죠.

김판수 점점 상하이 한국인들의 삶과 활동이 힘들어지고 있는데 주변 분들은 어떻게 대응하고 있는지요?

A.LEE 저 같은 경우도 '과연 상하이에서 얼마나 더 버틸 수 있을까'하고 생각해요. 몇몇 지인 분들도 이제는 공장을 중국인 직원에게 넘길 생각도 하고 있고요. 물론 본인이 오랫동안 하면서 모든 것을 구축했기 때문에 매도를 하는 건 아니에요. 관리자급 중국인과 일종의 계약을 맺는 거죠. 즉 그 직원이 과거에는 월급만 받았다면, 이제 지인 분은 그 중국인 직원에게 실질적인 관리·운영권을 넘겨주는 대신 그에 따른 이윤을 배분하는 방식을 생각하고 있어요. 그렇게 하면 한국인 사장들이 굳이 중국의 치열한 경쟁 한 가운데 있지 않아도 되잖아요. 더구나 그런 방식을 고민하는 지인들은 주 바이어가 한국 업체기 때문에 그 직원도 사장을 완전히 놓을 수 없죠. 장기적으로 그 직원은 소프트웨어를 맡고 사장은 하드웨어를 맡으면서 동업하는 체

제로 갈 수 있겠죠. 그렇게 하면 오히려 그 공장 수익이 더 증가할 수도 있어요. 중국인 관리자가 정말 열심히 운영할 테니까요. 그 사장님도 조금 덜 벌어도 스트레스를 줄이고 편안하게 노년을 즐길 수 있죠.

업그레이드된 중국 의류공장

김판수 한국 의류 공장들이 그런 변화를 맞이한 반면 중국 의류 공장들은 어떤 변화를 겪고 있는지요?

A.LEE 지인 분이 패션 컨설팅을 하는데 저한테 요즘 중국 대규모 브랜드 패션업계가 어떤지 보여주고 싶다고 같이 가보자고 해서 따라간 적이 있어요. 저는 한국 바이어만 주로 상대해서 중국 패션 브랜드 쪽 체제는 잘 몰랐거든요. 그런데 따라가 보니 중국 회사들이 대규모 산업 단지 규모로 모여 있더군요. 이제는 세계적으로 중국 회사가 중요한 클라이언트가 되었으니, 깨끗하게 차려입은 프랑스 · 이탈리아 컨설턴트들이 고개를 숙이고 또 인사를 하며 돌아다니고 있더군요. 또 중국 패션업계의 큰 변화 중 하나는 예전에는 생산만을 담당했던 공장들이 이제는 자체적으로 브랜드를 런칭하는 거예요. 그 동안 부를 축적해왔으니, 이제는 생산라인에 최신 설비 시스템을 구축해서 생산의 양과 질을 안정시킨 후 자체 브랜드를 만들더군요. 또 자체 브랜드들의 상품기획과 디자인팀을 별도로 구성해서 기획한 제품을 자체 공장에서 모두 직접 생산하니까 단가에서도 경쟁력이 있죠. 나아가 패션 기획부터 생산까지 전 과정 설비를 완벽히 갖추고 있는데, 해외의 유수 컨설팅회사로부터 자문까지 받아 제품을 출시하니 패션업계 내에서 브랜드 파워도 갖추게 됐

죠. 더 놀라운 것은 그 회사가 불과 몇 년 만에 그렇게 성장했다는 거예요. 단지 7년 전만 해도 그 회사는 타이다이드 염색과 원단 주름잡는 공장이었거든요.

김판수 그 공장의 시스템은 어떻게 다른가요?

A.LEE 저희도 거래를 해보았는데 그 공장이 우리가 알고 있는 일반 중국 공장이 아니더군요. 업무 처리 방식이 완전 서구화되었어요. 예전에는 중국 공장들이 우기고 시간 끌며 골치를 썩였다면, 그 공장은 문제를 제기하면 바로 인정하고 처리해줘요. 그 공장은 이미 모든 설비와 시스템을 갖추고 있기 때문에 가능한 거죠. 이 공장과 7년 전에 거래했던 업체를 통해 평판을 들어봤는데, 예전에도 단순한 공장이 아닌 서비스 마인드도 높은 준비된 공장이었고, 그래서 바이어의 요구에 대해 굉장히 성실히 응대했다고 하더군요. 일찍부터 그런 서비스마인드를 갖춘 것을 보면 현지인 공장일지라도 그 중국인 대표 분 스스로 중국에서의 빠른 변화에 어떻게 대처해야 될지 빨리 파악하고 있었던 것 같아요.

중국 라이프스타일의 변화와 개인 업체의 구인난

김판수 대표님 회사도 인력난이 심하다고 하셨는데, 요즘은 어느 정도인가요?

A.LEE 저는 최근 업무량이 계속 늘었는데, 반대로 인력난이 너무 심해서 회사를 접어야 할지를 심각하게 고민했어요. 이제 중국 청년들이 힘든 일을 하지 않으려 하고, 특히 의류 패션 쪽은

더욱 기피해요. 그래서 중국에 계시다가 지금은 아프리카에 계신 지인 분께 직원을 못 구하고 있다고 적합한 직원을 소개해 달라고 소문낼 정도였어요.

김판수 대표님 회사 임금이 업계 대비 조금 높은 편인데도 그런가요?

A.LEE 이제 중국 청년들은 급여를 적게 받아도 편한 곳에서 일하겠다고 이야기를 하니까요. 물론 대기업에는 들어가려고 하죠. 스스로 '나 여기서 일해'라고 내세울 수 있으니까요. 그런데 개인 회사는 임금을 많이 줘도 잘 안 와요. 이 문제는 다들 겪고 있는 문제거든요. 그래서 제가 우한(武汉)에 계신 지인 분께 이야기해서 겨우 직원을 구했어요. 우한에서 받던 임금의 2.2배로 계약했어요.

김판수 그 정도 줘야지만 온다는 건가요?

A.LEE 물론 그 직원이 요구한 건 아니에요. 제가 상하이 생활비를 뻔히 알고 있으니까 알아서 책정해서 제시를 했죠. 상하이에서는 일 하겠다는 사람이 없었어요. 한 번은 한국계 의류 대기업에서 일하다가 그만 둔 중국인을 추천받아서 면접을 했어요. 그런데 저를 인터뷰 하더라고요. 본인은 6시 이후를 야근이라고 생각하고 있고, 주중에는 야근을 할 수 없다고 하더라고요. 우리 회사는 격주로 토요일 근무를 하거든요. 그래서 자신은 주말에 가족과 함께 시간을 보내야 해서 근무가 불가능하다고. 그러니 우한에서 온 직원에게 임금을 더 주더라도 전혀 아깝지가 않았어요.

김판수 작년에도 직원 구하기 쉽지 않다고 하셨는데 이제는 정말 곤란한 지경에 이르렀군요.

A.LEE 지금 거의 모든 개인 회사들이 직원 구인 문제로 고민하고 있어요. 중국 청년들은 이제 일하는 공간에서 스트레스를 받지 않으려고 하니까요. 스트레스 없는 직장을 찾아요. 그러니 개인 회사 보다는 매장에서 일하기 좋아하죠. 업무 종료되면 완전히 자기 시간을 갖게 되니까요. 그래서 요즘 상하이에는 밤 11시에 택시가 별로 없어요. 손님도 많이 줄었지만 택시 기사분들도 이제는 밤에 운행을 하지 않으려고 해요. 그래서 과거에는 상하이에서 택시하려면 상하이 호구를 가져야만 했는데, 이런 상황이니까 외지인들도 택시 운전을 할 수 있게 된 거죠.

김판수 이제는 상하이인의 라이프 스타일 자체가 바뀌었다고 볼 수 있겠네요.

A.LEE 15년 전 제가 중국 출장을 왔을 때 스타벅스 커피를 찾으러 한참 돌아다녔어요. 그리고 스타벅스 커피를 테이크아웃해서 나오면, 중국인들이 모두 제 손을 봤어요. '저 비싼 커피를 마시는 사람이 있네'라는 표정으로. 그런데 이제는 중국인들이 스타벅스 커피가 너무 맛이 없다고 불평하는 시대잖아요. 이번에 우한에서 온 직원도 거기서 급여가 많지 않았는데도 불구하고 해외여행을 굉장히 많이 다녔더라고요. 심지어 고향이 농촌인데도. 이제 중국 시골 청년들에게도 해외여행은 너무 당연한 거예요.

앞으로의 계획과 전망

김판수 앞으로 홍첸루 한국인들의 삶은 어떻게 변화해갈까요?

A.LEE 저는 개인적으로 최근 홍첸루와 그 주변 지역의 급격한 변화를 보면서 정말 슬펐어요. 이제는 상하이 한국인의 하향이동이 더

빠르게 진행되고 있는 것 같아요. 제가 살고 있는 아파트에서도 한국인과 중국인의 삶의 질 격차가 너무 쉽게 드러나고 있어요. 그리고 이미 여기 한국 사람들이 중국 회사에 취직하고 있죠. 한국인들을 뽑는 중국 회사의 관리자들은 대개 중국동포거든요. 이제 상하이에서 IT업계도 생산 쪽도 한국인이 중국인을 따라갈 수 없는 단계에 이르렀어요. 그나마 한국인들이 앞서가고 있는 쪽이 서비스업인 것 같아요. 한국인들은 중국인들이 흉내 낼 수 없는 나름의 장점이 있기 때문에 이러한 변화에도 불구하고 다시 가능성을 찾아낼 것이라고 생각합니다.

김판수 상하이의 변화가 매우 빠른 만큼 대표님도 사업에서의 변화를 준비하실 것 같습니다.

A.LEE 저도 최근에 회사를 접을까 했었는데 하나님께서 주신 기회를 쉽게 저버릴 수 없음을 깨달았어요. 이제 중국도 서비스업으로 급격히 옮겨가고 있잖아요. 그래서 저도 10년 정도 생산 쪽에서 일을 했으니까, 이제는 방향을 조금 바꾸려고 준비를 하고 있습니다.

김판수 앞으로도 계속 상하이에서 사업을 지속하시겠군요.

A.LEE 네. 하나님이 저에게 다시 이 길로 인도하셨거든요. 돌아보면 저는 10년 주기로 국가를 옮겨 다녔어요. 미국에서도 10년 있었고, 중국에서도 10년을 보냈잖아요. 그래서 이번에 힘들 때 제가 옮겨가야 할 때 같다고 생각했었는데. 그런데 다시 중국으로 인도해주셨어요. 하나님도 분명히 가능성이 있기에 제가 여기서 길을 찾아가라고 하셨을 거예요.

중국, 특히 상하이는 세계의 중심이기 때문에, 저는 역으로 방법을 찾으려고 해요. 낙후된 곳으로 이전하기 보다는 여기 세계의 중심에서 다시 가능성을 찾자고.

채동진 원클만피아노 기술총감

　채동진 사장 인터뷰는 2015년 12월 및 2016년 1월(2회) 총 3회에 걸쳐 약 10시간 동안 진행되었다.

　그는 삼익악기에서 20년 이상 피아노 설계 기술자로 활동하다가, 중국의 한 피아노 회사로부터 3년간 스카웃 제의를 받고, 2004년부터 중국 랴오닝성 잉커우(营口)시에서 중국에서의 삶을 시작했다. 이후 그는 베이징과 상하이 등지의 회사를 거쳐 현재 저장성의 한 지방에 위치한 '원클만피아노'에서 기술총감으로 활동하고 있다. 그는 현재 중국 피아노 업계의 대표적인 외국인 기술자이면서, 한국에 피아노 부속품 회사를 운영하고 있고, 또 피아노 부품관련 중개업자로도 활동하고 있다.

　중국 진출 전후 그의 삶은 완전히 달라졌다. 그는 한국에서 전형적인 '샐러리맨'의 삶을 살았다. 평일 밤 야근은 물론 주말도 거의 회사에서 시간을 보내는 삶이 계속되었다. 그러나 중국 진출 이후 그는 풍요로움, 여유로움, 자유로움, 나아가 자존감까지 얻는 삶을 누릴 수 있게 되었다.

　2018년 1월 상하이에서 만난 인터뷰이들은 한 목소리로 '이제는 한국의 각 분야 최고 전문가들만 상하이에 와서 살아남을 수 있다'고 이야기했다. 그때마다 필자는 대표적 사례이면서 동시에 '독특한 사례'로서 채동진 사장을 떠올렸다. 채동진 사장의 상하이 경험은 매우 짧다. 그러나 그는 피아노 설계 부문의 전문가로 2004년 중국에 진출한 이후 지금 현재까지 '좋은 대우'를 받으며 사회경제적 삶을 영위하고 있다. 매우 예외적인 사례이긴 하지만, 그의 중국 경험은 중국 진출을 꿈꾸거나 기획하고 있는 국내 각 분야 전문가들에게 의미 있는 참조점이 될 것이다.

삼익악기에서의 20년

김판수 중국 진출 이전 삶을 말씀해주십시오.

채동진 저는 대학 졸업 후 1984년도에 삼익악기에 들어갔어요. 그때
만 해도 한국에서 악기 쪽이 잘 나갈 때였어요. 삼익피아노와
영창피아노가 세계시장을 주름잡을 때였으니까요. 1985~1987
년 경 삼익피아노 한 달 생산량이 1만2천대였는데, 이 기록은
기네스북에 올라있어요. 전무후무한 기록이죠. 현재 중국에서
가장 크다는 광저우피아노가 한 달에 8천5백대 정도 생산하거
든요.

김판수 대단했군요.

채동진 당시 회사에 돈이 엄청나게 들어올 때였죠. 그런데 그때 경영
진은 피아노와는 전혀 관계없는 기계, 가구, 선사 등 서른 몇
개 기업을 막 인수했어요. 그러면서 결국에는 삼익악기가 법정
관리에 들어갔죠. 2002년도에 법정관리가 해제되면서 새로운
대주주가 들어왔어요. 이 사람들이 들어와서 철저하게 장사꾼
마인드로 돈 안 되는 거 정리하고 또 인력 구조조정도 했어요.
제가 기술부장에 있을 때였는데 당시 기술부 인원이 33명이었
어요. 그런데 회사가 갑자기 인원을 50% 정도 줄이라고 하더
군요. 결국 기술부에 7명 남았어요. 그래서 제가 이제는 더는
안 되겠다 싶어서 회사를 그만뒀죠.

김판수 그 이후에 중국으로 오셨나요?

채동진 사실 제가 회사를 그만두기 3년 전부터 헤드헌터를 통해 중국
으로의 이직 요청이 들어왔어요. 제가 독일이나 미국 등 해외
피아노 전시회에 많이 참가했었으니까요. 그때만 하더라도 저

는 제가 삼익악기에 뼈를 묻을 사람이니까 아예 접근도 말라고 그랬죠. 그런데 구조조정기에 회사에 계속 남아있었는데 힘들 더라고요. 회사가 정규직 인원만 6천5백 명에서 천8백 명으로 줄였으니까요. 그래서 결국 회사를 그만두고 2004년도에 중국 으로 들어갔어요.

피아노 설계기술이 결핍된 기회의 땅, 중국 진출

김판수 엄청나게 줄였네요. 그 정도면 당시 피아노 기술 개발을 포기 했다고도 볼 수 있겠군요.

채동진 거의 그렇죠. 대신 그때부터 중국 쪽에서는 막 시작될 때였죠. 당시 중국은 인력과 자본 등은 모두 갖추었는데 기술이 없는 상태였어요. 그러다보니까 피아노 엔지니어를 찾고 있었죠. 이 피아노 업종이 컴피티터(competitor)가 많지 않아서 경쟁이 좀 적고, 실제로 관련 기술을 가르치는 전문학교도 없으니까, 중 국 자체로서는 기술자들을 배양할 수 없었죠.

김판수 지금 현재 중국의 피아노 설계 기술 수준은 어떤가요?

채동진 이쪽 관련 엔지니어 수는 여전히 많지 않아요. 지금 현재 피아 노를 완전히 설계할 수 있는 중국인은 없어요. 중국에서 피아노 를 설계할 수 있는 외국인은 저를 포함해서 한 10명 정도 있습 니다. 즉 중국이 피아노 설계를 하려면 외국인의 손을 빌릴 수 밖에 없는 거죠. 세계적으로도 20~30명 안쪽이라고 봐야죠. 피 아노 설계 기술자는 일본, 독일, 한국이 전부에요. 사실 예전에 는 제가 삼익악기에서 모든 피아노를 설계했다고 보면 됩니다.

김판수 처음 중국 진출 지역은 어디였나요?

채동진 제가 2004년도 7월에 회사를 나와서 중국으로 처음 간 곳이 랴오닝성 잉커우(营口)시였습니다. 그때 잉커우에 있는 중국 탑3 피아노 업체에 스카웃되었습니다. 거기서 3년 정도 일했어요. 외국인이니까 3년씩 계약했거든요. 그 다음에는 중국에서 두 번째로 큰 피아노 관련 국영회사에서 섭외가 들어와서 베이징에서 3년을 보냈죠. 지금 제가 있는 곳은 윈클만(Winkelmann)이라고 독일 브랜드에요. 윈클만은 중국에서 비교적 작은 회사지만, 중국인 사장이 나이가 마흔인데 글로벌한 마인드로 회사를 운영하고 있고 또 태도도 매우 공손한 사람이어서 옮겨왔죠.

김판수 독일의 중국 현지 법인인가요?

채동진 아닙니다. 중국인 사장이 독일의 브랜드만 매입한 겁니다. 독일 브랜드 상표만 사서 중국에서 생산하고 판매하는 로컬 업체입니다. 제 생각에는 이 회사가 비전도 있을 거 같고, 또 사장인 친구가 마음에 들어서 옮겨왔어요. 여기는 계약이 2018년 말까지이지만, 제가 원하면 얼마든지 연장이 가능합니다.

김판수 중국에 처음 들어올 무렵 가족들의 반응은 어땠나요?

채동진 저희 아내가 반대를 했죠. 떨어져 있는 것도 싫지만, 삼익악기 그만둔다고 하니까 더 반대했죠. 그래서 제가 중국 회사하고 계약할 때 한 달에 한 번은 무조건 한국에 나온다는 조항을 넣었어요. 그래서 아내에게 설명했죠. '중국에서 내세운 조건이 너무 좋다. 그리고 내가 매달 한국에 들어오지 않느냐'라고요. 그거 때문에 결국 도장을 찍을 수 있었죠. 지금은 아내도 제가 그때 중국에 나가길 잘했다고 이야기합니다.

김판수 아내 분의 생각이 변화된 계기가 있었나요?

채동진 2008년 무렵 세계적인 경제위기가 있었잖아요. 그때 한국의 아내 주변 사람들은 다들 힘들어했는데, 저는 전혀 영향이 없었거든요. 제 수입은 모두 중국에서 나오니까요. 그래서 안심을 하더라고요. 물론 중국이 그렇게 될 경우도 있겠지만, 저는 여전히 중국에서 통하는 기술이 있으니까요. 집사람도 가끔 경제가 맨날 나빠진다는데 어떡하지 하고 얘기합니다. 그때 저는 '걱정 마, 내가 중국에 있잖아'하면 안심하죠. 그래서 제가 가끔 '이번 임기 끝나면 나이도 있으니 그만 두고 한국 들어갈까'라고 하면, 오지 말라고 해요(웃음).

김판수 중국에 오기로 결정한 뒤에도 실제 중국에 들어오기 직전까지 걱정되거나 고민하지는 않았나요?

채동진 사실 조금 모험 삼아 들어왔었죠. 그리고 중국에 들어온 후에도 가끔 제가 '만약 삼익악기에 남았으면 어땠을까'라고 생각도 했어요. 그랬으면 뭐 회사의 중역까지는 갔겠죠. 대신 인생이 좀 무미건조했을 것 같아요. 사실 제 입사동기가 지금 인도네시아 삼익악기 부사장으로 있거든요. 그런데 그 친구는 회사 일로 스트레스 받는 건 여전하고, 또 어차피 샐러리맨이잖아요. 어쨌든 제가 중국 진출할 때 즈음 한창 중국의 미래가 밝다고 했었잖아요. 그래서 마음을 굳혔죠.

김판수 중국에서 내세운 조건이 좋았다고 했는데, 구체적으로 어떤 조건이었는지요?

채동진 좀 더 솔직히 말씀드리면, 한국에서 기술부장할 때보다 연봉을

한 3배 정도 더 받았어요. 그게 첫 번째 이유였어요. 두 번째 이유는 저에게 자유 시간을 많이 확보해줬어요. 한국에서 일할 때는 사실 주말에도 회사에 묶여있었거든요. 그런데 중국으로 들어와서는 주5일 근무 보장에 매달 2주 정도는 한국에 나와서 쉴 수 있었어요. 세 번째 이유는 제가 중국에서 일을 하면서도 동시에 저만의 사업 기회를 찾을 수 있지 않을까 하는 기대감이 있었죠.

김판수 굉장히 좋은 조건이었네요. 그래도 처음 중국에 왔을 때 언어 문제로 고생을 하셨을 것 같습니다.

채동진 회사에서 저에게 중국동포 통역을 붙여주었기 때문에 불편함이 없었어요.

김판수 잉커우시에 대한 초반 기억은 어땠나요?

채동진 당시 잉커우시는 선양(瀋陽)에서 승용차로 3시간 정도 거리에 있었어요. 그때는 완전 촌이어서 거의 모든 주택이 단층집에 연탄으로 난방을 할 때였죠. 그때 처음 시내에 들어서는데 도시 전체에 이산화탄소 냄새가 정말 심각한 상태였어요. 바로 한국에 돌아가고 싶은 마음이 들었죠. 그런데 그때 중국인 총경리가 저를 워낙 많이 배려해줘서 귀국하고 싶은 마음이 점차 누그러졌죠.

김판수 그럼, 당시 중국에 들어올 때 우려했던 부분은 없었나요?

채동진 그때 처음 중국에 들어갈 때만 해도 '공산 빨갱이들은 머리에 뿔이 있다'는 이야기도 돌 때였으니까요.

김판수 2004년인데도 그랬나요?

채동진 네. 사실 안전을 굉장히 걱정했어요. 제가 중국말도 못하니까 저녁에는 편하게 밖에 나가지도 못할 거라고 생각했어요. 그리고 그때 밖에 나가면 제가 한국 사람인 게 금방 드러나더라고요. 당시에는 외국 나가면 한국 사람들이 타겟이 된다는 말이 많이 돌았잖아요. 그런데 실제로 중국에 들어가서 살아보니까 안 그렇더라고요. 회사 총경리가 살고 있는 아파트에 제가 살 집을 마련해 주었고, 주말에 제가 어디 놀러가려고 하면 항상 통역과 운전기사를 붙여줬어요. 그래서 잉커우에 있었을 때 생활에 큰 어려움이 없었어요. 나중에는 통역 없이 저 혼자 그냥 돌아다녔죠.

김판수 그 정도 대우면 중국회사에서 사장님을 모셔갔다고 해도 과언이 아닐 것 같네요.

채동진 그렇죠. 사실 제가 몇 년 동안 스카웃 제의를 받고도 절대 안 간다고 그랬으니까요. 그래서 제가 최종 계약할 때는 거기 총경리, 비서, 통역이 서울에 직접 왔어요. 제가 당시에는 칼자루를 쥐고 있었으니까. 제가 이야기하는 조건을 거의 다 들어줬어요. 물론 지금은 전 세계 피아노 공장 90%가 중국에 있으니, 외국인들도 많이 들어와 있어서, 예전처럼 많은 요구를 수용하지는 않겠죠.

중국 공장의 외국인 기술자

김판수 중국이 아무리 커도 피아노 업계 자체가 좁잖아요. 중국에서 사장님은 유명인이겠군요.

채동진 그렇죠. 회사가 광고할 때 꼭 제 사진을 실으니까요. 큰 광고 거리에요. 외국 유명한 기술자를 고용하고 있다고 홍보하는 거죠. 특히 중국에서 삼익악기 기술부 20년 경력이라고 하면 상당히 높게 쳐주니까요. 제가 가끔 지방 음악회에 가면 싸인 요청도 받습니다(웃음).

김판수 처음 잉커우에 갈 때 연봉 계약은 어떻게 했는지 궁금합니다.

채동진 저는 달러로 받았어요. 지금도 계속 처음 진출했을 때 받았던 임금 수준을 받고 있으니까, 사실 많이 줄었다고 볼 수 있죠. 당시 중국 노동자 임금이 일반적으로 800위안이었는데, 그 중에서도 여공들은 600위안 정도였어요. 그래서 당시 중국회사에서는 저 한 명에게만 어마어마한 임금이 지급되니까, 그걸 월급이 아니라 '기술료 명목'으로 지급했어요. 그래서 월급날 저는 다른 중국인들처럼 4,800위안을 지급 받았어요. 그렇게 해야 세금을 더 많이 공제하지 않는다고 하더군요. 나머지 '기술료'는 별도로 받았죠. 중국 내에 피아노 설계 인력이 없을 때니까, 그렇게 대우해줬죠. 중국의 규모가 큰 피아노 회사들은 어느 정도 라인업을 갖출 때까지만 외국인 기술자를 고용합니다. 한 번 갖춰지면 딱 그 수준에서 안주하는 거죠. 그 이후에는 더 이상 외국인 기술자를 쓰지 않아요.

김판수 현재 중국에서 활동 중인 외국인 기술자는 몇 명 정도 있나요?

채동진 피아노 쪽에만 외국인 기술자 전체가 20명 정도입니다. 그것도 대개 규모가 큰 회사에만 있어요. 설계기술자 한 명과 조율사 한 명 정도요. 2명씩은 잘 안 써요. 그 중 한국인이 6명이에요. 피아노 설계 기술자는 3명입니다. 우리는 휴가나 구정 때 한국에서 종종 만납니다. 한국에 들어와 있으면 꼭 만나죠. 서로 의견도 교환하고, 설계 관련해서 지식도 공유하구요. 조율사는

2명이 있고, 도장 기술자는 1명입니다.

김판수 중국인 노동자들이 사장님의 월급 수준을 알았다면 기분이 좀 안 좋을 수도 있었겠네요.

채동진 그렇지는 않았어요. 자기들이 할 수 없는 부분이니까 고액의 기술료를 지급해도 어쩔 수 없다고 인정하더라고요.

김판수 외국인 기술자를 아직 한 번도 고용한 적이 없는 중국 피아노 회사들은 수준이 상당히 낮겠군요.

채동진 그렇죠. 그냥 소리만 나지, '음'을 구현하는 수준이 아니에요. 그 회사들도 외국인 기술자를 쓰고 싶겠지만, 자금이 부족해서 못하는 거죠.

한국인 악기 기술자들의 중국 진출 이후

김판수 2002년부터 계속 스카웃 제의를 받으셨잖아요. 당시 한국의 여러 업체들이 구조조정 되었다고 하셨는데, 그때 업계에서 중국으로 진출한 기술자들이 많을 것 같습니다.

채동진 그렇죠. 삼익악기에서 구조조정 된 사람들이 만들어서 진출한 게 세정악기입니다. 칭다오에 회사를 만들었어요. 삼익에서 구조조정 된 사람들, 관리직, 생산직 모두 다 거기로 갔다고 보면 돼요. 거기서 한동안 잘 나갔죠. 그런데 결국 브랜드 포지셔닝을 잘 못했어요. 너무 싸게만 만들어 팔았거든요. 처음엔 잘 나갔지만 결국 실패했죠.

김판수 그 이후 그 분들은 어떻게 되었나요?

채동진 결국 모두 들어왔죠. 아주 극소수의 사람들은 남았어요. 예를 들어, 조율사들은 많은 숙련이 필요해요. 그래서 이름이 좀 알려진 조율사들은 중국 현지 업체에 고임금을 받고 스카우트 되었어요. 제가 알기로도 7~8명 돼요.

김판수 결국 기술이 있는 사람들만 계속 중국에 머물었던 셈이군요.

채동진 그렇죠. 앞으로도 그럴 거고. 자기네들이 할 수 없는 부분의 기술자들은 그렇게 모셔가는 거죠.

김판수 왜 중국에서는 피아노 관련 숙련 기술자를 육성하지 않나요?

채동진 사실 자체적으로 길러내는 게 맞아요. 그런데 그만큼 기업의 역사가 있어야 그런 사람들이 배양될 수 있죠. 갈 길은 먼데, 빨리 가야 하니까 외국인 기술자를 찾는 거죠. 예를 들면 지금 요즘 뉴스에 한창 오르내리는 반도체 기술자들, 중국에서 연봉을 5~6배 주면서 모셔가는 게 중국이 한국을 빨리 추격하고 싶으니까 그러는 거죠. 연봉의 몇 배를 더 주더라도 기술자를 찾아서 써야하는 거죠.

김판수 사장님처럼 홀로 중국 기업으로 스카웃된 분들도 있나요?

채동진 네. 지금 설계 쪽에 영창악기 기술부장 했던 분이 한 분 있고, 또 한 사람은 대우로얄 기술부장 출신이죠. 이외에도 좀 있어요. 사실 중국 피아노 회사들은 우리가 중국에 들어가지 않으면 결국 독일이나 일본 기술자들을 찾아요. 그들이 한국 기술자를 좀 더 선호하는 이유는 문화적 마인드가 유사하고, 관리하기 편하며, 또 한국 사람들이 열심히 하기 때문입니다.

수평적이고 '자유로운' 중국 기업문화

김판수 제자를 키워보실 생각은 없었나요?

채동진 했죠. 제가 국영회사에 있을 때, 중국 청년들은 기술을 가르쳐준
다고 해도 안 배우더라고요. 오히려 자기를 찾지 말라고 합니다.
'그거 배운다고 지금 당장 돈을 더 받는 것도 아닌데'라면서.

김판수 무료로 가르쳐준다고 하는데 왜 거부하죠?

채동진 중국에는 여전히 국영기업이 많잖아요. 국영기업 직원들 마인
드가 '귀찮다'는 거죠. 우리는 어떤 전시회에 작품을 출품해야
한다고 결정하면 거기에 맞춰서 특근도 하고 밤도 많이 새잖아
요. 주말에도 당연히 나오고요. 그런데 중국인 직원들은 안 나
와요. 절대 안 나와요. 몇 번을 귀찮게 하면서 나오라고 하면,
말로만 나오겠다고 합니다. 그러고는 안 나와요. 그래서 월요
일에 왜 안 나왔느냐고 물으면 '일이 있었다'라고 말해요. 그
말 하나로 끝나요. 제가 일했던 베이징피아노에 기술부 인원만
60명이었어요. 제가 그 곳 총경리한테 '똑똑한 사람 두 명만 나
한테 붙여라. 난 나이가 많다. 내가 여기 있는 동안 다 전수해
주고 갈게'라고 했는데도 배울 사람을 못 찾더라고요. 그 정도
큰 회사들도 그래요.

김판수 지금은 국영기업이 아니라 사영기업에 계시잖아요. 사영기업
기술부 직원들의 태도는 다르지 않나요?

채동진 제가 있는 중국 사기업의 노무관리 문화는 사장 이외에는 모두
가 수평 관계라고 볼 수 있어요. 우리나라처럼 이사, 부장, 과
장, 내려오면서 업무분담 되고 일사분란하게 움직이는 방식이
아닙니다. 위계적 문화도 매우 약하죠. 예를 들어 우리는 회장

이 온다 그러면 사무실에서 모여서 얘기하다가도 제자리에 앉는 척 하잖아요. 그런데 여기는 사장이 오면 오나보다 하면서 개 쳐다보듯 해요. 그런 거는 좀 평등하죠. 사회주의적 경험 때문인 것 같아요. 공산당 문화가 어떨 땐 엄청 미국식일 때가 많잖아요. 남녀평등도 그렇고. 우리는 선후배 격식을 따지잖아요. 그런데 여기는 선후배 자체가 없어요. 일단 성인이면 30년 나이 차이에도 친구 사이죠. 그런 좋은 점도 있죠.

김판수 과거에는 중국에서 피아노 설계 기술자의 존재가 정말 중요했겠네요.

채동진 그렇죠. 제대로 된 피아노를 만들 수 없었으니까요. 당시 규모로 볼 때 한국의 주요 기업 정도 되는 중국 회사가 30개 정도였고, 그 중 자체 설계 능력 있는 곳은 10개 정도였고요. 그런데도 거의 모든 중국 피아노 회사들이 주먹구구식이었어요. 외관만 피아노지, 논리적으로 또 체계적으로 조립된 것이라고 볼 수 없었죠.

김판수 사장님이 진출한 즈음부터 중국 회사들이 기술을 흡수했고, 이제는 중국 기술자만으로도 중급 정도의 피아노를 만들 수는 있다는 건가요?

채동진 그렇긴 합니다만, 중국 피아노는 아직 중급 이상의 가격을 못받아요. 중급 이상은 여전히 삼익, 야마하, 가와이 세 곳 정도고, 상품으로는 독일의 스타인웨이죠. 스타인웨이는 피아노의 벤츠라고 볼 수 있죠.

김판수 중국 업체에서 사장님의 기술을 얼마나 흡수하고 있나요?

채동진 그렇게 빨리 흡수하지는 못하더군요. 제가 있었던 대형 국유기업들도 잘 못했죠. 제가 이미 중국에서 10년 이상 외국인 기술자로 활동했잖아요. 한국의 경우에는 피아노 산업이 성장할 때 외국인 기술자를 3년밖에 안 썼어요. 그렇게 했어도 한국 피아노가 세계적으로 꽃을 피웠죠.

김판수 그런데도 중국 회사들이 자국 기술자들을 키우지 않았다는 점이 특이하네요. 뭔가 다른 이유가 있을 것도 같아요.

채동진 직원들이 소극적인 면도 있지만, 회사 사장들도 소극적인 측면이 있어요. 제가 여러 번 제안했어요. '내 나이가 곧 60 넘어간다, 욕심도 없다, 무덤에 못 가져간다, 똑똑한 놈 하나 붙여주면 기술 가르쳐줄게'라고요. 그때마다 사장이 알았다고 하면서도 결국 안 붙여줘요. 그래서 제가 물어봤죠. 사실을 말해달라고. 그랬더니 사장이 솔직하게 이야기를 해주더라고요. 그렇게 몇 년 동안 기술을 제대로 가르쳐놓으면 그 애들이 100% 다른 곳으로 간대요. 그러니까 혈육 동생이거나 아주 가까운 가족이어야만 믿고 기술을 가르칠 수 있는 거죠. 잘 키운 유일한 기술자가 경쟁 회사에 가 버리면 골치 아프잖아요. 그래서 중국 피아노 산업 기술은 10년 전이나 지금이나 그렇게 많은 진전이 없었어요. 예를 들어, 지금 당장 외국인 기술자 중 탑클래스 엔지니어들이 모두 빠져나가면, 바로 10년 전으로 원위치될 것 같아요. 물론 자기들도 그런 문제를 알아요. 알면서도 실행을 못하는 거죠. 기술자를 키워놓으면 도망간다는 거예요. 죽 쒀서 개 준다는 거죠. 아무리 인센티브를 많이 준다고 해도, 그런 기술자들은 조건이 조금 더 좋은 곳으로 쉽게 가버린다는 거죠.

김판수 만약 중국에서 그런 자유로운 이직 문화가 바뀌면 피아노 업계의 세계적 지도가 달라질 수도 있겠군요. 중국의 발전 속도를 고려할 때 피아노 업계도 몇 년 만에 무섭게 성장할 수 있지 않을까요?

채동진 지금 현재로 볼 때 중국산 피아노는 저렴하다는 장점밖에 없는데, 갑자기 퀄리티까지 받쳐주기 시작하면 한국산, 일본산, 독일산 피아노 순으로 마켓 쉐어를 빼앗아가겠죠. 만약이라는 가정 하에 그렇게 빨리 성장하면 10년 정도에는 가능할 것 같네요.

피아노 산업의 특이성 중국 시장의 가능성

김판수 그럴수록 더 많은 기술자들이 필요하겠군요.

채동진 그렇죠. 피아노가 각 요소요소마다 필요한 숙련 기술이 엄청다양하고 많습니다. 예술을 위한 악기잖아요. 사실 피아노 생산에 있어서 공장에서 할 수 있는 것은 딱 70%까지 입니다. 그 다음은 조율사들이 다듬는 거죠. 즉 저 같은 설계 기술자는 공학적인 수치만 제시하는 거예요. 그렇게 해서 생산이 되면 그 다음은 조율사들이 피아노를 다듬는 거죠. 조율사들의 기술 영역은 책에 나오는 지식이 아닙니다. 예술적인 감각이에요. 그래서 피아노 업계에는 맹인 조율사들이 많아요. 그렇게 조율사의 영역이 피아노 생산에 있어서 20% 정도 차지합니다. 나머지 10%는 그야말로 아티스트의 영역이죠. 즉, 유명 피아니스트가 우리가 만들어낸 기기로 얼마나 아름답게 연주하느냐. 또 작곡가가 얼마나 예술성 있는 창작곡을 만드는가에 달렸죠.

김판수 다른 일반 제조업과는 성격 자체가 다르군요.

채동진 그렇죠. 그런데 현재 중국 피아노로서는 그게 불가능해요. 베토벤을 살려 내서 중국에 데려다 놓아도 안 되는 수준이에요. 그래도 중국 피아노 산업이 성장하는 것은 중국 내부에서 일반 가정용 피아노 수요가 워낙 많이 있어서입니다. 소리가 조금 맞지 않아도, 악보를 볼 수 있는 아이들이 연습을 위해 막 쓰는 용도로 만들어내는 거죠. 그러니까 아직은 한국산이나 외국산 피아노가 계속 앞서갈 수가 있어요. 아직까지는 그렇습니다. 왜냐하면 중국이 따라오면 한국과 일본 등도 저만큼 앞서가니까요. 피아노는 어쿠스틱이잖아요. 대다수의 회사들은 어느 정도 수준에 이르면 더 이상 투자를 잘 안 해요. 예를 들어 70 정도의 수준까지 올라가는 건 그냥 자본을 투자하면 됩니다. 그런데 그 이후의 80과 90, 그리고 그 이상의 수준까지 올라가는 건 정말 무지무지 힘들어요. 물론 중국이 제대로 시동 걸면 한국·일본과의 기술 차이가 조금씩 좁혀지겠죠. 그렇지만 지금 상태로 볼 때 제 평생에는 아마도 그걸 보기는 힘들 것 같아요.

김판수 현재 중국의 1년 피아노 판매량은 어느 정도인가요?

채동진 1년에 40만대 정도입니다. 그렇게 팔려도 아직 중국의 피아노 보급률은 5% 정도밖에 안 됩니다. 저는 중국 피아노 내수 시장이 크게 성장할 줄 알았는데, 5~6년 전부터 계속 40만대에 묶여있어요. 아직은 중국 사람들의 문화적인 욕구가 높지 않은 거죠. 경제성장을 해도 돈이 생기면 가장 먼저 집을 찾고, 그 다음 차를 사잖아요. 음악은 아직 아닌 거죠. 어떤 중국인들은 피아노를 사지 않고 피아노 껍데기만 사서 집에 두기도 해요. 과시욕 보다는 전시욕이죠. 우리는 1980년대 또는 1990년대에 집이나 차 없어도 애들 피아노를 사주기도 했어요. 그렇지만 중국은 그렇지 않더군요.

김판수 아직은 한국의 피아노 산업 기술자들이 중국에 진출해도 환영 받겠군요.

채동진 아직 우리 피아노 업계 수준으로 보면 가능합니다. 그러나 문 제는 한국의 경우 국내 제조 기반이 없어요. 그러니 우리를 이 어서 배울 사람이 없어요. 즉 한국에서 피아노 제조 명맥이 거 의 끊겼기 때문에, 그 기술을 배우는 사람도 없어요. 아마도 제 가 볼 때 한국 피아노 설계 기술자는 우리 대에서 끝날 것 같 아요. 우리와 달리 조율 쪽은 조금 다르죠. 국내 가정에도 피 아노가 많이 보급되었으니까, 계속 유지되겠죠. 그래도 국내 시장이 여전히 작은 편이라 새롭게 배출되는 기술자들이 있다 면 중국으로 진출하는 것도 좋은 방법이에요. 사실 어떤 분야 든 실력만 갖추면 중국에는 많은 기회가 있습니다. 그리고 피 아노 기술 분야는 자본, 땅, 건물 등을 깔고 있는 분야가 아니 잖아요. 리스크가 매우 낮죠. 머리하고 입만 있으면 되니까요.

김판수 지금 삼익악기는 어떤가요?

채동진 지금 삼익악기는 살아났어요. 중국 시장에서 잘 나갑니다. 나 름 고가에요. 삼익은 다른 한국 업체들과 달리 브랜드 이미지 를 고급으로 했거든요. 그래서 성공한 거예요. 중국 사람들도 이름 있는 걸 좋아해요. 피아노 소리는 잘 모르지만 이름은 알 죠. 그래서 중국에서 중고 삼익악기 피아노가 비싸요. 한국의 중고 삼익악기 피아노는 모두 중국으로 들어오잖아요.

개인 사업 병행과 인간적 관계 맺기

김판수 2015년에 원클만피아노로 이직하기까지 조금 공백이 있으셨네요.

채동진 네. 중간에 2년 정도 한국에서 피아노 부속 회사를 설립했어요.

김판수 중국에서 기술자로 일을 하면서, 동시에 한국에 개인 회사를
운영하시는 건가요?

채동진 네. 피아노 뚜껑을 닫을 때, 위험하게 떨어지지 않도록 하는 부
품을 만들고 있습니다. 예전에 아이들이 피아노 뚜껑에 손을
많이 다쳤잖아요. 그래서 뚜껑이 부드럽게 닫히도록 하는 장치
가 있어요. 그 부품을 만들어서 삼익악기를 비롯해서 몇 군데
에 납품하고 있습니다.

김판수 현재 중국 회사로 이직할 때, 개인 사업 관련해서도 특수한 고
용조건을 요구하셨나요?

채동진 네. 현재 중국 회사와의 계약 조건이 그래요. 중국에서 20일
있으면 10일을 한국에서 쉬는 걸로. 30일 있으면 15일. 두 달
있으면 한 달. 제가 운영하는 개인 회사는 부천에 있어요. 3명
정도 고용하고 있고, 업체에서 주문 받으면, 최종 조립 및 품질
검사까지 해서 내보내고 있죠. 제가 중국 있을 때는 이메일 등
을 통해 지시하고요.

김판수 혹시 다른 일도 하시는지요?

채동진 사실은 피아노 관련 중개무역도 하고 있어요. 예를 들어 삼익
악기는 인도네시아에 있거든요. 인도네시아 삼익이나 독일 업
체들이 중국에서 생산되는 부속품들을 찾으면, 제가 여기 중국

쪽 업계를 잘 아니까 찾아서 중개도 해주고 있습니다.

김판수 투잡도 아니고 '쓰리잡'을 하시는데도, 전혀 바쁘지 않은 것처럼 살고 계시네요.

채동진 네(웃음). 요즘에는 스마트폰 혜택을 많이 누려요. 왜냐하면 여행을 가거나 낚시터에 있거나, 이메일로 오더 들어오면 스마트폰으로 바로 업무를 할 수 있으니까요. 제가 이리저리 돌아다녀도 아무 지장이 없으니까요. 스마트폰 혜택을 많이 보죠.

김판수 기술자로도 개인 사업으로도 중국에 잘 정착하셨군요.

채동진 중국에 10년 이상 있으면서 문화적 이해가 높아졌고, 언어도 할 줄 알고, 그 동안 인적 네트워크도 넓혔으니까요. 제가 하고 있는 개인 사업은 사실 큰 욕심 안 내고 취미 겸 용돈 겸 유람 다니는 기분으로 합니다. 이미 5년 째 하고 있지만, 한 번 저하고 접촉한 중국 업체는 계속 하고 있어요. 제가 신뢰를 주기도 했지만, 폭리를 취하지 않으려 노력한 것도 있어요. 요즘 인터넷으로 뒤져보면 가격 다 나오잖아요. 적정 이윤만 취하려 노력합니다. 그렇게 하니까 저와 계속 거래하려고 하죠.

김판수 경제적 이익보다는 인간적 관계를 더 중시하신 것 같아요.

채동진 그렇죠. 업체들은 제가 납품하는 피아노의 작은 부속품 가격을 몰라요. 큰 부속이 아니니까요. 그러나 어느 날 그 가격을 아는 날이 있을 수 있잖아요. 그때 제가 그 동안 터무니없는 가격으로 팔았다는 것을 알면 배신감을 느끼겠죠. 그러니까 롱런하려면 적정한 선 안에서 이익을 취해야 하는 거예요. 물론 어떤 사람들은 제가 하는 부속을 2~3배 가격에 팔았던 경우도 있어요. 그렇게 하면 길게 못 가요. 초반에는 돈을 좀 만지겠지만, 금방 나가떨어질 수밖에 없어요. 왜냐하면 중국 회사들은 원래 거래처가 다 있어요. 그러다 우연한 계기에 해당 품목을 중국에서 못 구하면 외국에서 찾거든요. 그때 한 몫 챙겨보겠다고 비싸게 팔았다가 들키면, 이후에 거의 대면할 수 없는 관계가 되는 거예요. 그래서 적정한 선에서 이익을 취하는 방식을 지켜나가면 나중에 불량이 좀 발생해도 중국인들이 이해해주고 넘어갑니다.

김판수 만약 중국 피아노 업체가 원래 관계가 좋았던 거래 업체가 있었지만, 품질을 제고하기 위해 어쩔 수 없이 외국 업체를 선택해야 할 때는 어떻게 행동하죠? 아주 좋은 관계이지만 품질 때문에 결심을 해야 할 경우에.

채동진 제가 중국 피아노 회사에 저희 부속품 넣었던 사례를 이야기해야 할 것 같아요. 제 품목이 건반 뚜껑이 안전하게 떨어지도록 하는 거잖아요. 원래 중국의 조그만 피아노 회사들은 자기네 업체들을 많이 써요. 워낙 오래 관계가 유지되었기 때문에 그걸 깨려고 하지는 않아요. 품질 문제 이외에 반드시 다른 계기가 있어야 합니다. 예를 들어, 제가 한 중국 업체를 3번 찾아갔어요. 제 부품 납품하려고. '너네 그 부품 불량률이 지금 30%인데 우리 부속 쓰면 3%로 떨어진다'고 이야기했죠. 그런데도 안 되더라고요. 그래도 저는 관계를 계속 유지해나갔죠. 그러니까 저희 물건을 아주 조금씩 요청하더라고요. 피아노 모델 중에서도 고급 라인에 집어넣는다고. 그 업체가 우리 부속품을 실제로 사용해보니까 기존 중국 업체하고 품질 차이가 크다는 것을 알게 되었죠. 그래서 나중에는 중국 회사 오너가 100% 우리 물건을 쓰라고 했나 봐요. 그런데도 그렇게 안 되더라고요. 원래 부속품 납품하던 회사 2인자가 오너 친척인데 촌수는 더 높았죠. 그리고 그 업체가 지금까지 인맥 관리를 엄청했던 거였죠. 그러니까 그걸 깰 수 없는 거예요. 원·하청 관계라기보다는 거의 의형제 수준의 관계니까요. 그래서 외국산이 중국에서 승부하려면 품질이 월등하게 좋거나, 아니면 중국에서 생산될 수 없는 품목 아니면 힘들어요. 어느 중국 회사든 기존 업체들하고 꽌시가 있어요. 그거를 깨고 외국인이 들어가기는 정말 힘들어요.

김판수 기술 수준이 높더라도 그 틈을 아주 조금씩 들어갈 수밖에 없겠네요. 어떤 경우라도 기존의 중국 업체는 사장님과 불편해지겠네요.

채동진 상당히 꺼려하기는 하죠. 옛날에 제가 없을 때는 자기들끼리 품질 이야기를 별로 안 했거든요. 심지어 도면과 치수도 잘 안 봤어요. 그러다 제가 오고 나서는 중국 피아노 회사들이 기존 부속을 납품하는 곳에 도면하고 안 맞는다고 불평을 하기 시작했어요. 지금도 중국의 작은 피아노 회사들은 도면도 안 보고 피아노를 만들어요. 하여간 불가사의합니다(웃음). 그래도 물건 생산되어 나오는 거 보면 도깨비 방망이가 하나씩 다 있는 것 같아요(웃음). 과정은 엉망인데 최종 물건 나오는 거 보면 그럴싸합니다.

김판수 그쪽 부품 업체들은 점점 더 사장님을 견제하겠네요.

채동진 견제하죠. 자기네 인적 네트워크를 총동원합니다. 제가 베이징피아노에 있었는데도 불구하고, 제가 아직 베이징피아노에 부속품을 못 넣고 있어요. 국영기업이니까 더 안 되는 것 같아요. 결국 중국인 간의 높은 꽌시의 벽을 넘어설 수 없는 거죠.

향후 중국 피아노 시장의 전망

김판수 앞으로 중국 피아노 시장의 전망은 어떻게 보시나요?

채동진 피아노 시장의 미래로 보면 결국 언젠가는 중국에서 꽃을 피울 것 같기는 한데, 사실 지금 중국도 이미 채산성 문제에 빠져있어요. 그래서 몇몇 중국 피아노 회사들은 벌써 인도네시아나 베트남 등에서 저렴한 목재 등을 찾고 있는 상황입니다. 더구나 요즘 중국도 공해 규제를 쎄게 하잖아요. 그래서 지방정부에서 피아노 관련 공장을 별로 안 좋아해요. 그러다보니 단가가 계속 올라가고 있어요. 전반적인 생산기지를 옮기지는 않겠지만, 결국 일부 품목의 경우 외국에 아웃소싱을 할 수밖에 없는 구조입니다. 그래도 일본과 한국의 피아노 산업이 각각 10년 정도 호황이었다면, 중국은 기본 50년은 갈 것 같아요. 내수시장의 성장 속도와 부피를 고려하면 중국은 오랫동안 계속 잘 나갈 것 같아요.

김판수 피아노 업계를 넘어서, 시장 상황이 어려워진 국내 기술자 분들에게 사장님은 어떤 조언을 하고 싶은지요?

채동진 우리나라에 고급기술 인력이 많은데, 점점 국내에서 소비가 안돼요. 예를 들어 제 피아노 설계 기술은 이제 국내에서 별로 쓸모가 없어요. 그런데 이런 기술자들은 중국에서 대략 1년에 1억 정도 연봉에서 시작한단 말이에요. 주거와 숙식 모두 보조해주고요. 한국에 있으면 제대로 할 수 없는 분야인 경우, 결국 스스로 시장을 찾아서 나가는 수밖에 없는데, 그럴 경우 중국은 대안이 될 수도 있습니다. 즉 중국에 없는 기술을 가진 사람들은 굳이 한국에서만 취업할 필요는 없죠. 물론 반도체 같은 전략산업 쪽은 좀 관리를 할 필요가 있겠죠. 그러나 이미 한국에서는 안 될 산업에서 중요한 숙련 기술자들은 과감하게 '지구촌'으로 진출할 필요가 있을 것 같아요.

김판수 사장님은 중국 피아노 산업에 어떤 영향을 끼쳤다고 생각하십니까?

채동진 원래 중국 피아노 산업은 '대충대충'이었어요. 원래 A라는 음이 75가 나와야 한다면, 그런 개념 없이 그냥 쳤을 때 소리만 툭 튀어나오는 상태로 만들었죠.

그래서 저 같은 외국인 기술자들이 중국에 와서 피아노 업계 전체에 체계적 설계의 필요성을 심어주었죠. 어떻게 설계를 해야 소리가 좀 더 좋아지는지 등에 대한 지식을 전수했죠. 즉 중국 피아노의 제조 표준 및 기술 표준 등의 뼈대를 세우는 데 많이 기여하고 있어요.

제3부

IT · 모바일 영역에서

강민구 화동미디어 대표

강민구 대표 인터뷰는 2016년 3월(2회), 2016년 12월, 2018년 1월(2회) 총 5회에 걸쳐 약 9시간 동안 진행되었다.

그는 어릴 때부터 아버지와의 대화를 통해 중국에 대해 열린 사고를 할 수 있었다. 1994년 초등학교 1학년 때 중국 탐방 프로그램에 참여하여 베이징과 동북 지역을 여행했고, 2002년 중학교 3학년 때 상하이에 여행 왔다가 아예 정착하기에 이르렀다. 그는 고등학교 1학년 때부터 개인 사업을 시작했고, 현재 상하이 소재 모바일 스타트업 '화동미디어' 대표로 활동하고 있다.

그는 한국인이지만 '중국 스타트업 회사'를 이끌고 있다. 이를 통해 오늘날 중국인들이 이끄는 IT · 모바일 스타트업들이 어떤 과정을 거쳐 성장하게 되었는지를 알 수 있다. 한국인으로서 중국 현지 스타트업을 운영하는 어려움도 있지만, 그는 스스로 자신이 중국인이 아니기 때문에 오히려 활용할 수 있는 '자원'이 더욱 풍부하다고 말한다.

그는 아직 젊은 만큼, 한중교류 및 4차산업의 전망에 대해 매우 역동적인 시각을 보여준다. 사실 그를 만날 때마다 몇 개월 전에 있었던 '직전 인터뷰 내용'은 이미 흘러간 과거처럼 여겨진 적이 많았다. 실제로 그가 가진 중국과 세계 변화에 대한 시각은 매우 유동적이다. 이는 그가 급격히 성장하고 있는 세계도시 상하이에서 16년째 살고 있고, 또 무서운 속도로 세계를 변화시키는 중국 IT · 모바일 업계에서 스타트업을 운영하고 있기 때문으로 볼 수 있다. 그를 통한 중국 바라보기는 흥미롭다. 왜냐하면 우리는 급변하는 세계를 그저 아무런 감흥 없이 흘려보내고 있음을 알 수 있기 때문이다.

1994년, '대륙'에 대한 첫 기억과 인식

김판수 언제 처음 중국에 방문했나요?

강민구 저는 1994년에 처음 왔습니다. 1987년생이니까, 한국 나이로 8살 즈음 처음 왔었어요.

김판수 굉장히 어렸을 때 방문했군요. 어떤 계기로 오게 되었는지요?

강민구 저희 집 환경이 조금 독특했어요. 초등학교 취학 전부터 아버지와 역사 관련 대화를 많이 했어요. 특히 중국 역사와 정치 이야기요. 아버지는 앞으로 중국이 발전할 것이라고 이야기 하셨어요. '5천년 이상 중국이 동아시아를 호령했는데, 최근 50년간 한국이 잠깐 중국을 앞섰을 뿐, 결국 다시 중국의 영향력에 휘둘릴 것 같다'라는 말씀이 기억에 남아 있습니다. 1992년 한중수교 이후 아버지께서는 제가 '대륙'에 한 번 다녀와야 한다고 하셨어요. 당시 저희 집에서는 '중국'이라는 말을 안 썼어요. '대륙'이라는 용어를 썼어요. 그때 저는 여러 학교가 참여하는 보이스카웃과 같은 모임을 통해서 1994년쯤 베이징과 동북3성 지역을 처음 방문했습니다. 1~2주 정도 기간이었어요.

김판수 당시 몇 명의 친구들과 함께 방문했나요?

강민구 제 기억에는 20명 정도였던 것 같아요. 저와 같은 또래는 없었고, 거의 다 형들이었던 것 같아요.

김판수 처음 베이징 공항에 도착했을 때, 어떤 느낌이 들던가요?

강민구 시내로 들어가는 고속도로에 차는 별로 없고, 오히려 자전거들이 다녔던 것이 기억납니다.

김판수 어린 시절이어서 잘 기억하지 못할 수 있겠지만, 같이 방문한 형들하고 여행 과정에서 중국에 대해 이런저런 이야기를 나눴을 것 같은데, 어떤 이야기가 기억에 남아 있나요?

강민구 저는 그때 막내였어요. 우리 모두 어떤 기관에서 주최한 중국 탐방 관련 프로그램에 선정된 사람들이었는데, 어떤 기관인지는 기억이 잘 나지 않아요. 대략 자매학교 이런 것과 관련 있었던 것 같아요. 대신 그때 제가 베이징에서 받은 충격 하나가 기억납니다. 저희들이 그때 자금성에 갔는데, 천안문에 마오쩌둥 그림이 있잖아요. 그때 저희들은 그 그림이 김일성이라고 생각했었어요. 저희가 어리다 보니까, 모두들 중국에 대한 이해 정도가 너무 낮았었죠. 어쨌든 우리는 그 그림이 김일성인 줄 알고 '여기는 북한이니까 말 한 마디 잘 못하면 잡혀 간다'라고 이야기를 했던 것 같아요. 그때 옌볜도 방문했었어요. 그때 중국은 왠지 모르지만 '공산주의' 분위기를 풍겼어요.

김판수 한국인들에게 무섭게 인식되는 나라에 왔는데, 그 여행은 어땠나요?

강민구 굉장히 재밌었어요. 아버지와의 대화로만 알던 곳을 실제로 보고 느낄 수 있었으니까요. 한국에서는 상상할 수 없는 그런 기억. 예를 들어, 베이징에서 동북 지역까지 가는데 차를 20시간을 타고 갔어요. 그래서 '여기는 정말 끝없이 큰 나라구나'하고 생각했죠. 백두산 갔던 것도 설명할 수는 없지만 굉장히 기억에 많이 남네요. 몇 차선이나 되는 고속도로에 자전거가 다니는데, 저희는 말도 안 되게 좋은 고급 호텔에서 잤거든요. 어쨌든 당시 저는 매우 긍정적으로 생각했어요. 한국과는 비교도 안 되게 큰 나라라는 것을 피부로 느꼈죠.

2002년, 상하이에 눌러앉다

김판수 그때 첫 방문 이후로 언제 다시 중국에 오셨나요?

강민구 2002년도에 다시 왔습니다. 제가 중학교 3학년 때였어요.

김판수 그때는 어떤 계기로 오셨죠?

강민구 제가 2000년 즈음 미국에 잠시 있었거든요. 그때 미국에서 사귄 친구 중에 상하이 출신의 중국 친구가 있었어요. 저한테 방학 때 꼭 놀러오라고 했었죠. 아버지도 상하이에 한 번 가보라고 해서, 2002년에 상하이 친구를 보러 놀러왔다가, 진짜 상하이에 눌러앉게 되었죠.

김판수 한국에서 중학교도 마치지 않았는데, 상하이에 혼자 머물게 되었다고요?

강민구 제가 당시 고등학교 입시가 빨리 끝난 상태였어요. 지금 한국에서는 뭐라고 부르는지 잘 모르겠지만, 자율계 고등학교라는 명칭이었던 것 같아요.

'깨어 있던' 아버지로부터 얻은 것들

김판수 부모님은 어떻게 말씀하셨나요?

강민구 저희 집이 굉장히 독특합니다. 교육 방침이 방목입니다. 그래서 부모님이 평생 저희 보고 어디 학교를 가야한다라든지, 무슨 공부를 해라라든지, 이름 있는 대학을 가라 등의 말씀을 하신 적이 없어요. 그저 '인생은 답이 없으니까, 네가 스스로 선택한 길에 대해 후회만 하지 않으면 된다'고만 하셨어요. 지금도 저희 부모님은 제가 어떤 창업을 했는지 잘 모르세요. 제가 2000년에 미국 갈 때에도 부모님은 저 혼자 보냈어요. '알아서 잘 살아오겠지'라고 생각하신 것 같아요. 집 안에서의 대화도 역사와 철학 이야기가 많았어요. 매일 평균 책 한 권을 읽고 아버지하고 대화를 나눴던 것 같아요. 집안 문화가 그랬어요. 대화 속에서 미국과 중국이 자주 등장해서, 제가 책이 아니라 직접 느껴보고 싶다고 하니까, 기회가 있을 때마다 제가 중국과 미국에 방문할 수 있도록 해주셨죠.

김판수 상하이에 눌러 앉았으니까 한국 고등학교를 안 가고 중국 고등학교를 다녔겠네요.

강민구 네. 상하이에서 6개월 정도 쉬다가 저 혼자 고등학교를 찾아가서 입학했습니다. 중국은 새로운 학년이 9월에 시작되니까요.

김판수 대표님의 중국 생활은 아버지와의 대화와 그 기억의 영향이 클 것 같아요.

강민구 어렸을 때부터 아버님께서 많은 이야기를 해주셨어요. '어차피 영웅은 대륙에서 난다. 그래서 중국을 알아야한다. 그러니까 한국 기업이 더 빨리 중국에 가야한다. 기회가 있을 때 중국을 우리 손으로 개발해야 한다'고 하셨죠. 그리고 아버지께서 사업을 하시니까 비즈니스 관련해서도 많이 이야기 해주셨어요. '한국이 제조업 베이스인데, 제조업 해서는 한국이 살아남을 수 없는 시대가 온다. 중국이 금방 따라잡을 것이다. 한국이 강해지려면 결국 부가가치가 높은 사업을 해야 된다. 예를 들어 금융 같은...'

김판수 결국 현재 대표님이 전개하고 있는 사업 아이템이 어렸을 때 아버지와의 대화에서 나왔다고도 볼 수 있겠네요.

강민구 네. 제가 중국 복단대학에서 금융을 전공한 것도 그런 이유였고, 화동미디어의 초기 사업이었던 '머니락커'도 결국 금융과 모바일 기술이 결합된 거죠. 사실 지금이야 중국에서 IT와 금융을 모두 연결시키고 있지만, 5년 전만 하더라도 복단대학 내에서 금융과 IT는 그렇게 인기 있는 부문이 아니었어요. 모두가 국제무역 부문에 몰렸죠. 어떻게 보면 저희 아버지가 매우 선진적이었죠. 그래서 저는 어렸을 때부터 중국을 다른 방식으로 접근했어요. 지금이야 한국인들도 중국을 어느 정도 인정하고 있지만, 몇 년 전만 하더라도 대다수 한국인이 중국을 싫어했잖아요. 그런데 저희 집은 제가 어렸을 때부터 다른 분위기였죠. 그래서 저는 중국 역사와 문화를 매우 좋아했고, 그렇기 때문에 어렸을 때부터 중국에 대해 긍정적인 시각을 가진 상태에서 성장할 수 있었죠. 그래서 저는 2002년 이후 중국 생활이 굉장히 재미있었어요.

고등학교에서 시작된 창업

김판수 고등학교 시절 중국 생활에 대해 듣고 싶습니다.

강민구 제가 상하이에서 성장하던 시기 만났던 한국인들은 대개 한국인들끼리 또는 중국동포들과 맨 먼저 관계를 맺으려 했어요. 저는 2002년 상하이에 정착하려 했을 때 중국어를 못했지만 일부러 한족 집에 세를 얻어 살았어요. 처음 1년은 한족 집에서, 그 다음 1년은 중국동포 집에서 살았죠. 고등학교 같은 경우에도 상하이 시내에 좋은 학교가 많이 있었지만, 저는 일부러 100년 이상 된 고등학교를 혼자 찾아가서 입학하고 싶다고 해서 들어갔거든요. 당시 저는 그저 중국적 문화를 경험하고 또 그 속으로 흡수되기 위해 노력한 것 같아요. 어쨌든 저는 집에서도 독립적으로 키워졌기 때문에 상하이에 와서도 독자적으로 살아가려 했어요. 제가 2003년부터 창업한 것도 그런 이유였어요.

김판수 고등학교 1학년 때 첫 창업을 했다고요?

강민구 네. 고등학교 1학년 때 공부를 해야 하는데, 아무리 해도 중국 친구들을 따라 갈 수 없었어요. 언어도 안 된 상태였고. 그런데 단순히 언어의 문제는 아니었던 것 같아요. 그래서 저는 '이 친구들과 공부를 통해서 이길 것이 아니라, 다른 것으로 이겨봐야겠다'고 생각했어요. 그게 창업이었어요. 왜냐하면 제가 그 중국 친구들과 경쟁해서 공부로는 절대 이길 수 없으니까, 다른 방식으로 살아야 한다고 생각했어요.

김판수 고등학교 때 생활을 좀 더 듣고 싶습니다.

강민구 제가 다녔던 고등학교는 상하이의 HM고등학교입니다. 저의 고등학교 생활은 일반적이지는 않았어요. 저는 학교에 가자마자 소속 학급에 간 것이 아니라 도서관에 갔어요. 도서관에서 하루 종일 신문하고 책을 읽었어요. 왜냐하면 수업을 들어도 전혀 못 알아들었거든요. 중국어를 하나도 못하고 또 못 알아듣는 상태에서 입학을 했으니까요. 그래서 2년 정도는 수업보다 개인적인 독서 생활에 더 많은 시간을 쏟았어요. 물론 친구들하고 운동은 같이 했었죠. 하지만 수업에서 제가 얻었던 것은 별로 없었어요. 대신 중국 친구들이 공부를 할 때 저는 돈을 벌기 시작했죠. 그렇게 경제적으로 독립했어요. 그런데 3학년에 들어서니까 왠지 대학교에 가고 싶은 마음이 들었어요. 그래서 3학년 때 공부를 시작했죠. 그래서 복단대학에 들어갔습니다.

김판수 고등학교 1학년 때 어떤 계기로 창업을 하게 되었나요?

강민구 수업을 제대로 듣지 않았으니까, 개인 시간이 굉장히 많았어요. 그때 저는 제가 스스로 뭔가 많은 걸 할 수 있을 것 같은데, 굳이 수업을 따라가는 데에 시간을 쏟지 말자고 생각했어요. 저는 그때 운동화에 관심이 많았어요. 예전에 짧은 기간이지만 미국 생활을 좀 했었잖아요. 어릴 때 접했던 미국 문화의 영향으로 한정판 신발에 관심이 많았죠. 당시 중국인들은 엄청 촌스러웠잖아요. 그래서 저는 제 마음에 드는 신발을 모으기 시작했어요. 그러다가 어느 날 현지 공장에서 사면 좀 더 저렴하게 살 수 있겠다는 생각을 하게 되었죠. 그래서 상하이의 한 공장을 찾아가서 샀죠. 그렇게 계속 모으다가, 공장에서 저렴하게 물건을 받아서 팔기 시작했어요. 처음에 조금 팔리더니, 나중에는 생각보다 많이 팔리기 시작했어요. 그렇게 저의 취미 생활이 경제활동으로 변화되었죠.

김판수 좀 더 구체적으로 부탁드립니다.

강민구 그 신발들은 전 세계에서 한정판으로 제작되는 것들이었어요. 일반적인 신발과는 거리가 있었죠. 어린 마음에 좀 더 저렴하게 사고 싶었고, 그래서 그걸 생산하는 중국 공장을 통해 구매하기 시작했던 거죠. 그런데, 그렇게 싸게 사서 1~2개를 팔아보니까 의외로 쏠쏠하더군요. 그래서 '어? 이걸 좀 대량으로 팔아봐야겠다'고 생각했죠. 그때 한국 인터넷 사이트 가격을 보니까 꽤 비싼 가격에 팔리더군요. 그래서 중국 공장에서 구매해서 한국 인터넷 사이트를 통해 판매했죠.

김판수 일반적인 학창시절을 보내진 않았네요.

강민구 저는 가족을 통해서도 개방적인 교육을 받았지만, 학교에서의 교육도 그랬어요. 저는 한국에서도 굉장히 개방적이었던 미션 스쿨에 다녔거든요. 공부 중심이 아니라 음악 배우고, 운동하고, 역사에 대해 배우는 등. 그리고 어릴 때 미국에서도 또 중국에서도 공부를 했잖아요.

모바일 비즈니스 창업에 뛰어든 계기

김판수 2003년 이후 계속 창업을 했는데, 지금까지 어떻게 이어졌나요?

강민구 저는 2003년 신발 창업 이후부터 계속 사업을 했습니다. 처음에는 신발을 팔다가, 나중에는 모자도 팔다가, 그러다가 광고회사 하다가, 통역회사도 하는 등 아이템은 계속 바뀌었지만 창업의 큰 틀은 이어졌어요.

김판수 지금의 '머니락커'는 어떻게 연결되었나요?

강민구 저는 복단대학 1학년 때 갑자기 미국에 다시 가고 싶다는 생각을 했어요. 그래서 바로 미국으로 갔어요. 아무 생각 없이. 개방적이라는 측면에서 미국은 정말 좋은 나라더군요. 그리고 너무 에너제틱했어요. 그때 미국에서 사업 아이템으로서 인터넷을 배웠어요. 그걸 가지고 중국에서 해봐야겠다고 생각했어요. 그래서 다시 중국에 돌아왔죠. 2008년 즈음이었던 것 같아요. 그렇게 중국에 와서 제대로 사업을 해보겠다고 생각했는데, 그때 중국에서 외국인으로서 할 수 있는 게 많은 제약과 한계가 있다는 것을 알게 되었어요. 그래서 창업 자금을 모으기 위해 다시 여러 가지 일을 했죠. 그리고 2009년에 제가 복단대 중국인 동창들하고 창업을 위한 팀을 꾸렸어요. 원래 사업 모델은 모바일 쪽이 아니었어요. 그런데 우연히 그 쪽으로 전환하게 되었어요.

김판수 어떤 계기였나요?

강민구 제가 2011년도에 상하이에 진출한 한국 기업에 직원으로 일할 때 우연한 기회에 회사 대표로 알리바바에서 1년에 2회 개최하는 회의에 참석했어요. 그때 회의에 참석한 마윈과 그 주변 사람들이 모바일과 관련된 이야기를 굉장히 많이 이야기하더군요. 그 전만 하더라도 우리 창업팀은 다른 사업 모델에 관심이 있었거든요. 그런 상황에서 한국에 잠시 갔는데 많은 사람들이 모바일로 애니팡을 하더군요. 카톡도 하고 있고. 그래서 모바일의 실질적 가능성을 봤죠.

김판수 그때는 언제쯤이었나요?

강민구 2012년이었어요. 제가 중국 친구들에게 '한국에는 이런 거 있는데 우리도 모바일 사업을 한번 해보자'했더니, 친구들이 '야, 우리가 모바일에 대해 알지도 못하는데 어떻게 하냐'라고 하더군요. 그래서 방법을 찾다 보니까, 어떻게 찾게 되더군요. 그 다음 날 아는 친구가 구글(Google) 다니는 친구를 연결시켜줬어요. 제가 구글 다니는 그 친구한테 물어봤죠. '앱 하나 개발하는 거 어렵냐' 했더니, 쉽다고 하더라고요. 그래서 2012년 말부터 중국 친구들하고 함께 모바일 사업에 뛰어들었어요. 원래 핵심 멤버는 3~4명이었어요.

대학 내 한중교류모임을 통해 만난 중국인 파트너

김판수 중국 친구들하고는 언제부터 함께 사업을 했나요?

강민구 2009년도요. 대학 내 마트에 물 같은 제품을 납품했죠. 학교도 원래 거래선이 다 있잖아요. 저희가 그 쪽에도 친구들이 있었 거든요. 그래서 제가 한국 브랜드를 아니까 한국 물건들을 넣기 시작했어요. 작게 시작했죠. 그리고 2011년부터 컨설팅 회사를 열었어요. 그 활동으로 30만 위안 정도 벌었어요. 그 돈도 창업 자금에 쓰였죠.

김판수 2009년부터 함께 해온 중국 친구 중 한 명이 현재 화동미디어의 공동창업자인 왕**인가요?

강민구 네.

김판수 그 친구는 어떻게 알게 되셨나요?

강민구 제가 복단대학 내 한중교류모임이라는 모임에 참여하고 있었거든요. 왕**은 같은 과 동창입니다. 그런데 제가 1년 동안 미국에 있다가 돌아오니까, 수업을 같이 듣게 되었던 거죠. 또 한중교류모임도 같이 운영했죠. 저희 둘은 각자 자신의 부족한 점을 메워주는 존재라는 것을 잘 알고 있었고, 그래서 지금까지 회사를 잘 이끌어오게 되었죠. 그 외에 공동창업자 한 명이 더 있었지만, 결혼과 가정을 꾸리는 것이 더 중요하다고 여긴 친구여서 얼마 전에 자신의 주식을 모두 팔고 쓰촨으로 갔어요. 그래서 실질적으로는 2인 체제가 꾸려졌죠.

김판수 두 분은 계속 창업에만 몰두했었나요?

강민구 아닙니다. 원래 왕**은 글로벌 회계컨설팅 기업에 있었어요. 그에게 창업은 일종의 부업이었죠. 저희는 모두 각자 직장생활하면서 창업을 준비했어요. 그런데, 왕**이 승진을 앞 뒀을 때가 2013년이었는데, 제가 회사를 그만두고 창업에 올인하자고 부추겼죠. 왕**은 승진하면 연봉이 몇 배 상승하기 때문에 고민을 했었죠. 그래서 제가 회사에 임시적으로 3개월만 휴직하고 풀타임으로 창업하자고 설득했어요. 그 이후 왕**은 회사로 돌아가지 않았죠. 저도 그때 다니던 한국계 회사를 그만두면서 그 회사로부터 창업 자금 투자를 꽤 받았어요.

쉽지 않았던 창업 준비, 그 과정의 중국인들

김판수 별장에 모여서 본격적인 창업 준비를 했다고 들었습니다.

강민구 어떻게 아셨어요?(웃음) 미국의 유명 창업자들이 그랬잖아요. 그래서 저희들도 2013년 4월부터 상하이 변두리의 별장을 빌려서 시작했어요. 여름이었는데, 런닝셔츠 입고, 정말 재미있게 일했죠. 그때가 제일 재미있었어요. 매일 밤을 함께 새면서 구상하고 또 이런저런 대화도 나눴죠. 그때 1년 동안 600만 위안을 썼어요. 거의 다 날렸죠. 복단대학교 친구를 끌어들여서 개발을 시켰는데, 사실 그 친구가 거의 개발을 다 했어요. 어느날 완성되었다고 하더라고요. 저희는 그게 완성만 되면 끝인 줄 알았어요. 그런데 원래 개발 초기에는 버그가 많잖아요. 그런데 그때 우리는 기술에 대해 잘 모를 때여서 개발자가 만든 결과물을 좋다고만 여기고 있었죠. 그때 우리는 준비한 자금을 거의 다 날린 상태였어요.

김판수 어떻게 다시 시작할 수 있었나요?

강민구 고민을 하다가, 제가 비행기를 타고 베이징 칭화대학으로 갔어요. 그때 칭화대 컴퓨터공학과 강의실 앞에서 저희와 함께 할 사람을 구인했어요. 나의 꿈을 당신과 함께 공유하고 싶다고, 저와 함께 상하이로 가서 창업 이야기를 하자고 했어요. 기업 비밀이니까, 여기서 이야기를 할 수 없다고 했죠. 물론 다음 날 베이징 가는 비행기 표도 준다고 했죠. 모두들 저를 이상하게 생각했을 겁니다. 이상한 한국인이 와서 갑자기 상하이에 가서 꿈을 펼치자고 하니까요. 칭화대 출신은 모두 미래가 보장된 아이들이거든요. 계속 거절당하다가, 유일하게 한 명이 같이 가자고 하더라고요. 그 친구는 결혼할 여자 친구가 상하이에 있었거든요. 어차피 여자 친구가 상하이에 있으니 보러갈 겸 가겠다고 했죠. 그 친구가 우리 개발팀에 들어오면서 프로그램이 안정되었어요.

김판수 그 칭화대학 친구가 그렇게 참여할 정도로 회사의 전망이 좋았었나요?

강민구 그렇지는 않았습니다. 그 친구도 한 달만 저희하고 일하다가 그만뒀어요. 그런데, 몇 달 지나고 다시 연락이 왔었어요. '야, 너네 진짜 열심히 일하고 있네. 회사 아직 안 망했어? 나도 다시 참여하고 싶어'라고 하더군요. 그래서 그 친구는 저희 회사 지분 1%를 갖게 되었죠. 어쨌든 많이 힘들었어요. 당시 자금이 거의 다 떨어진 상태여서 거의 문을 닫아야 하는 상황이었는데, 어떤 중국 친구가 50만 위안을 빌려줘서 몇 달을 지속할 수 있었죠. 또 베이징에 있던 어떤 중국 친구 A가 인터넷을 통해 알게 되었다고 같이 하자면서 집 판 돈 250만 위안을 갖고 왔어요. 사실 그 친구가 참여하면서 우리 아이템에 많은 부분들이 변화될 수 있었어요. 그 결과 '머니락커'가 출시될 수 있었죠. 머니락커를 간단하게 설명하면, 유저들이 스마트폰 잠금 화면을 풀면 광고를 보여주고, 회사는 광고 수익을 얻고 유저들은 그 만큼 적립금을 받는 아이템이죠.

'머니락커'의 성장과 2000만 달러 투자의 무산

김판수 2014년 6월 머니락커 오픈 이후에도 쉽지 않았을 것 같은데 그에 대해 이야기해주십시오.

강민구 머니락커가 출시되자마자 유저가 굉장히 빨리 늘어났어요. 5만에서 10만, 10만에서 100만 명으로 확 올랐죠. 저도 맘 속으로 대박이라고 생각했어요. 그때 우리가 엔젤투자를 제대로 받았죠.

김판수 당시 엔젤투자를 얼마 받았죠?

강민구 그때 1000만 위안 정도 받았죠. 18억 정도요. 아무튼 그 베이징에서 온 친구 A가 정말 열성이었어요. 스티브 잡스처럼 완벽주의자였어요. 매일 밤을 새면서 개발자에게 자기의 구체적인 아이디어를 세세하게 이야기하고 구현하라고 했었죠. 저는 그 베이징 친구가 정말 프로라고 인식했어요. 리더십도 있었고. 그래서 저는 위기감을 느꼈어요. 창업자로서의 제 지위가 위험할 수도 있다고 여길 정도로. 그때는 제가 그랬어요. 아직 창업 영역에서 덜 성숙했었죠. 결국 저는 그때 그 친구에게 600만 위안을 제안하고 나가달라고 했어요. 그 친구는 투자금의 2배 이상을 벌었으니 나갔죠. 제가 내보냈어요.

김판수 왜 그때 행위를 성숙하지 못한 행동이라고 규정하나요?

강민구 만약 지금의 저라면 그렇게까지 안했을 것 같아요. 자기 일을 매우 전문적으로 잘 하는 친구잖아요. 어차피 지분은 제가 많으니까. 회사가 잘 되면 저한테 좋은 일이잖아요. 이제는 저보다 잘 하는 사람 있으면 CEO 자리를 줄 수도 있어요. 제가 역량이 안 되는데, 자리에 연연하면 회사를 책임질 수 없죠. 회사만 잘 된다면 이제 CEO 자리는 언제든지 넘겨줄 수 있습니다. 물론 저는 또 계속 다른 창업을 하고 있겠죠.

김판수 그 이후에는 순탄했나요?

강민구 초기에는 진짜 잘 되었죠. 출시 4~5개월 만에 회사 밸류에이션이 1억 달러에 달했거든요. 한 달에 유저가 3~4백만 명씩 늘었으니까요. 금방 5천만 명을 찍었어요. 그렇게 되니까 제가 굉장히 교만해졌어요. 그때 대단한 사람들을 너무 쉽게 만났거든요. 예를 들어 바이두와 텐센트 대주주들. 그렇게 순식간에 2,000만 달러 투자 협약을 받았어요. 저는 그 이후 한 달 동안 해외여행을 갔죠. 그런데 돌아오니까 투자가 무산되었더라고요. 제가 준비를 제대로 하고 갔어야 했는데, 너무 잘 풀리다보니 계속 잘 풀릴 줄 알았죠.

김판수 2,000만 달러 투자는 왜 무산되었나요?

강민구 그 쪽에서는 우리가 출시한 기간이 너무 짧아서 디테일이 약하고 미성숙하다고 이야기를 하더군요. 우리도 한 건에 투자액 2,000만 달러 정도의 딜을 한 경험이 없었잖아요. 기존의 투자들과 성격이 달랐죠. 큰 투자 건인 만큼 우리가 제대로 준비를 했어야 했어요. 결국 제 3의 공동창업자 C가 책임지고 회사를 나갔죠. 누군가는 책임을 져야 하는 상황이었어요. 물론 제대로 준비를 하지 않는 저의 책임도 있었죠. 하지만, 제가 여행 중이었으니까 남아있는 사람은 투자 상황이 그렇게 흘러가고 있었으면 대응을 제대로 했어야 했거든요. 2천만 달러 투자가 내 손에서 떠나가고 있는데, 그냥 멍 때리고 '어떡하지?'하면 안 되는 거죠. 그래서 그때 회사 내에서 공동 창업자들끼리 파워게임이 있었어요. 결국 누구 한 명은 책임을 져야하는 상황이었죠. 그래야 회사가 수습되고, 직원들도 다시 앞으로 나아갈 수 있는 거죠. 그래서 C가 나갔죠. 그리고 C의 지분은 제가 모두 인수했어요. 저도 나름 책임을 진거죠. 당시 상황에서는 C도 나름의 괜찮은 딜을 한 거죠. 왜냐하면 당시에는 회사가 너무 힘든 상황이었어요. 곧 회사가 망할 수도 있는. 실제로 중국의 많은 스타트업들이 몇 천만 달러 투자받고도 1년 만에 망하는 사례가 많거든요.

김판수 또 한 명의 공동 창업자 왕**은 왜 대표님을 선택했다고 생각하시는지요?

강민구 그 친구는 우리 둘 중에 1명을 선택해야 되는 상황이었죠. 왜냐하면 왕**은 우리 회사 내부의 모든 프로세스는 물론 재무 전문가에 또 법률 전문가이기 때문에 대체 불가였어요. 그런데, 저하고 또 C는 역할이 조금 겹쳤어요. 다만, C는 내부 팀을 이끌었던 반면, 저는 대외 업무를 모두 담당했다는 차이가 있죠. 아마도 왕** 판단에는 당시 회사 상황에서는 돈을 끌어올 수 있는 대외 업무를 중시했기 때문에 저를 선택했다고 생각합니다.

위기를 딛고 이뤄낸 혁신

김판수 그러나, 어쨌든 머니락커는 잘 되고 있었잖아요. 창업자 중 한 명이 책임지고 나가야 할 정도로 심각한 타격이었다면 좀 더 구체적인 이유가 있었을 것 같습니다.

강민구 매우 아이러니하지만, 우리 머니락커의 회원 유저가 너무 빨리 늘어나고 있었던 것이 가장 큰 문제였습니다. 유저가 빨리 늘어날수록 우리는 지급할 돈이 많이 필요했어요. 그런데 투자가 무산되면서 지급해야 할 현금이 부족해진 거죠. 그때부터 추락하기 시작했습니다. 진짜 회사가 거의 망하기 직전까지 갔어요. 더구나 원래 우리에게 2,000만 달러를 투자하기로 했던 측이 반대로 저희 경쟁 회사에 투자한 상황이었어요. 그 결과 우리가 1위 업체였는데, 순식간에 2위로 내려앉기도 했죠. 심각한 위기 상황이었습니다. 물론 돌이켜 보면 결과적으로 잘 된 일이었어요.

김판수 어떤 측면에서 전화위복이 되었나요?

강민구 심각한 타격이긴 했죠. 바로 작년 2015년에 겪은 일이에요. 우린 돈 한 푼 없었고, 유저는 계속 이탈했죠. 그때 우리는 다시 중심을 잡았어요. 돈이 없으니 제품에 올인을 하기로 결정했죠. 그래서 그때 혁신이 많이 이루어졌어요. 지금(2016년 3월) 저희 잠금화면 보시면 다른 경쟁사에 없는 기능이 굉장히 많아요. 다른 경쟁사들이 단순히 광고 어플에 머물렀다면, 저희는 미디어 버즈피드(buzzfeed) 기능도 있습니다. 즉 저희 머니락커는 전 세계에서 가장 고도화 된 잠금화면으로 성장했어요. 그때 힘들었을 때 혁신이 이루어졌죠. 그래서 그때부터 다시 조금씩 투자를 받아서 잘 살아나왔죠. 반면, 그때 2,000만 달러 투자 받은 회사는 굉장한 어려움에 처해 있어요. 거액을 투자 받고 너무 순탄하게 운영해왔으니까요. 저희는 위기를 겪고 다시 올라온 회사니까, 최악을 딛고 올라섰으니 탄탄해졌죠.

김판수 화동미디어의 현재(2016년 3월) 기업 가치가 1~2억 달러 정도
지만 몇 년 안에 5억 달러 정도까지 성장할 것 같다고 하셨는
데, 회사가 성장할수록 개인의 지분 가치도 올라갈 것이고. 그
런 상황에서 개인적으로 돈을 번다는 것은 어떤 의미가 있나
요?

강민구 스티브 잡스의 인터뷰를 본 적이 있어요. 인터뷰 기자가 '당신
에게 성공의 의미가 무엇인가'라고 물었어요. 잡스가 이런 말
을 해요. '나는 24살 때 백만 달러를 벌었고, 25살 때 천만 달
러를 벌었다. 그리고 26살 때 1억 달러를 벌었습니다.' 하지만,
본인에게 유일한 감동은 자기가 매킨토시를 출시했을 때라고.
저도 제가 100억이나 1,000억 부자가 되더라도 별 의미가 없다
고 생각합니다. 저는 그저 저만의 무대를 만들어 나가고 싶어
요. 그저 내가 스티브 잡스라면 또는 내가 마윈이라면, 나의 이
야기에 좀 더 많은 사람이 귀를 기울이겠죠. 그럼 제가 진짜
하고 싶은 일을 좀 더 잘 관철시킬 수 있겠죠. 어쩌면 저는 영
향력 있는 사람이 되기 위한 한 가지 방법으로 비즈니스를 선
택했다고 생각합니다. 그리고 IT · 모바일을 통해서 저의 생각
을 풀어내고자 합니다.

중국과 한국, 스타트업 생태계의 차이

김판수 화동미디어가 점점 큰 단위의 투자를 받는 회사로 변화되었는
데, 중국 스타트업의 미래를 어떻게 보시는지요?

강민구 저는 그렇게 생각을 해요. 15년 전 포춘 500대 기업에는 소니
와 노키아가 선두에 있었잖아요. 그런데 지금은 알리바바, 구

글 같은 회사가 수위에 있잖아요. 아마 10년 정도 흐르면 또 다른 스타트업이 알리바바, 구글, 페이스북의 자리를 대체할 수도 있다고 생각해요. 지금은 시대가 매우 빨리 변화하고 있어요. 예전에는 10년 주기로 기업들의 자리바꿈이 전개되었다면, 이제 5년 정도면 그렇게 전개되는 것 같아요. 스냅챗이나 우버는 몇 년 만에 밸류에이션이 300~500억 달러잖아요. 저는 점점 더 많은 스타트업들이 포춘 500대 기업에 들어갈 거라고 생각해요. 스타트업이야말로 현대 시대의 트렌드를 가장 빨리 쫓아가고 있거든요.

김판수 중국과 달리 한국은 어떤 상황이라고 생각하나요?

강민구 한국은 생태계가 없어요. 스타트업은 서로 경쟁하면서 발전하는데, 한국은 시장이 너무 작아서 경쟁 자체가 조금 무의미한 측면이 있죠. 카카오톡 이외에 다른 경쟁사가 없잖아요. 2개의 네이버가 필요 없듯이. 중국은 바이두 생태계, 텐센트 생태계, 또 알리바바 생태계가 경쟁하면서 크게 성장하고 있어요. 그 외에도 조금 작지만 360이라는 생태계도 있죠. 이렇게 중국은 그런 생태계들이 조성되고 있는데 한국은 그런 구도가 아니죠.

김판수 그게 단순히 시장의 크기 때문일까요?

강민구 저는 한국의 교육 문제가 좀 더 큰 비중을 차지하고 있다고 봅니다. 한국 사람들은 너무 보수적이고, 생각에도 개성이 부족해요. 특히 내실보다는 보이는 것에 더 집중하는 경향이 있어요. 그러니 괜찮은 기업도 스타트업은 거의 없고 대개 대기업이 전부죠. 며칠 전에도 제가 한국 대기업 CEO 분을 만났어요. 그런데 본인의 결제 권한이 5억 원밖에 안 된다고 하더군요. 즉 CEO인데도 어떤 중요한 결정을 내릴 수 없는 거죠. 결국 오너들이 결정하는 것이고, CEO는 파리 목숨이잖아요. 그러니까 회사의 결정도 창의적이고 혁신적이기 보다는 보수적으로 흘러가죠. 제가 외국에서 오래 살아서 편견을 가졌을 수도 있는데, 제 시각에는 그렇게 보여요. 그래서 창의적인 사업 아이템도 제대로 성장할 수 없죠. 반면 중국은 어떤 측면에서는 또하나의 미국이라고 생각합니다. 실리적이고 개방적인.

김판수 그럼 결국 한국 교육 문제를 넘어 한국의 대기업 문제도 있다고 생각하시는지요?

강민구 제가 경제 전문가가 아니기 때문에 조심스럽긴 하지만, 한국처럼 몇 개 대기업에 집중하는 건 결국 실패한다고 봅니다. 중국 IT회사들은 대개 개천에서 용 났잖아요. 그런데 한국 대기업들은 IT 분야를 제대로 인식하고 있지 못하는 것 같아요. 유통과 치킨집 등 프랜차이즈 사업하면 1~2천억 쉽게 버는데 굳이 IT 분야에 투자할 필요 없다고 보는 거죠. 미국에서는 페이스북, 구글, 아마존 등이 핵심 기업으로 성장했고, 중국에서는 알리바바, 텐센트, 바이두가 그렇잖아요. 그런데, 한국에서는 여전히 삼성, LG, 현대잖아요. 산업 구조 변화가 없는 거죠.

김판수 그러면 중국에서 IT 업계는 적어도 일종의 공정한 경쟁 시스템이 있다고 생각하는지요?

강민구 저는 내부적으로는 그렇다고 생각해요. 물론 중국이 국내 IT 기업을 키우려고 해외 기업 진출을 막았기 때문에 가능한 일이었죠. 사실 여전히 구글, 페이스북, 유튜브 등이 막혀 있잖아요. IT나 금융 등을 개방하면 분명히 유럽이나 미국 자본에 의해서 초토화 될 거라는 것을 잘 알고 있기 때문이었죠. 어떻게 보면 중국은 자국의 사회 경제구조를 잘 보호하고 있는 거죠.

중국에서 인간관계 맺기, 한국인과 중국인 사이에서

김판수 창업 초기까지 몇몇 사람이 나갔는데, 공동 창업자인 왕**과는 어떻게 좋은 파트너 관계를 계속 유지할 수 있었나요?

강민구 저희는 목적의식을 공유하고 있어요. 저희 둘의 의견은 종종 다르긴 하지만, 결국 그 모든 것들이 회사를 위한 것이라는 것을 알고 있기 때문이죠. 예를 들어, 육아 과정에서 아빠 엄마 의견이 다를 수 있지만 그건 결국 자식을 위한 거잖아요. 결국 스타트업은 파트너십이 굉장히 중요한데, 왕**과 저는 그런 점에서 가장 잘 맞죠. 한 배를 탈 수 있는 거죠. 중국에서 외국인들은 결코 넘을 수 없는 장벽에 갇혀 있기 때문에, 반드시 중국 친구들하고 같이 해야 합니다. 그리고 반드시 목적을 공유하는 사람과 같이 가야합니다.

김판수 대표님은 상하이에서 오랜 시간을 보내면서 결국 왕**이라는 인생의 동업자를 얻었군요.

강민구 우리는 회사의 비즈니스 이야기를 굉장히 많이 합니다. 너무 필요한 친구죠. 다만 아쉬운 점은 딱 한 가지 있어요. 한국인들만의 '정' 같은 감성을 공유할 수는 없어요. 음식으로 예를 들자면 '노릇노릇한 삼겹살' 하면 떠오르는 감성을 공유할 수가 없어요. 중국 친구들과는 '비 오는 날이면 파전을 먹어야 한다'는 감성도 공유할 수는 없어요. 언어의 문제가 아니라 어렸을 때부터 자연스럽게 쌓여 온 감성. 그런 면에서는 한국 친구들이 채워주는 부분이 있죠. 저는 중국 사람들과 친하지만 한국적인 것을 그리워하고, 또 한국 친구들과 친해지려 하면 또 중국적인 것을 그리워합니다. 저는 중간에 낀 샌드위치 같은 존재인 것 같아요. 순수한 한국 사람이라고 보기에는 좀 애매모

호한 측면이 있지요.

김판수 어릴 때는 아버지가 중요한 멘토였는데, 성인으로 성장한 이후에는 누가 멘토 역할을 했나요?

강민구 제 옆에 있는 동료가 가장 좋은 선생님이었고 가장 좋은 친구였던 것 같아요. 항상 같이 일을 하고 있는 동료들과 대화하고 또 배우고 있어요. 그리고 그 동료들과 삶을 나누고 있어요. 그래서 항상 동료들과 많은 것을 공유하고 있습니다.

김판수 한인사회와는 별로 관계를 맺지 않았겠군요.

강민구 오랫동안 의미 있는 관계를 맺지는 않았죠. 저에게는 개인적으로 필요한 것들이 없었던 것 같아요.

'신조선족'을 정의하기

김판수 혹시 '신조선족'란 용어를 들어보셨나요?

강민구 아뇨, 못 들어봤습니다. 여기 한국 사람들은 '조선족'이라는 단어를 껄끄러워하는 측면이 있지요. 사실 한국인들이 중국동포를 배척했잖아요.

김판수 그럼 '신조선족' 용어를 처음 들으셨는데, 어떻게 생각하시나요? 요즘 상하이의 한국인들이 종종 이야기를 한다고 들었거든요.

강민구 저는 좋다고 생각해요. 저 같은 사람도 신조선족이라고 부를 수 있을 것 같네요. 한국 잘 모르고, 한국 갈 이유도 특별히 없고.

정치경제적으로 한국보다는 중국에 더 종속된 사람들? 저 같은 사람을 신조선족라고 할 거 같아요.

김판수 왜 한국으로 돌아가야 할 이유가 없나요?

강민구 저 같이 중국에 오래 있는 사람들은 안 가죠. 여기서 15년 살았는데. 여기에서의 사업을 모두 포기하고 한국에 간다? 쉽지 않죠. 특히 저처럼 어렸을 때 온 사람들은 더더욱. 다만, 연세가 조금 있으신 분들은 지쳐서 많이 가시더군요.

김판수 어떤 조건에 부합해야 '신조선족'으로 규정될 수 있을까요?

강민구 주재원은 아니겠죠. 자기 개인의 사업 기반이 중국에 있을 때? 특히 한국인 대상으로 사업하는 사람이 아니라, 중국인 대상으로 사업하는 사람들? 그런데 중국인들 상대로 사업하는 사람들 의외로 별로 없어요.

상하이 한인사회 지위의 변화

김판수 현재 사드 사태로 인해 한인사회 분위기가 좋지 않은 것 같은데, 어떻게 보시나요?

강민구 점점 더 많은 분들이 돌아갈 거라고 생각합니다. 상하이 한국인들 지위가 많이 바뀌었죠. 예전에는 상하이 한국인들이 중국인 아줌마를 많이 썼잖아요. 이제 상하이 중국인 가정에서 한국인 아주머니를 많이 선호해요. 애들을 잘 케어하고 또 매우 깨끗하게 집을 관리하니까요.

김판수 상하이 중국인 가정에서 한국인 아줌마를 고용할 때 주 5일 정도면 한 달에 얼마 정도를 지불하나요?

강민구 평균 15,000위안 정도라고 하더군요.

김판수 한국 가치로 250만 원 정도니까 적지는 않네요.

강민구 그러니까 어느 정도 시장이 형성된 거겠죠. 요즘 한인사회의 이슈니까요. 상하이 사람들이 워낙 돈이 많잖아요. 한국인과 상하이인들 간의 지위가 이미 바뀐 지 오래 되었어요. 상하이에 계속 있고 싶지만 경제적으로 조금 힘든 한국인 분들은 그렇게 현실 상황에 이미 타협하고 살아가고 있죠. 다만 한인사회 내에서는 쉬쉬하고 있는 상황이죠.

김판수 상하이 중국인의 보모 시장은 점차 그런 경향이 커지겠지만, 상하이 한국사회 일반은 어떻게 변화될까요?

강민구 이제 저를 포함해서 대부분의 한국 사람들이 중국에서 돈을 벌수 있는 시대는 끝나가고 있는 것 같아요. 예를 들어, 지금 현재 우리가 동남아시아에 10원을 투자하면 많게는 50~60원 정도 남길 수도 있겠지만, 중국에서는 중국 업체들과 피터지게 경쟁하면서 겨우 1원 정도 이윤을 남기는 상황인 것 같아요. 중국은 시장이 큰 만큼, 내부에서의 경쟁도 너무 치열합니다. 정말 쉽지 않아요. 여기서 한국인들은 이제 중국인들과 경쟁해서 돈 벌어야 할 텐데, 그 경쟁에서 이기기 쉽지 않죠.

중국 IT 다음으로는 인도네시아?

김판수 대표님도 장기적으로는 동남아시아로의 진출도 생각하시는지요?

강민구 제가 요즘 보는 시장은 딱 두 곳입니다. 그 중 한 곳이 인도네시아입니다. 제가 모바일 사업에 관심을 가질 때에도 알리바바 회의의 영향이 있었듯이, 요즘 마윈, 손정희, 타이거펀드 등 글로벌 펀드들이 모두 인도네시아 IT시장에 투자하고 있어요. 대표적으로 고젝(GO-JEK)이나 라자다(Lazada) 등이죠. 이 회사들은 이미 10억 달러 이상의 기업 가치를 보이고 있어요.

김판수 인도네시아가 아시아 IT 부문의 새로운 투자처로 떠오르고 있군요.

강민구 예. 특히 글로벌 기업들이 많은 투자를 하고 있어요. 그들은 인도네시아가 아시아의 또 다른 허브라고 생각하고 있거든요. 인도네시아 인구도 2억 6천만 명 정도 되잖아요. GDP도 세계 16위 수준에 인구 중 청년 비율이 높거든요. 저도 인도네시아에 몇 번 방문했는데, 장기적으로 볼 때 IT 업계의 측면에서 보면 중국하고 비슷한 발전 경로를 보일 것 같아요. 그런 측면에서 보면 한국인들이 지금 중국에 들어와서 중국인들과 힘들게 경쟁하는 것보다 인도네시아에 진출하는 게 더 전망이 있을 것 같아요.

요우커 증가 시대의 새로운 사업, '나는 너의 한국인 친구'

김판수 한중 관광 관련 비즈니스에도 흥미 있으신 것 같더군요.

강민구 많은 기관에서 내는 관광 통계를 보면, (2016년 현재) 중국 요우커의 한국 방문이 계속 기하급수적으로 증가할 것이라고 하더군요. 저는 1천만 명 정도 되는 요우커가 한국을 방문한다면 한국 소비가 크게 신장할 것이라고 생각해요. 한국 내부의 젊은 소비인구 보다 많아지겠죠. 즉 그 정도의 요우커가 한국을 방문하게 되면 유통 시장도 크게 변화되겠죠. 물론 이제는 단체관광이 아니라 개인관광이 더욱 증가할 가능성도 있고요. 흥미있는 프로젝트 중 하나가 '워쓰 니더 한궈 펑요'(나는 너의 한국인 친구)입니다. 이 사업의 대상은 중국인 여행객입니다. 이제 모바일이 생활의 중심이잖아요. 중국 젊은 친구들의 자유여행이 늘어나고 있어요. 한국 젊은 친구 중 누가 관광버스 타고 해외 여행을 다니고 있나요? 중국의 여행 트렌드도 그렇게 될 것 같아요. 스마트폰 하나에 의지해서. 그런데 중국인들이 한국을 여행하는 데에는 여전히 불편이 따르죠. 식당에서 뭘 골라야 할지, 택시 타면 얼마가 일반적 가격인지, 브로커를 통해서가 아닌 개인적으로 성형수술을 하고 싶을 때라든지, 음식 배달을 어떻게 신청하는지 등 결국 인터넷에 의존해야 하잖아요. 위챗 공중계정에 '워쓰 니더 한궈 펑요'라는 서비스가 있어요. 거기에 중국 친구가 물음을 던지면, 위챗 친구처럼 바로바로 도움을 주는 거죠. 실시간으로 네이버 지식인과 같은 역할을 해주는 거죠.

김판수 위챗 공중 계정을 통해 서비스를 하는 거죠?

강민구 네. 개인이 아닌 위챗에서 제공하는 기업 계정이죠. 최근 6개월 동안 한국 내에서 서비스한 '배달 도움'이 5천개가 넘었어요. 사실 이거는 제 친동생의 사업 모델 중 하나에요. 제가 동생을 인큐베이팅했죠. 그러다 보니 국내 **치킨에서 동생의 한국 회사로 전화가 왔대요. 당신네들이 어떤 회산데 요우커들이 이렇게 배달을 많이 시키냐는 거죠. 그러면서 사업 협약을 맺자는 요청도 들어왔다고 하더군요. 그 이외에도 국내 많은 업체들에서 요청이 오는 거죠. 그래서 점점 개인 요우커들은 한국 와서 관광만 하고, 그들이 사고 싶은 물품을 '워씌 니더 한 궈 펑요'에 요청해요. 그럼 그들 대신 물품을 구매해서 호텔에 보내줘요. 제 동생도 중국에서 고등학교와 대학을 졸업했어요. 그리고 저보다 더 중국어를 잘해요. 저는 제 동생처럼 중국을 아는 사람들이 이제는 한국에 가서 중국인들을 대상으로 플랫폼을 제공해야 한다고 생각합니다. 요즘 중국인들 해외여행 갈 때 현금 안 가져가고 쯔푸바오를 사용하려고 하잖아요. 그러니 한국 와서도 불평하잖아요. 왜 한국에서는 쯔푸바오 안 되냐고. 중국인들은 아마 모두 그럴 거예요. 그래서 심지어 쯔푸바오로 명동에서 환전도 도와줬어요. 이제 한국에서 개인이 돈을 갖고 중국에 와서 사업하는 시대는 끝났다고 생각해요. 오히려 중국인들이 한국에 돈을 갖고 가는 세상이니까, 중국 사업을 하고 싶으면 한국에서 중국인들을 대상으로 사업을 하는 게 더 유리하다고 봐요. 아니면 과거 경험을 살려서 인도네시아처럼 아직 경쟁이 덜 한 곳에 진출하는 것도 좋겠죠. 그런 모델이 중국에서 경쟁하는 것 보다는 덜 힘들 것 같아요.

김판수 그런데 최근(2016년 12월 현재) 사드 문제 때문에 중국의 한국 관광 인구가 많이 줄었잖아요.

강민구 2015년에 요우커의 방문 국가로 한국이 3위였는데, 지금은 8위까지 떨어졌다고 하더군요. 하지만 저는 장기적으로 한중이 전쟁을 하지 않는 한, 결국 양국 모두 서로에 대해 성숙해질 것이라고 생각합니다. 이번에 한국 정권이 바뀌면 중국과의 관계도 점차 회복되겠죠.

사드 사태가 사업에 미친 영향?

김판수 최근 사드 문제가 커지고 있는데, 대표님 사업에는 어떤 영향을 미치고 있나요?

강민구 저희는 한국 회사가 아니기 때문에 큰 피해는 없습니다. 제가 한국인이긴 하지만 몇 명을 제외한 직원들이 모두 중국인이고 또 투자금도 대부분 중국 자본이기 때문에 '한국 회사'라고 볼 수 없어요. 실제로 법적으로도 우리 회사는 중국 회사입니다. 물론, 한국 내 광고주나 투자자들과의 사업 진행에 차질이 생겼으니, 피해가 있긴 하죠.

김판수 직원들 중 절대 다수가 중국인이잖아요? 150명 정도라고. 평소에 그들과 자주 대화를 한다고 했는데, 사드 문제에 대한 이야기를 나눈 적은 없나요?

강민구 없어요. 아직 없습니다.

김판수 최근 중국이 해외인재 흡수정책을 펴면서 외국인 인재들에게 영주권 같은 것을 발급하기도 한다고 들었습니다.

강민구 일반적으로 요구되는 조건이 상당합니다. 중국 투자 금액이 몇 천만불 이상이라고 들었어요. 최근 완화되었다고 듣긴 했지만, 여전히 높은 장벽이에요.

김판수 최근 들어 한국인들도 상하이에서 수십 명 정도 영주권을 받았다고 하더군요. 제가 알고 있는 어떤 분도 받았고요. 대신 그분은 투자액이 아니라 부인이 중국인이어서 받은 것 같아요. 대표님도 만약 조건이 된다면 받고 싶겠죠?

강민구 받고 싶죠. 엄청 받고 싶죠. 중국에 오래 살고 있고 앞으로도
계속 있고 싶어요. 또 안정적으로 비즈니스를 하고 싶죠.

[2018년 1월 인터뷰]

사드 이후의 사업 현황과 달라진 것들

김판수 1년 만에 다시 만나게 되었네요. 화동미디어의 현황을 간단하
게 말씀해주십시오.

강민구 화동미디어는 제가 운영하는 회사이고, 창업 초기에는 머니락
커가 주요 사업 아이템이었습니다. 다만, 지금 현재 머니락커
는 회사 내 비중이 크지 않아요. 현재 화동미디어 사업에는 머
니락커 이외에 GIF 이모티콘 서비스도 있고 기사 구독 서비스
도 하고 있습니다. 지금은 기사 구독 서비스 비중이 계속 커지
고 있어요. 매출도 증가하고 있고, 트래픽도 꾸준히 상승하고
있습니다.

김판수 1년 전에 '워싱 니더 한궈 펑요', 즉 중국 여행객 대상의 모바일
서비스는 어떤가요?

강민구 잘 되고 있습니다. 사드 때문에 중간에 좀 힘들긴 했지만, 그래
도 현재 매출이 꽤 나오고 있어요. 물론 사드 사태가 없었다면
훨씬 잘 되었겠죠. 예를 들어, 사드 전에 월 매출이 수천 만 원
이었으면, 지금 딱 그 수준을 유지하고 있어요. 사드 기간 동안
그 액수를 유지했으니, 앞으로는 더 나아지겠죠.

김판수 1년 전에만 하더라도 주변 중국 직원이나 친구들이 사드에 별

로 관심이 없다고 했는데, 최근 1년 동안 이슈가 정말 많았잖아요. 어땠나요?

강민구 최근 1년 동안 사드와 관련해서 대화를 나눈 적이 꽤 있었던 것 같아요. 제 중국 친구들에 따르면, 한중 관계가 25년 동안 괜찮았는데, 이번 사드 문제로 인해서 한국에 대해 확실히 알게 되었다고 하더군요. 결국 한국은 미국 편이라는 것을. 현재 중국인들의 최대 관심은 미국과의 패권 전쟁이잖아요. 그런데 사드 사태로 인해 한국이 확실히 미국 편이라는 것을 재확인했다는 거죠. 결국 중국인들은 한국을 신뢰할 수 없다고 판단하게 된 거죠.

김판수 신뢰하지 않는다는 것은 어떤 의미인가요?

강민구 관계의 뿌리가 없는 거죠. 정권이 바뀌면 관계는 회복되겠죠. 그런데, 뿌리가 없으니 조그만 이슈에도 그 관계가 흔들리겠죠.

상하이 한인촌의 변화, 중국인들이 더 많은 홍첸루

김판수 사드 기간 동안 상하이 홍첸루는 어떻게 변했다고 생각하나요? 이번에 제가 1년 만에 왔는데 한인촌 분위기가 남아있긴 해도 외적으로는 중국 느낌이 강해진 것 같더군요.

강민구 한국 사람들이 그만큼 많이 빠졌죠. 최근에 홍첸루에서 한 블록 위에 있는 우중루에 대형 쇼핑몰 완샹청이 들어왔잖아요. 그래서 상하이인들에게 홍첸루 한인촌은 완샹청 왔다가 지나가면서 들리는 곳이 되긴 했죠. 그런데 이런 일들이 사실 한국인들에게는 큰 도움이 안 돼요. 왜냐하면 현재 홍첸루 한인촌 한국인 사장들 중 매장을 직접 소유한 사람은 없거든요. 완샹청이 들어왔으니 렌트비는 더 올라 갈 테고, 만약 한국인 가게 매출이 오르면 렌트비도 함께 올라가겠죠.

김판수 여기 매장 소유주 중에는 중국동포도 있다고 하더군요.

강민구 적어도 한국인들보다는 많겠죠. 사실 상하이에는 중국동포들이 더 빨리 왔잖아요. 그리고 그들은 기본적으로 집을 사죠. 상하이에서도 중국동포들이 부동산으로 돈을 많이 벌었죠. 한국인들은 과거에 돈이 있었어도 애들 교육에 돈을 다 썼으니. 저도 상하이에 15년 살았는데 집 안 샀잖아요. 한국인들 중 상하이에서 집을 샀어도 몇 년 후 모두 팔아버렸죠. 그러니 상하이에서도 중국동포들이 한국인보다 경제적으로 더 우위에 있죠. 그리고 여기 홍췐루 한인촌은 주말에만 중국인들로 넘쳐나지, 평일에는 거의 없어요. 그리고 점점 여기 한국 음식점 사장님이 중국인으로 바뀌고 있어요. 중국인이 직접 운영하거나 아니면 한국 사람에게 운영을 시키는 구조로 갈 것 같아요. 즉 상하이 한인촌은 계속 변화할 수도 있지만, 이 곳에서는 한국 사람이 아니라 중국 사람이 주류가 될 것 같아요. 사실 몇 년 전만 하더라도 한인촌에서 중국말 듣는 게 생소했거든요. 지금은 많이 들리잖아요.

'뿌리'를 알게 된 사드라는 계기

김판수 작년에 제가 '신조선족'에 대해 물어본 적이 있습니다. 1년이 지난 지금 다시 한 번 그 의미에 대해 이야기해주시겠어요?

강민구 저는 이제 '신선족'이라는 말을 더 자주 씁니다. 신조선족 용어가 조금 생소하잖아요. 저는 오히려 제가 중국동포 같아요. 저는 어릴 때부터 중국에서 성장하고 또 중국인들과 오랫동안 교류하면서 중국화가 많이 되었지만, 동시에 한국인으로서의 아이덴티티는 더욱 강해지는 것 같아요. 저 같은 사람이 점차 많이 나타날 것 같아요. 이제는 중국인들이 한국인과의 비즈니스 네트워크에 점차 흥미를 잃어가고 있어요. 그렇기 때문에 저 같은 사람들이 한국 기업의 중국 진출에 현지 네트워크를 제공할 수 있겠죠. 저는 IT 비즈니스를 하고 있으니 예를 들면 넥슨과 카카오 등에 어드바이스를 할 수 있겠죠. 21세기 중국에 신라방 같은 그룹이 만들어지고 있는 거죠.

김판수 '21세기 중국의 신라방'이라면, 대표님은 기본적으로는 중국을 '선진국'으로 인정하고 있는 거죠?

강민구 저는 현실적인 입장에 서 있습니다. 중국은 경제적으로, 군사적으로 이미 선진국입니다. 그런 현실을 인정하자는 거죠. 따라서 이제는 각 인더스트리 별로 한국인 전문가가 중국에 진출해서 중국 진출에 필요한 현지 네트워크를 만들어가야 한다고 생각합니다. 각 인더스트리 별로 21세기 신라방을 구축하는 거예요. 이들 한국인 전문가는 중국인들과 협업해서 중국의 기술 변화를 선도할 수도 있죠. 그리고 그 새로운 기술은 한국으로 빠르게 흘러갈 수 있겠죠. 한국인 중 각 인더스트리에서 최고들은 중국에서 통합니다. 실제로 이제는 세계의 가장 경쟁력 있는 사람들이 중국에 와서 뿌리 내리면서 중국인들과 조화를 이루려하지만 동시에 자신의 아이덴티티를 유지하며 살아갑니다. 저도 중국에 살면서 한국인들 만날 기회는 많지는 않습니다. 하지만, 제 뿌리가 한국이라는 건 바뀌지 않아요. 저 같은 사람이 신선족이죠.

김판수 제 생각에는 사드 1년을 겪으면서 대표님이 한국인으로서 정체성을 더욱 강하게 인식하게 된 것 같아요.

강민구 현재 중국 IT 업계에서 경쟁이 엄청 심화되고 있어요. 이런 상황에서 제 핵심 무기는 한국이 될 수밖에 없는 것 같아요. 예를 들어 중국에서 IT 비즈니스를 이끌어 가면서 중국인들보다 한 발 더 앞서 가려면 또 저만의 다른 무기가 있어야 하거든요. 그랬을 때 한국에서 잘 나가는 웹툰 서비스를 가져온다든가, 또는 한국에서 유행하고 있는 독특한 트렌트를 제 사업에 적용할 필요가 있어요. 즉 한국 문화를 제 중국 사업의 중요한 브릿지로 사용하는 거죠.

김판수 사드 1년 동안 '신조선족' 같은 분들의 정체성은 어떻게 바뀌었을까요?

강민구 뿌리를 더욱 명확하게 인식하게 되었다고 생각합니다. 예전에는 한중 관계가 좋았으니까 그저 좋은 친구인 줄 알았잖아요. 심각한 트러블이 없었잖아요. 그런데 이번 사태를 통해 알게 된 거에요. '나는 너와 다르다'라는 것을. 뿌리는 바뀌지 않는다는 것을. 중국이 어떤 뿌리를 갖고 있는지, 그리고 우리는 또 어떤 뿌리를 갖고 있는지.

결혼 이후의 삶과 IT 사업의 전망

김판수 최근에 결혼 하셨잖아요.

강민구 저는 1987년생입니다. 31살이죠. 결혼은 2017년 3월에 했습니다. 외국에서 오래 살다보니 항상 뿌리가 없는 느낌이었어요. 그런데 결혼하면서 뿌리가 생긴 느낌이죠. 아내가 옆에 있어서 안정적이고 좋습니다.

김판수 결혼 이후 상하이에서의 삶의 비전 등이 변화되었는지요?

강민구 사실 저는 중국생활에 좀 지쳐있었어요. '얼마나 더 버틸 수 있을까', '나도 유효기간이 얼마 남지 않았어', '이러다 한국 돌아가야 되는 건 아닐까'라고 생각도 많이 했어요. '중국에서 중국인들하고 경쟁하는 것보다 한국에서 한국인들과 경쟁하는 게 더 낫지 않을까'라고 생각도 했고요. 그런데, 아내가 그런 생각들을 많이 깨줬어요. 도망가지 말고 여기서 승부를 보라고. 결혼하기 전만 하더라도 사실 저는 언젠가 한국에 돌아가야 한다고 생각하고 여러 준비를 해뒀어요. 그런데 아내 이야기를 듣고 나서 최근에 정말 열심히 했어요. 그렇게 노력하니까 또 사업이 더 안정된 것 같아요.

김판수 지금 신혼집을 상하이 한인촌 근처에 차렸잖아요. 가족과 계속 여기 상하이에서 머무를 생각인지요?

강민구 그렇기 하지만, 저는 조금 다르게 생각합니다. 앞으로 성공한 사람들은 굳이 도시에 집을 사지 않을 것 같다고요. 하와이, 발리, 제주도 이런 곳에도 이제는 인프라가 잘 구축되어 있고 교통 체계도 굉장히 잘 발달했습니다. 이제는 컴퓨터와 모바일로 모든 일을 처리할 수 있기 때문에, 시골에 살면서도 도시문화를 쉽게 즐길 수 있는 시대입니다. 그러니 성공한 사람들은 평소에는 자연경관 좋은 하와이나 발리 같은 곳에 집을 살 것 같아요. 저도 상하이에 16년 째 살고 있지만 집을 안 샀어요. 제가 발리에 갔을 때, 그 곳에서 노트북으로 또 영상통화 하면서 모든 일을 처리했어요. 그리고 수퍼컴퓨터도 이제 소형화가 매우 발전했어요. 그러니 도시에 사람들이 모여 살아야 하는 필요도 줄겠죠.

김판수 우중루 오피스에는 직원이 150명이라고 하셨죠? 사업 규모는 꽤 커졌는데 직원 수는 여전히 비슷하네요. 이 또한 4차혁명의 흐름으로 볼 수 있을까요?

강민구 네. 1년 전에 비해 사업은 더 성장했죠. 하지만 오피스 내 직원 수를 늘릴 필요는 없어요. 앱 하나면 출퇴근 관리는 물론 결재까지 모두 할 수 있어요. 4차혁명 시대에는 사무직이 더욱 줄어들 거라고 생각합니다. 회사들이 점차 더 시스템화 되어 있으니 업무 효율이 더욱 증가하고 있어요. 사무직이 줄어드는 것은 굳이 우리가 도시에서 일할 필요가 없다는 것을 더 잘 설명하죠. 앞으로는 더욱 그렇게 변화될 것 같아요. 상하이같은 대도시가 쇠퇴할 가능성이 크다고 생각합니다.

김판수 최근 화동미디어의 주력 사업이 머니락커에서 기사 구독 서비스로 바뀌었다고 했잖아요. 결국 화동미디어 사업에서 빅데이터 활용 수준이 더욱 고도화되었다고도 볼 수 있을 것 같아요. 대표님은 빅데이터가 사회를 어떻게 변화시킬 거라고 보는지요?

강민구 예를 들어, 근래에 저희 회사가 해킹을 당했어요. 공안에 신고해서 해커들을 잡았죠. 그런데 신분증 같은 것은 수사에 전혀 의미가 없더라고요. 그냥 쯔푸바오(알리페이) 아이디를 찾아서 동결시켜 버리더군요.

쯔푸바오가 어마어마한 정보를 가지고 있거든요. 사람들이 어디에 갔는지, 뭘 샀는지, 뭘 먹었는지 등 모두 알 수 있잖아요. 주소지가 아닌 실제 거주하는 곳도 알고 있죠. 그러니까 그냥 쯔푸바오 계좌를 막아 버리면 그 사람은 중국에서 어떤 일도 할 수 없어요. 시스템이 모든 것을 알고 있거든요.

신동원 네오플라이 차이나 대표

신동원 대표 인터뷰는 2015년 12월(2회), 2016년 1월(2회), 2016년 3월(2회), 2018년 1월 총 7회에 걸쳐 약 14시간 동안 진행되었다.

신동원 대표는 1997년 하이텔 입사 이후 오늘에 이르기까지 국내 주요 IT·모바일 기업을 거치며 경력을 쌓았다. 그는 2004년 준비 없이 중국에 진출했고, 이후 약 5년 간 상하이에서 많은 어려움을 겪었지만, 2010년 상하이에 재진출한 이후부터 중국에서의 삶을 즐길 수 있게 되었다. 현재 그는 한국 스타트업을 발굴하여 상하이 현지에서 인큐베이팅하는 일에 집중하고 있고, 이를 통해 한중 IT·모바일 산업 격차를 메우는데 일조하고 있다.

그는 2000년대 중반, 즉 중국이 본격적으로 대외확장을 시작하던 무렵 회사의 지시로 아무런 준비 없이 상하이에 진출했다. 이후 그는 상하이에 진출한 한국계 IT·모바일 지사 대표의 정체성보다는 인턴 및 학생과 같은 위치에서 중국에서의 삶을 보냈다고 볼 수 있다. 그는 이 5년의 시간 동안 세계도시 상하이에서 '중국 기층'을 깊이 있게 체화할 수 있었다. 이런 경험 때문에 그는 2010년 상하이에 재진출한 이후 중국 현지에서의 법인운영, 고용, 구조조정 등 경제적 활동과 관련된 문제뿐만 아니라, 중국인·중국사회와 상호작용하며 겪게 되는 사회·문화·법적 차원의 문제에 대해서도 흥미로운 이야기를 들려준다.

한국 자본의 중국 진출은 2000년대 중반 이후 점차 조선족의 일상적 보조보다는 현지에서 전문화된 한국인을 통하는 방식으로 전환되어왔다. 즉 비교적 일찍 중국에 진출하여 현지에서 전문가로 성장한 한국인들은 현재 한중교류에서 중요한 역할을 담당하고 있다. 주목해야 할 점은 신동원 대표처럼 중국 현지에서 전문가로 성장한 이들 중 한국의 상황까지 잘 알고 있는 사람들이 의외로 드물다는 데 있다. 이들은 중국 현지에서의 경제 활동뿐만 아니라 장기적 측면에서는 한중교류의 '정치사회적 차원'에서도 의미 있는 역할을 담당할 것으로 보인다.

갑작스러운 중국 진출

김판수 중국 진출 과정에 대해 말씀해주십시오.

신동원 저는 2004년도에 중국에 왔습니다. 제 중국생활이 11년인데,
각각 5.5년으로 1기와 2기로 구분됩니다. 1기는 많이 헤매는
시기였어요. 1기 이후 잠시 한국 돌아와서 잠시 국내 대기업에
다녔어요. 그 1년 동안 다시 중국에 가고 싶었고, 그렇게 중국
에 돌아와서 2기를 보냈죠. 중국에 나오기 전 저는 IT 기업 A
의 신규 사업팀장이었어요. 그런데 2004년도 당시 중국 성장에
도 불구하고, A는 중국 진출 준비가 안 되어 있었죠. 그 상황
에서 갑자기 제가 신규 사업팀장이라는 이유로 중국에 나오게
되었습니다. 해외시장도 결국 신규 사업이라는 이유였죠. 지금
생각해보면 너무 무모했죠. 제가 중국어를 할 수 있는 것도 아
니었고. 어쨌든 제가 내외부적으로 구인을 해서 급하게 팀을
짜서 나왔어요. 현지에 진출한 한국인 팀 인원만 5명이었어요.
정작 일할 수 있는 중국인은 1명이었습니다. 즉 5명 한국인에
대한 비용이 너무 컸죠. 모두 주재원 대우를 해줬으니까요. 시
작부터 실수였죠.

김판수 중국 나올 때 중국어는 어느 정도 하셨는지요?

신동원 갑자기 위에서 '중국 나가라'라고 했으니, 중국어를 전혀 못할
때였죠. 그러니까 나오자마자 중국어를 배워야 했어요. 당시
상하이에서는 영어도 거의 안 통했어요. 그때 중국인 직원에게
택시를 불러서 제가 가야 할 목적지까지 알려 주라고 부탁할
정도였어요. 따라서 일을 진행하기 위해 현지에서 중국어를 배
웠죠. 그게 두 번째 실수였어요. 그러니 비즈니스도 문제가 있
었죠. 제가 한국에서는 성과가 좋았습니다. 그런데 중국에서는

완전히 다르더군요. 현지 시장을 잘 모르니까, 자꾸 한국식 사고로 일을 진행하려 했죠. 그런데 본사에서는 자꾸 빨리 뭘 내놓으라고 다그쳤죠. 회사도 나름 이유가 있었어요. 큰 비용을 치르며 중국에 보냈으니, 빨리 중국에 진출해야 한다는 분위기가 조성된 거죠. 그 결과 제가 직접 파트너를 찾는 게 아니라, 이미 진출한 한국인들이 추천하는 사람들을 만나게 되었습니다. 중국 현지 진출에 필요한 네트워크 자체도 부실했던 거죠. 그게 세 번째 실수였어요. 그런 상황에서 큰 변수가 생겼어요. 본사 쪽에서요. 본사에서 미국의 어떤 기업을 매수했어요. 재정적으로 상당히 무리했죠. 그 상황에서 본사는 우리 중국 진출팀의 비용 문제를 제기했어요. 그냥 접었으면 좋겠다는 말도 나왔고요. 2004년 말이었으니까 중국 나온 지 10~11개월 째 되던 때였어요. 그때 제가 본사 측에다가 "이렇게 접을 거면 회사를 그만 두겠습니다"라고 했어요. 그래서 결국 제가 중국에서 공부하는 것으로 결정되었어요. 저는 복단대 EMBA 과정을 밟게 되었고 팀원들은 쪼개졌죠. 대신 본사에서 본부장 한 명이 나왔어요. 그렇게 중국에서 다시 2년을 보냈어요. 개인적으로는 정말 좋은 시간이었어요. 중국 인맥도 넓혀졌고, 중국어도 많이 늘었고. 복단대 EMBA가 미국 공동학위 과정이었기 때문에 영어하고 중국어를 동시에 업그레이드 했어요.

학업 병행 이후, 회사를 그만두기까지

김판수 회사 생활 중 장기간 학교를 다닐 수 있는 기회는 흔치 않을 것 같은데, 어느 정도 개인적 희생도 요구되었을 것 같습니다.

신동원 임금을 좀 깎였어요. 회사에서 공부를 시켜줬으니 생활면에서

비용을 줄여야 했죠. 그래도 상하이에서 우리 가족이 생활할 수 있는 임금을 받았습니다. 지금 생각해보면 생활비가 조금 부족했지만 생활의 재미는 더 있었던 것 같아요. 그 전에는 택시타고 다녔지만 그때는 자전거 타고 다녔죠. 그리고 아파트도 주재원 거주지가 아니라 로컬 아파트로 들어갔죠. 지금도 제 아내는 그 시절이 그립다고 하더군요. 그때 가족들이 좀 더 함께 보낸 시간이 많았으니까 추억도 많이 만들었죠.

김판수 EMBA 과정을 마친 후 바로 복귀 하셨는지요?

신동원 네. 복귀했는데, 상하이 법인 상황이 좋지 않았어요. 본사에서 파견되어 온 본부장님이 제가 예전에 겪었던 어려움을 다시 겪고 있더군요. 결국 본부장님은 본사로 복귀하고, 2007년부터 제가 다시 현지 법인을 맡았죠. 그 이후 2년 동안 저는 새로운 사업을 하는 것이 아니라 그 동안 비대해진 현지 법인 살을 빼는 일을 했어요. 참 힘든 일이었죠. 비용절감의 연속이었어요. 회사 일이 그랬으니, 제가 중국 사회를 보는 시각도 좋지 않았죠. "어떻게 저렇게 행동할 수 있지?" 등 중국인과 중국사회를 부정적으로 평가하고 비난했죠. 아마 당시 여기 온 한국인들 모두가 그런 과정을 겪었을 거예요. 회의감이 들었어요. 중국 생활 5년이 절정기였죠. 그때 한국 본사에서는 또 재정적으로 어려움을 겪고 있었어요. 본사에서는 상위 직급을 많이 잘라냈고, 해외지사도 정리하기 시작했어요. 그래도 저는 그때 본사로 돌아갈 줄 알았죠. 그런데 본사에서 연락이 왔는데, "네가 이미 중국에 5년 반을 나가있었고, 여기도 상위 직급을 많이 내보냈으니, 다시 본부장으로 불러들이는 것은 쉽지 않다"고 하더군요. 틀린 말은 아니었어요. 그래서 쿨하게 수용했어요. 그렇게 회사를 그만두었죠.

한국에서의 1년, 네오위즈 지사장으로 상하이 복귀

김판수 잠시 한국에 1년 정도 들어갔다고 했는데, 그때는 언제인가요?

신동원 제가 회사를 그만두었을 때 한국 헤드헌터한테 연락이 왔어요. 혹시 한국의 모 대기업에서 일할 생각이 있는지... 저는 가족이 안정될 수 있기를 희망하면서 제안을 수락했죠. 기쁜 마음으로 한국에 들어갔어요. 그게 2009년 7월 1일입니다. 한국 생활을 다시 시작했죠. 그런데 환경이 바뀌고 여러 가지 조건이 달라지니까 좀 힘들더군요. 한국에 들어오면 좋을 줄 알았는데, 그렇지 않더군요. 그래도 가족의 안정을 위해 나름 노력했습니다. 특히 그 대기업 문화에 적응하려고도 했어요. 그렇게 1년 정도 시간이 흘렀는데, 갑자기 어떤 연락을 받았어요. 중국 네오위즈 지사장님이었어요. 그 분은 네오위즈가 인터넷 쪽 특히 벅스뮤직으로 중국에 진출하고자 하는데 그걸 담당할 지사장을 찾고 있다고 하더군요. 그때 사실 헤드헌터가 저에게 정확히 똑같은 제안을 했던 상황이었어요. 그러니까 네오위즈에는 제가 두 경로로 추천 되었죠.

김판수 언제 다시 상하이로 복귀하셨는지요?

신동원 2010년 9월 다시 상하이로 나왔어요. 그때는 가족을 한국에 두고 저 혼자 들어왔어요. 나름 독한 마음을 먹었죠. 그때 제가 상하이와 베이징 등 여러 지역 중국 현지 IT 업체들을 찾아다니면서 직접 PT를 했어요. 그런데 결국 벅스뮤직 런칭에 성공하지 못했어요. 중국에서는 음악 서비스가 무료잖아요. 벅스뮤직 같은 서비스를 중국에서 하려면 한국 내 저작권 비용을 감당할 수 없었던 거죠. 그래도 벅스뮤직 런칭 준비 과정부터 취소하게 되기까지의 과정은 전반적으로 나쁘지 않았어요. 그 이후 저는 네오위즈에서 게임 비즈니스를 맡게 되었어요. 그때 네오위즈의 게임이 중국에서 잘 나가고 있었죠. 2012년 이후 중국에서는 모바일 게임이 본격적으로 성장했어요. 당시 새로운 PC게임은 거의 다 실패했어요. 즉 점차 온라인 모바일 게임 시대로 접어들었죠. 그래서 저도 2012년부터 모바일 쪽으로 전환을 했어요. 그러다가 2014년부터 벤처 스타트업 인큐베이팅에 주력하게 되었죠. 스타트업 인큐베이팅은 한국 정부가 주로 후원을 했어요. (2015년 말 현재) 네 차례에 걸쳐서 20여 개 벤처를 인큐베이팅을 했죠. 주로 미래부, 창업진흥원, 인터넷 진흥원 등과 함께 했고. 요즘에는 한국 대학들과도 제휴해서 함께 진행하고 있습니다.

"중국이 싫으면 나가라", 상하이에서 외국인으로 산다는 것

김판수 중국에서 지적재산권 관련 사업을 많이 담당하셨는데, 관련해서 어떤 문제가 발생한 경우는 없었나요?

신동원 2년 전쯤 저희 상하이 법인이 음악 게임을 런칭하면서 중국 음악 서비스도 정식 계약 했는데요. 그런데 담당자가 중간에 그만둔 상황에서 2년이 지나니까 소송장이 왔어요. 제 이름이 소송장에 찍혀 있었죠. 다시 계약서를 살펴보니까 중국 음원 서비스에 대한 1년 후 자동 계약 연장 사항 내용이 없었어요. 일반적으로 당연히 계약 연장이 되잖아요. 즉 중국 업체가 1년 동안 일부러 기다린 후, 1년 동안의 자사 음원 무단 사용 건으로 소송을 걸어왔죠. 변호사를 통해서 어느 정도 보상하고 해결했습니다. 그런데, 제가 좀 더 알아보니 완전히 무단으로 사용하는 중국 업체에게는 소송하지 않고, 우리처럼 정식 계약한 외국 업체에게 소송을 걸더군요. 그리고 개인적으로도 소송 당한 적이 있어요. 우리 집에서 물이 새어서 아래 집 천장과 바닥이 젖었어요. 그래서 아래 집에서 한화로 4천만 원 정도를 보상하라고 소송을 걸어왔어요. 다짜고짜 중국법에 따르면 그 정도로 보상해야 한다고 으름장을 놓더라고요. 다행히 중국인 변호사의 도움으로 한화 2백만 원 정도에 합의를 볼 수 있었죠. 중국에서는 외국인이라는 이유 때문에 참아야 할 일이 많습니다.

김판수 왜 그럴까요?

신동원 중국은 "외국인인 네가 싫으면 나가야지"라는 식입니다. 비즈니스 영역에서는 더 명확하죠. 외국인에게 합법적인 사업 부문임에도 불구하고 허가증을 잘 안 주는 경우가 많습니다. 그러니 그저 화를 참고 계속 허가를 요청해야만 합니다. 페이스북, 트위터, 구글 막은 이유를 물어봐도 제대로 된 답을 하지 않잖아요. "중국 방식이 싫으면 나가라"라는 거죠.

"끌려 다니기 싫어하는" 중국 비즈니스 스타일

김판수 그런 중국 방식이 비즈니스 영역에서 어떤 영향을 미칠까요?

신동원 그러니까 중국이 비즈니스를 잘 할 수밖에 없어요. 협상은 상대방을 설득하는 거잖아요. 그런데 중국인들은 설득이 아니라 그냥 자기들 주장을 계속 하는 겁니다. 내가 계속 다른 근거를 제시하더라도, 중국인들은 계속 똑같은 말만합니다. A로 시작해서 A로 끝납니다. 그래서 계속 협상을 시도하다보면, 결국 제가 A를 받아들일 수밖에 없어요. 중국은 담판 자체를 리드하려는 경향이 강한 것 같아요. 끌려 다니기 싫어하죠. IT 쪽에서 보면 중국 업체는 외국의 좋은 서비스와 제품에 대해 전체 사업권을 구매하려 합니다. 자기한테 주도권을 넘기고 빠지라는 거죠. 상대측이 수용하지 않으면, 중국 업체는 그냥 그 업체 것을 카피하면 그만이거든요.

김판수 왜 그렇게 대담하게 나온다고 생각하시는지요?

신동원 믿을 구석이 있어서 그래요. 왜냐하면 중국은 자원, 시장, 사람 등 모든 게 풍부하잖아요. 그래서 그런 태도를 보이죠. 예를 들어, 한국은 가능한 한 수출을 성사시켜야만 살 수 있는 국가잖아요. 시장도 작으니까 단기적 이익에 치중하죠. 반면, 중국은 시장이 크니까 내수 자체로 얼마든지 감당할 수 있어요. 나아가 한 편으로는 외국 것들을 카피하면서 다른 한 편으로는 자기네 제품을 만들어내면 되거든요. 그러니 단기적 이익보다 장기적 이익에 더 치중할 수 있는 거죠. 그래도 중국이 아직 내적으로 비합리적이고 또 뭔가 부족한 면이 있으니까, 여전히 우리가 할 일이 남아있어요. 조금은 안심할 수 있는 거죠. 물론 현재 중국은 전체적으로 합리화되고 있어요. 몸집이 크니까 한 번에 안 될 뿐이죠.

중국식 '수평적 기업문화'에 적응하기

김판수 중국 내 현지 법인이면 기업 문화도 중국식일 것 같은데, 한국 내 현지 기업과 어떤 차이가 있을까요?

신동원 위계가 거의 없죠. 법인장과 대면하고 있어도 다리 꼬고, 팔짱

끼고, 담배 피우고 그게 이상하지 않은. 저 보다 나이가 훨씬 적어도 관계없어요. 중국에서는 사기업 내에서 사장과 CEO 등에 대해 권위는 인정하되 한국에서처럼 깍듯하게 모셔야 한다는 문화는 거의 없어요. 말하자면 한국식 의전 문화가 거의 없다는 거죠. 저 사람은 CEO니까 월급 많이 받으면서 관련 일을 하는 거고, 나는 월급 적게 받는 대신 그에 합당한 일을 주로 한다는 인식만 있는 거죠. 그리고 사기업 내에서는 한국처럼 전무, 상무, 부장, 차장 등의 직함이 거의 없고, 또 연차가 차서 승진하는 문화도 없다고 봐야죠. 성과가 좋으면 몇 년 만에 신입이 디렉터나 팀장이 될 수 있어요.

김판수 그래도 한국 기업 등이 중국에서 현지 법인을 만들면 한국식 조직 문화를 유지하려는 경우가 있지 않을까요?

신동원 중국에서는 그런 한국식 기업 문화를 빨리 버려야 합니다. 특히 권위적인 문화를 빨리 버릴수록 잘 적응할 수 있어요. 만약 사장이나 CEO라고 그 권위만으로 직원들로부터 대접받기를 기대하면 힘들어집니다. 저 같은 경우 처음부터 직원들에게 그런 관계를 요구하지 않았어요. 그런데 제가 중국동포 직원을 뽑은 적이 있는데, 나중에 중국동포 직원이 다른 중국인들에게 '의전'을 가르치더군요. 예를 들어, 한국 기업에서는 CEO가 오면 문도 열어드리고, 커피도 내려드려야 한다는 등, 또 손님이 오면 목례로 인사도 해야 한다는 등. 제가 요구하지는 않았지만 결국 자신들이 수용할 수 있는 것들은 스스로 하더라고요.

김판수 현지 법인 내에서 비용 감축을 위해 직원들도 많이 내보내야 했을 텐데, 그 과정을 이야기해주십시오.

신동원 중국은 노동관련 법이 꽤 엄격합니다. 그리고 우리는 외국 회사이기 때문에 그 과정을 좀 더 많이 신경 써야 합니다. 물론 저도 개인적으로 떠나는 사람에게 최대한 케어를 잘 해줘야 한다고 생각하고 있고요. 그래서 기본적으로 중국 노동법이 정하는 바에 따라 보상은 철저하게 해줬고, 해고 통지의 경우에도 법에서 정한 기간 보다 더 일찍 했습니다. 떠나는 사람을 잘 배려해줘야 합니다. 그렇게 하지 않으면 상하이 IT 업계 내에서 회사와 저 개인에 대한 평판이 안 좋아지거든요.

김판수 어느 집단 내에서의 평판인가요?

신동원 상하이 IT 업계가 의외로 좁아요. 상하이에 아무리 IT 업체가 많아도 사람들이 계속 다른 곳으로 이직하기 때문에 언젠가는 저하고 또 함께 일을 할 수도 있고, 또 그들 스스로도 돌아다니다 보면 우리 회사와 저를 아는 사람들이 서로 만날 수도 있죠. 그러다보면 좋은 이야기도 나오지만 좋지 않은 이야기도 나올 수도 있죠. 그러니 직원을 해고할 때에도 최대한 마무리를 잘 해야 합니다.

이직이 쉬운 중국에서의 채용과 교육

김판수 상하이에서 회사를 운영하시는 분들의 이야기를 들어보니까, 직원들의 이직이 너무 많더군요. 특히 중국 청년들의 경우 '나는 내일부터 안 나온다'하고 떠나는 경우가 다반사라고.

신동원 그렇죠. 그래도 저는 그런 경우를 많이 당하지는 않았어요. 저는 직원들하고 자주 소통을 합니다. 예를 들어, '당분간 우리 회사의 대우가 조금 좋지 않을 수도 있지만, 내가 당신 경력을 잘 만들어주겠다'라고 이야기를 하죠. 또 최대한 일을 가르쳐 주고, 평소에도 '당신이 정말 잘 되기를 바란다'라고 이야기합니다. 또 '다른 회사에서 좋은 조건과 연봉 제시하면 꼭 옮기라고, 그때까지 여기서 잘 성장했으면 좋겠다'라고 하죠. 실제로 상하이에서는 경력과 능력이 받쳐주면 수시로 이직 제의를 받기 때문에 조건이 너무 좋으면 당연히 보내줄 수밖에 없죠. 그 이외에 직원들이 원할 경우에는 사적인 고민도 잘 들어줍니다. 그렇게 하면 조건이 조금 좋다고 하더라도 우리 회사를 쉽게 떠나지 않거든요.

김판수 어쨌든 결국 잘 성장한 직원들이 쉽게 떠나가는 구조인데, 실제로는 어떤가요?

신동원 솔직히 편하지는 않죠. 잘 가르쳐 놓으면 떠나거든요. 그렇게 가르치기까지 시간과 노력이 필요한데, 그렇게 잘 성장해서 이제 일을 잘 할 수 있겠다 싶으면 나가죠. 그리고 새로운 사람을 채용하는 것도 정말 어렵습니다. 새로 들어 온 직원을 제 업무 스타일에 맞추는 노력이 또 필요하거든요. 그래서 저는 높은 임금만을 좇는 사람들을 채용하지 않습니다. 그렇게 들어 오면 또 금방 떠나거든요. 가능한 한 주변의 추천을 받고, 채용 인터뷰도 깊이 있게 진행합니다.

김판수 요즘 상하이 IT 업계에서 조금 경력이 있으면 2만 위안(한화로 340만원 정도)을 제시해도 잡아두기 힘들다고 하더군요. 그 정도면 한국보다 임금이 높은 편 아닌가요?

신동원 한국하고 임금이 비슷한 정도라고 봐야죠. 사실 그 정도를 제시해야 그나마 좋은 사람을 구할 수 있어요. 시장가가 그래요. 상하이 IT 업계는 정말 이직이 쉬운 곳이에요.

김판수 막 대학을 졸업한 중국 청년들은 상하이에서의 첫 직장으로 외국계 IT 회사에 취업 후 트레이닝 받는 것을 장점이라고 볼까요?

신동원 장점이라고 보죠. 미국계 회사를 들어가면 더 좋죠. 왜냐하면 미국계 다국적 기업들은 이미 직원 교육 시스템이 잘 만들어져 있습니다. 언어가 잘 통하니까 대만계도 선호하죠. 하지만 한국계를 선호하지는 않아요. 물론 저희 법인도 나름의 커리큘럼과 매뉴얼이 잘 갖춰져 있는 편입니다. 어쨌든 현 상황에 국한해서 볼 때 중국 IT 회사들은 아직 그런 매뉴얼 등을 갖추어 놓지 않았어요. 중국계 대형 IT 업계 대부분이 그럴 겁니다. 아직은 신입이라도 스스로 내부에서 경쟁하며 전투하듯이 업무를 배우죠. 좋은 동료 만나면 많이 배우고, 운이 나쁘면 아무것도 배울 수 없죠. 다만, 이제 중국계 IT 업계도 그런 시스템을 도입하고 있는 것 같아요.

김판수 중국 내 이직이 워낙 쉽게 이루어지니까 교육 시스템을 갖추는 것에 대해 보수적으로 생각하는 사람들도 있을 것 같습니다.

신동원 그렇긴 하지만, 그렇다고 이미 사람을 뽑아 놓고 제대로 일을 시키지 않는 것도 낭비잖아요. 떠날 때 떠나더라도 빨리 교육해야 당장 성과를 낼 수 있으니까요. 중국 IT 업계는 운에 따라 대박을 터트릴 수 있는 곳이니까요.

중국의 '의형제' 문화

김판수 중국인들의 경우 특별한 관계를 위해 의형제를 맺는다고 하는데, 혹시 들어보셨는지요?

신동원 저도 중국인 의형제가 한 명 있습니다. 렌트카 업체 사장이에요. 우연한 계기에 그런 관계를 맺었거든요. 그 분이 어느 날 의미심장하게 저한테 그러더군요. "네가 어떤 일이 있어도, 내가 도와주고 싶다"고 하더군요. 일종의 의지의 표명인거죠. 저를 동생처럼 여기겠다고 했으니까. 그래서 저도 형으로 모시겠다고 했죠. 그 이후로 정말 많은 것들을 신경 써 주셨어요. 정기적으로 선물도 오고 갔고. 본인의 경제적 손실도 감수하면서 많은 것들을 도와주셨죠.

김판수 의형제 관계가 일반적 관계와 어떤 차이가 있는 건가요?

신동원 차이가 있어요. 이 관계는 무조건적인 겁니다. 경제적 관계를 넘어섭니다. 혈연관계는 아니지만 형제 관계로 되는 거예요. 그런 의미에 가장 가까울 것 같아요. 실제로 그게 가능하더군요. 예를 들어, 제가 외국인이라서 여기서 사소한 일을 많이 당하잖아요. 앞서 이야기 했지만 아랫집 천장에 물이 샜을 때, 그 형에게 연락했는데, 바로 달려오셨어요. 저를 도와서 적극적으로 중재해주셨고. 아랫집 사람한테 그런 말을 해주더군요. "내가 이 사람을 10년 전부터 알았는데, 이런 외국인이 없다. 나의 의형제다." 이렇게 하니까, 아랫집 주인도 저를 다르게 대하더라고요.

김판수 의형제 관계도 경제적 관계로 엮이게 되면 조금 달라지지 않을까요?

신동원 사실 제 법인 차를 그 곳에서 렌트하고 있었거든요. 원래 한 달에 6천 위안에 썼어요. 그런데, 우리 상하이 법인이 비용을 전반적으로 줄이다 보니까 차 렌트 비용도 줄여야 하는 상황이었죠. 제가 상황을 설명했죠. 회사 비용을 줄이고 있다. 그래서 회사 차를 렌트하지 않고, 개인적으로 차를 사야하는 상황이다. 그렇게 말하니까, 그 형이 그 차를 공짜로 쓰라고 하더군요. 그래서 제가 당황해서, 당신의 회사에서 빌린 차인데 어떻게 그렇게 할 수 있냐고 했죠. 그렇게 옥신각신 하다가 결국 똑같은 차를 반값에 렌트하기로 했어요. 그래서 제가 결국 그 형에게 손해를 끼쳤다고 미안하다고 했죠. 그러니까, 오히려 '우리 사이에 어떻게 그런 소리를 하냐'고 하더군요.

상하이의 독특한 도시문화

김판수 상하이는 외지인들에 대한 장벽과 차별이 확실한 편인데, 대표님은 상하이에서 한국인이 외지인과 비교해 볼 때 어느 정도 위치에 놓인다고 생각하시는지요?

신동원 아직은 한국인이 외국인의 위치에 있다고 생각합니다. 상하이에서는 2위 포지션이라고 봐야죠. 1위는 상하이인, 2위는 외국인, 3위는 외지인이겠죠. 예를 들어 상하이에서 외지인보다는 외국인이 더 집을 쉽게 살 수 있어요. 이것은 경제적 지불 능력 차이가 아닌 제도적 자격 측면에서 그렇다는 겁니다.

김판수 대표님은 상하이인들을 어떻게 평가하는지요?

신동원 저는 상하이인이 편해요. 합리적이거든요. 중국에서 가장 합리적인 도시가 상하이라고 생각해요. 상하이에서는 계약만으로도 비즈니스를 할 수 있잖아요. 상하이에서도 꽌시는 필요하지만 그 정도는 한국도 비슷한 정도죠. 상대적인 수준이지만, 상하이는 다른 지역과 달리 꽌시 없어도 비즈니스 하는데 큰 어려움은 없는 것 같아요. 그래서 저는 상하이를 좋아해요.

김판수 그래도 상하이만의 독특한 꽌시 문화가 있을 것 같습니다.

신동원 예를 들면, 관공서에서 쓰는 상하이어가 있겠죠. 상하이어를 구사하는가의 여부. 즉 상하이어를 쓰는 사람 또는 상하이인 직원을 통하면 관공서 일 처리할 때 좀 더 부드럽게 진행되는 것 같아요.

김판수 '차이니즈 웨이'라고 하셨는데, 그 의미를 어떻게 규정하고 있는지요?

신동원 차이니즈 웨이의 핵심은 중화사상입니다. 공산당 중심이고 중국인 중심이죠. 그들이 중심을 차지하려 하기 때문에, 그들 체계 내부로 들어가려면 엄청난 노력을 기울여야 합니다. 하지만 저도 그렇고 많은 분들이 그 '입구'에 머물고 있는 것 같아요. 우리가 아직은 합리적이지도 않는 차이니즈 웨이를 찬양할 수 없잖아요. 그럼에도 불구하고 중국은 계속 바뀌고 있어요. 특히 상하이인들의 '소양'은 계속 발전하는 것 같아요. 포용력과 매너 측면에서 특히.

상하이에서 가족들의 삶

김판수 중국 진출 2기 때 결국 한국에서 가족들이 다시 중국에 왔을 텐데, 그 이후 가족의 삶이 궁금합니다.

신동원 그래도 주재원으로 나오게 되면 한국보다는 여기가 좀 더 여유가 있잖아요. 한국보다 덜 빡빡하고. 좋은 지역에 살고 있으니까 좀 더 대우받고. 특히 주재원 부인들은 자녀들의 교육 때문에 이 곳 생활을 좋아하는 경향이 있어요. 주재원 자녀들은 대개 국제학교에 다니잖아요. 크게 보면 상하이에서는 지금 현대 세계에서 가장 많이 요구되는 영어와 중국어를 동시에 해결할 수 있잖아요. 그래서 본인이 조금 불편하더라도 아이가 대학 갈 때까지는 여기서 참고 노력하는 거죠. 특히 아이들이 12년 특례인 경우에는 한국 명문대학 합격이 상당히 쉽잖아요. 우리 아이는 제가 중간에 한국 돌아가는 바람에 12년 특례를 받을 수 없죠. 그래서 오히려 좀 더 적극적으로 공부를 하는 것 같아요. 장단점이 있죠.

김판수 그럼 이 곳 주재원 가정에서 전업주부로 있는 여성들은 어떤 보상을 받을까요?

신동원 개인적인 사회적 보상은 거의 없겠죠. 간접적으로 남편의 성취나 아이의 성장을 통해 보상을 받는 구조인 것 같아요. 그 것을 위해 본인 자신은 희생하는 구조예요. 그래도 대신 생활은 편하죠. 시댁 스트레스가 없잖아요. 집안 대소사 때 전화로만 인사하면 되니까요. 물론 개인적으로 성취를 하고 싶으면 여기서 취업을 하거나, 적극적으로 경제활동을 하거나, 또 학위 과정을 밟기도 합니다. 다만 조금 드문 것 같아요. 그리고 요즘에는 여기 주재원 남편들도 부인이 하고 싶어 하고 또 능력이나 경력이 있으면 잘 밀어줍니다. 잘 되면 경제적으로 좀 더 여유가 생기니까요.

상하이 한인사회와 주재원 생활

김판수 상하이의 주재원 사회는 어떤가요?

신동원 상하이의 주재원 남자들은 회사 일로 상당히 바쁩니다. 한국에
서 대기업 직원들이 찌들어 사는 것처럼 여기서도 똑같이 찌들
어 살아요. 가장 많이 시달리는 게 술 문화죠. 본사에서 누군
가 출장 오면 계속 접대를 해야 하는 거죠. 그리고 계속 출장
자들을 대상으로 현지 상황 등을 보고해야 하고. 그리고 주재
원 사회는 기본적으로 다들 모여 살아요. 같은 회사 주재원들
은 생활수준이 비슷하니까 거주, 여가, 교육 등이 대개 겹칩니
다. 그런 공통점을 공유하고 있고, 좀 더 여유롭죠. 그래서 사
실 자영업하는 사람들하고 잘 어울리기 힘들죠.

김판수 상하이 사회가 그렇듯 여기 상하이 한인사회도 상당히 위계적
인 것 같습니다.

신동원 네. 그런 상황 때문에 상하이 한인사회도 일종의 계급으로 묶
이는 것 같아요. 제일 비싼 동네는 대기업 주재원들이 사는 곳
이죠. 회사에서 거주비를 보조하니까요. 그 다음 동네는 홍췐
루 쪽 한인타운이죠. 물론 최근 그 쪽이 많이 올랐어요. 그래
서 중견 기업 주재원 또는 사업을 나름 잘 하는 사람들이 몰려
있죠. 마지막으로는 홍췐루에서 차로 20분 정도 떨어진 외곽에
밀려난 사람들이죠. 그렇게 공간이 구획되니까, 끼리끼리 모이
는 것 같아요. 대부분은 자연스럽게 분리되더군요. 물과 기름
처럼. 흥미로운 것은 여기서도 일종의 한국 패거리 문화가 존
재해요. 즉 똑같은 지역 내에서도 고급 아파트와 중급 아파트
에 사는 것으로도 공동체가 나뉩니다. 적어도 한국 내에서는
상류층이 아니면 다들 그렇게 신경 쓰지 않잖아요. 그런데, 여

기에 나온 주재원들은 대개 큰 평수 아파트에 거주할 수 있으니까, 또 아줌마도 거의 종일 쓰고 있으니까, 신분상승한 것처럼 행동하는 경향이 있죠.

김판수 여기서 그렇게 살다가 한국 돌아가면 적응하기 힘들 것 같은데요?

신동원 그렇죠. 한국 다시 돌아가면 박탈감을 느끼는 거죠. 한국 돌아가면 애들이 서럽게 운다고 하잖아요. 우리 집 망했냐고. 그런데, 이제 이런 문제는 점점 줄어들 것 같아요. 이제 한국 대기업들도 상황이 안 좋은지, 단독 부임을 선호한다고 하더군요. 여하튼 주재원들은 임기가 끝나면 돌아가야 하는데, 가족들이 남겠다고 하면 회사를 나와서 독립하는 경우가 있습니다.

신동원 여기서 독립하더라도 성공하는 확률이 높지는 않겠죠?

김판수 그렇긴 합니다. 그래도 바이어나 파트너를 잘 만나게 되면 순식간에 아주 큰 성과를 내기도 합니다. 중국은 여전히 GDP 면에서 6~7% 성장하는 국가잖아요. 그러니 기회가 완전히 사라지지는 않았어요.

김판수 그럼 여기 주재원 분들은 회사 일에 몰두를 하면서도 동시에 장기적으로는 독립 계획도 준비하겠군요.

신동원 계획 수준이라면 열이면 아홉은 준비하죠. 결국 실행하지는 못하더라도 생각은 많이들 하죠. 물론 그 중 실행하는 사람은 절반에 못 미치는 것 같아요.

김판수 주재원들이 상하이에서 자기 사업을 준비할 때 가장 중요하게 고려하는 자원은 무엇일까요?

신동원 당연히 네트워크죠. 대기업이든 중견기업이든 여기서 활동하면서 많은 관계를 쌓아가잖아요. 그게 가장 큰 자산입니다. 그러한 네트워크가 장차 자기 사업의 파트너나 바이어가 될 수 있으니까요.

김판수 그럼 장기적으로 주재원에서 자기 사업으로 전환하는 비율은 어떻게 나타날까요?

신동원 줄어들 것 같아요. 그럴 수밖에 없죠. 과거에는 중국이 10% 정도 성장했지만, 지금은 6~7% 성장에 머물고 있잖아요. 또 과거에는 경쟁자가 별로 없었는데, 이제는 경쟁자가 너무 많죠. 그러니 점점 비율이 줄어들 수밖에 없죠. 그리고 외국인이 중국에서 할 수 있는 영역이 더욱 줄어들고 있어요. 제도적 문제가 아닙니다. 여기 중국 사람들이 실제로 정말 잘하고 있으니까요. 중국에서는 외국인을 필요로 하는 분야와 비율이 많이 줄어들 것 같아요. 요즘에는 오히려 중국 자본이 한국에 가서 기업 합병하는 경향이 많아지고 있죠. 하지만 중국인들은 한국에 진출해서 목숨 걸고 하는 것 같지는 않아요. 왜냐하면 그 정도 노력이면 중국 내에서 더 많은 수익을 얻을 수 있거든요.

스타트업 인큐베이팅과 중국 진출의 현실적 문제

김판수 스타트업 인큐베이팅에 주력한지 (2016년 1월 현재) 2년 정도 되었다고 들었습니다. 네오플라이에서 하는 스타트업 인큐베이팅의 성격 등을 소개해주시기 바랍니다.

신동원 네오플라이의 스타트업 인큐베이팅은 말 그대로 아주 초기 단계의 스타트업을 돌보는 사업이라고 볼 수 있습니다. 그렇기 때문에 저희는 큰 규모의 투자를 하지 않고, 대략 1팀에 5천만 원 정도만 투자 합니다. 물론 스타트업 성격 및 성장성에 따라 1~2억 원 정도 투자하는 경우도 있죠. 우리는 투자액에 비례해서 스타트업 회사의 소량 지분을 갖게 되죠. 그리고 그 스타트업이 성장할 때까지 케어합니다. 특히 저의 중국 IT 업계 네트워크 및 IT 업계 외부 네트워크를 바탕으로 다양한 도움을 주고 있습니다. 이외에 저는 스타트업을 발굴하는 데에도 많은 노력을 기울이고 있습니다. 현재 한국 각 대학들과 제휴해서 1년에 여러 차례 대학생 스타트업 발굴 관련 프로젝트를 진행하고 있고, 그 중 괜찮은 팀들을 선발해서 여기 상하이로 데려와서 좀 더 실질적인 어드바이스를 합니다.

김판수 한국에서 중국 진출을 준비하던 스타트업들이 여기 상하이에 와서 실제로 여건 등을 본 후 어떤 반응을 보이나요?

신동원 실제로 중국에 와서 이런저런 여건과 환경 등을 눈으로 본 후 창업을 포기하는 경우가 많아요. 즉 막연하게 중국을 생각하고 나왔다가 실제 상황을 보고 깨닫는 거죠. '아 내가 생각했던 게 참 단순했구나' 또는 '내가 너무 준비되지 못했구나'라고 생각하는 거죠. 그런데 흥미로운 점은 제가 보기에 굳은 의지를 갖고 나왔던 사람이 오히려 포기하는 경우가 많고, 오히려 중국에 대해 별 생각이 없던 사람이 새로운 비전을 찾는 경우도 많죠.

김판수 구체적 비율을 이야기해 줄 수 있는지요?

신동원 창업자들은 우선 초기에 유지를 위한 돈을 벌어야 되고 또 장벽에 부딪쳐서 이겨야 합니다. 하지만, 중국에 나와서 실제 환경을 보면 쉽지 않다는 것을 깨닫습니다. 물론 대개 '한국에서 먼저 잘 해야겠다'라고 생각하고 돌아갑니다. 구체적 비율로 보면, 제가 실제로 (2016년 1월 현재) 20개 정도를 인큐베이팅했는데, 그 중 3개 정도가 잘 나가고 있어요. 물론 다른 스타트업들이 망한 건 아니거든요. 대개 한국에서 다시 준비하고 있습니다. 그 중 실제로 포기한 팀은 4~5개 밖에 안 됩니다. 여전히 진행 중입니다.

김판수 중국 진출을 생각하던 스타트업이 한국에서 다시 준비를 한다는 것이 장기적으로는 오히려 더 뒤처질 가능성이 있지는 않나요?

신동원 분명하게 말하기는 어려워요. 왜냐하면, 중국에 실제로 나와 보니 자기가 생각했던 아이템이 이미 있거나 더 앞서있는 경우를 발견하거든요. 즉 여기서 틈을 찾을 수 없는 거예요. 차별화할 수 있는 틈이 안 보이는 거죠. 실제로 언어 장벽도 매우 중요한 요인입니다. 중국어를 매우 자연스럽게 하는 팀은 잠시 홀딩하고 '여기서 우선 경험을 쌓고 다시 시작하자'라고 하겠죠. 또는 드물지만 중국 진출 의지가 매우 강한 경우에는 '일단 언어부터 배워야겠다'고 뛰어들죠.

김판수 한국과 달리 중국에서는 스타트업에 대한 투자액이 굉장히 크잖아요. 아이템은 똑같아도 중국 내에서의 투자액과 가치산정 등은 큰 차이가 있더라고요. 이게 단순히 시장의 크기 차인가요?

신동원 결국 시장 크기가 다르니까 가치 평가 또한 달라지는 거죠. 또 그러다 보니 스타트업의 성공 사례 수도 크게 차이가 나죠.

김판수 그러면 한국의 괜찮은 스타트업이 중국 진출을 통해 본격적으로 성장한 대표적 사례는 무엇일까요?

신동원 그 사례가 바로 스마트 스터디(핑크퐁 컨텐츠)죠. 저희 네오플라이 상하이 법인도 스마트 스터디의 초기 중국 정착 과정에

컨설턴트 역할을 했죠. 스마트 스터디 중국 진출 담당 임원이 저희 네오플라이 차이나 프로그램을 계기로 본격적으로 중국 진출을 준비했어요. 그 임원이 일부러 낮은 단계에서부터 준비를 했죠. 원래 스마트 스터디는 한국에서 비즈니스할 때 미국 측하고 주로 연계했기에 기업 가치가 높지는 않았거든요. 그런데 거기에 중국 진출로 인해 새로운 그림이 그려지니까, 순식간에 가치가 5배 또는 10배 정도 커졌죠. 중국 프리미엄이 붙은 거죠. 특히 샤오미 등과 제휴 맺으면서 기대감이 더 커졌죠.

[2018년 1월 인터뷰]

인큐베이팅과 창업 사이

김판수 거의 2년 만의 인터뷰인 것 같습니다. 그 동안 어떻게 지내셨나요? 작년 즈음 개인적으로 창업하셨는데 어떻게 진행되고 있는지요?

신동원 그 비즈니스는 작년 여름 즈음 상하이 마케팅 업체에 팔았어요. 창업과 동시에 사드 사태가 시작되는 바람에 잘 안되었죠. 구체적으로 설명하면 중국 내 최대 SNS 서비스인 위챗 내에 고객 기업의 모바일 쇼핑몰을 만들어주는 거예요. 까페24처럼 독립 브랜드샵을 만들어주는 거였죠. 창업 모델이 나쁘지는 않았어요. 실제로 사드 사태 이전에는 수요가 꽤 많았죠. 한국에서 중국 진출을 희망하는 업체들에게 중국 비즈니스 솔루션을 제공하는 모델이었으니, 사드 사태 이후로 잘 될 수가 없는 거죠. 개인적으로는 손해를 보긴 했지만, 오히려 전화위복이 되었다고도 볼 수 있을 것 같아요. 제가 네오플라이 법인장 활동을 하는 동시에 창업까지 한다는 게 말처럼 쉽지는 않더군요. 조금 손해 봤지만, 좋은 경험이었다고 생각합니다.

김판수 사드 사태와 연관이 컸겠네요. 창업 이야기를 좀 더 듣고 싶습니다.

신동원 사실 저는 창업을 인큐베이팅 마인드로 시작했어요. 원래 제가 하고 있는 일이 인큐베이팅과 한국 기업의 중국 진출을 돕는 일이었으니까요. 그래서 제가 직접 중국 진출 솔루션을 제공하는 것도 중요한 연결고리였죠. 하지만, 사드 사태 이후로 저희 솔루션을 쓰기로 했던 기업 고객들이 모두 결정을 중단했어요. 말 그대로 직격탄이죠. 이미 그러한 사업을 시작했거나 기존 기업 고객이 있었던 측은 직격탄까지는 아니었죠. 하지만 우리는 막 시작하는 단계에 그런 환경에 처했으니... 비즈니스는 정말 타이밍이 중요하더군요.

김판수 전화위복이 되었다는 것은 어떤 의미인가요?

신동원 창업에서 손을 뗀 후 인큐베이터로 돌아와서 전념하니까 확실히 제가 어떤 일에 더 어울리는지 알게 되었죠. 즉 저는 선수보다 코치가 더 어울린다는 것을 깨달았죠. 또 무엇보다 제일 큰 수확은 창업자들의 마음을 직접 경험한거죠. 창업하면 왜 잠을 못 이루는지 알겠더군요. 제가 1년 했는데, 맘고생 많이 했습니다. 그래서 창업자들의 마음을 깊이 이해하게 된 수업료라고 생각하고 있습니다. 사실 창업하니까 일단 사람 뽑는 것부터 쉽지 않더군요. 개인 창업 상태에서 채용하려고 하니까 지원자가 없더군요. 채용이 결정된 신입도 부모와 상의한 후 안 오겠다고 하고. 그런 걸 처음 경험했어요. 과거의 저는 안정된 중견기업 토대에서 회사 자금으로 신규 사업을 많이 진행했잖아요? 현금 조달 압박이 없는 상태에서 창업하는 것과 실제 밑바닥에서 창업하는 것의 차이를 제대로 깨닫게 된거죠. 과거엔 창업자들의 마음을 잘 모른 체 이론적으로 전략적인 이야기를 했다면, 이제는 좀 더 조심스럽고 신중하게 코치하게 되었습니다.

김판수 개인 창업을 진행했던 1년 동안 주변에서는 어떤 변화가 있었나요?

신동원 전반적으로 모두 문제였어요. 가족도 제대로 못 돌봤고, 제 건강도 나빠졌고, 또 회사 일도 순탄치 않았죠. 즉 회사와 창업을 두 가지 모두 하는 것이 쉽지 않더군요. 중국에서 많은 사람들이 그렇게 하지만 결국 20대 청년들이나 할 수 있는 생활이었던 거죠. 특히 저는 회사에 양해를 구해서 승인을 받았어요. 물론 그 대신 제 급여를 줄이고 시작했던 일이었어요. 그러니까 경제적으로도 좋지 않았죠. 그러니 좀 더 힘들었던 측면도 있죠.

김판수 창업 이후 회사일은 어떻게 힘들어졌나요?

신동원 회사는 저한테 대외활동과 벤처투자를 기대하고 있습니다. 창업 1년 동안 대외활동은 계속 진행되었어요. 즉 우리 회사의 브랜딩은 계속 전개되었죠. 다만, 새로운 벤처투자가 진행되지는 못했어요. 그래서 결국 제가 결단을 해야 했습니다. 한 가지에 집중해야 했고, 결국 회사에 집중하기로 결정했죠. 그래서 회사에 집중한 이후 작년 한 해 동안 신규 투자 성과가 꽤 있었어요. 사실 네오플라이의 스타트업 인큐베이팅은 2008년부터 시작되었어요. 본사는 계속 그 일을 하고 있고, 저는 중국에 진출하는 창업팀을 전담하고 있거든요. 그러니 제가 창업에 몰두했을 때는 중국 관련 성과가 사라진거죠. 그러니 제가 창업을 포기하고 포지셔닝을 다시 했죠.

NCIP 런칭

김판수 회사 일에 집중하기 시작했다면 그 동안 진행했던 사회적 활동은 어떻게 전개되고 있나요?

신동원 예전에는 사회적 활동에도 꽤 많이 공을 들였어요. 한국에서 누군가 찾아와서 도움을 요청할 때마다 제 개인 시간을 쪼개서 많이 도와드렸죠. 하지만 이제는 회사 일에 집중해야 하는 상황이니까 잘 모르는 분들로부터 연락이 오면, 우선 죄송하다고 말씀 드리고 관련 프로그램들을 소개해드리는 편입니다. 제 본업이 기업에 투자하는 일이니까 거기에 집중해야죠. 그렇지만 사회적 활동을 중단한 것은 아닙니다. 개인적으로 쏟을 수 있는 시간과 노력은 대학생 창업 발굴 프로그램에 집중하고 있습니다. 그 외 공익적 활동은 자제하는 편입니다. 그래서 저희 프로그램 명칭도 좀 더 비즈니스 중심으로 바꾸었어요. [네오플라이 차이나 인베스트먼트 프로그램] 즉 NCIP라는 브랜드를 만들었고, 이 브랜드를 바탕으로 작년에는 물론 올해도 계속 진행할 계획입니다. 주로 한국 내 공공기관과 함께 하고 있습니다.

김판수 NCIP의 주 활동은 어떤 부문인가요?

신동원 여전히 벤처 발굴 및 투자이고, 특히 그 벤처가 중국에 진출해서 좋은 파트너와 투자자를 만나고 또 활동할 수 있도록 돕습니다. 예를 들어 중국 진출을 희망하는 벤처회사의 지원을 받아서 경쟁 심사 후 7개를 선정했고, 이들을 대상으로 국내 프로그램을 제공했어요. 물론 벤처들이 모두 바쁘니까 굳이 귀찮게 하지는 않았죠. 3~4번 밖에 안 모였어요. 그리고 마지막에 최종 심사해서 5개를 뽑은 다음 상하이에 데려오는 거죠. 여기서 1~2주 강의, 미팅, 투자자 소개 등을 했고, 그 중 결국 3개 벤처에 투자했어요. 네오플라이가 직접 투자하는 거죠.

신동원 후속투자는 어떻게 진행되는지요?

신동원 우리 네오플라이 투자를 계기로 다른 중국 투자자들과 네트워킹이 되는 거죠. 저희 벤처들은 이제 시작 단계에 있거든요. 갈 길이 멀죠. 그래서 중국 현지 보다는 한국 내에서 먼저 시작합니다. 준비가 좀 더 갖춰지면, 한국에서 1~2번 더 투자 받을 수 있도록 돕습니다. 우리 다음 투자자들은 대개 1~2억 원 정도를 투자합니다. 대개는 사적 투자조합이고 최근에는 공공기관도 투자하기 시작했어요.

김판수 앞으로 공공기관의 벤처 투자가 좀 더 많아질까요?

신동원 그랬으면 좋겠어요. 기관들은 여행 패키지처럼 팀을 짜서 해외로 보내주는 방식이 대부분이거든요. 저는 그런 방식이 실제로 창업 등에 있어서 성과가 낮다고 생각하거든요. 오히려 좋은 벤처를 적극적으로 지원해주는 게 더 합리적이라고 생각합니다.

최근 1년, 한국인이 경험한 사드 효과?

김판수 최근 1년 동안 사드를 겪은 후 상하이의 많은 한국 경제인들이 귀국 여부를 고민하시더군요. 저는 이게 경제적인 문제 이외에 감정적인 문제와도 관계있다고 생각하는데, 대표님은 어떻게 생각하시는지요?

신동원 저는 다른 분들과 달리 IT 모바일 쪽이잖아요. 그러니 좀 다른 생각을 하고 있어요. 사실 사드 문제도 있었지만 그게 전부는 아닌 것 같아요. 제가 2004년에 왔을 때는 그래도 한국이 좀 더 앞서 있었지만, 지금은 중국이 우리 위로 올라섰잖아요. 특히 IT 모바일 측면에서 보면 중국이 우리를 매우 낮게 보고 있죠. 이는 감정적인 문제가 아니라 실제 현실입니다. 중국 시각에서 한국의 IT와 모바일 쪽에 대해 배우고 싶은 게 없으니, 아예 안중에 없다는 게 진짜 문제에요. 중국 시각에서는 미국과 유럽만 남은 거죠. 그러니 한국 업체가 여기 상하이에서 잘할 게 없으면 돌아가야죠. 저는 단순한 감정 문제라고는 보지 않고, 실제로 그렇지는 않을 것 같아요. 그리고 이제 중국이 꽃을 피우는 시기가 왔잖아요. 향후 10년 또는 20년 이후가 아마도 중국이 진정 꽃을 피우는 시기라고 생각합니다. 그동안 여기서 우리가 갖은 고생하며 참고 살아왔고 이제 좀 살만해지는 단계에 접어들었는데, 역량이 있으면 굳이 돌아갈 이유가 없죠. 제가 보기에 중국 전성기는 지금부터입니다. 향후 10년 변화를 상하이에서 지켜봐야죠.

김판수 그렇다면 대표님께 사드 기간은 어떻게 기억되고 있는지요?

신동원 저도 감정적으로는 불편했어요. 나라가 무시당하면 개인도 무시당하는 것을 느꼈죠. 상하이에서의 행사도 굳이 크게 하지는 않았어요. 좀 더 저변을 살폈어요. 그리고 네오플라이 상하이 법인의 전략적 방향을 전환했죠. 실속 있는 투자 방식을 취하기 시작했어요.

김판수 오히려 장기적으로는 좋은 경험이 되었다고 볼 수 있겠네요.

신동원 네. 그리고 상하이에서의 활동을 바탕으로 중국 네트워크도 다시 살아나고 있어요. 네오플라이를 통해서 한국 벤처를 끌어들이고 싶은 신호들이 많아지고 있어요.

김판수 푸동에 거주하시는데, 사드 기간 동안 홍첸루 한인촌에도 자주 가셨나요?

신동원 자주 갔죠. 창업 후에는 특히 많이 갔어요. 왜냐하면 한국 클라이언트들을 많이 만나야 했으니까요. 사드까지 겪고 나니까 결국 상하이에는 경쟁력 있는 분들만 남는 것 같아요. 이제 중국 진출 3.0 시대인 것 같아요. 누군가는 들어갈 수밖에 없는 상황이지만, 다시 새롭게 들어오는 세대는 대개 중국이 갖고 있지 않은 것을 쥐고 있는 분들이 많더군요.

김판수 중국 정부가 외국인 대상 신규 노동 허가증 발급 대상에서 단순 고졸자를 제한한다고 하는데, 고유 전문 기술을 가진 분들이 중국에 들어온다고 하면 중국 정부는 더욱 환영하겠군요.

신동원 그렇죠. 중국 사람들은 자기들의 이해관계가 충족될 경우 적극적으로 환영합니다. 그와 더불어 중국은 지나치게 빨리 성장하고 있어요. 거의 모든 영역에서요. 제가 얼마 전 한국에서 열린 한 컨퍼런스에 참석해서, '이제는 우리가 중국을 카피해야 한다'고 했어요. 이게 기사화 되어서 댓글에서 전쟁이 벌어지더군요. 그런데 의외로 중국을 아는 분들이 많이 옹호하더군요. 한국 내에서도 인식이 많이 바뀐 것 같아요.

중국 IT기술의 발전과 통제 사회

김판수 중국 IT 모바일이 잘 하는 건 맞는데, 이게 점점 '빅 브라더' 이상의 고도 감시사회를 만들어가는 것 같아요. 1년 만에 상하이를 방문했는데, 여기 상하이 사람들의 질서의식이 너무 높아졌더군요. 오히려 이제는 한국이 더 무질서한 것처럼 보일 정도로요. 여기에는 통제 요인이 크게 작용하고 있겠죠?

신동원 그거 아세요? 벤처 아이템 중 자본금이 매우 탄탄한 기술 벤처 중 하나인데요. 스마트폰을 이용해서, 걸어 다니는 사람 위를 스캔하면 그 사람의 신분이 실시간으로 확인 됩니다. 그리고 주차된 차량 위를 스캔하면 말풍선으로 소유자 신분이 실시간으로 떠요. 저는 그거 보고 기겁했습니다. 그런 벤처가 나왔다는 것은, 중국 정부는 이미 다 알고 있었다는 것을 의미하죠. 그걸 본 후 '중국이 진짜 이 거대한 인구를 통제할 수 있구나'라는 것을 깨달았죠.

최근 상하이에서 한국인이 어떤 식당에서 밥을 먹고 있었는데, 갑자기 전혀 모르는 중국인이 다가와서 창 밖에 주차된 차를 지목하며 "저거 네 차 맞지?"라고 했다고 하더라고요. 어떤 방향인지는 몰라도 중국의 IT 모바일 기술은 정말 빠르게 사회를 변화시키고 있어요.

에필로그*

변화된 경제 환경에 '조화 되기':

2000년대 중반 이후, 상하이 진출 한국경제인의 자기 규율

* 이 글은 김판수의 논문 「변화된 경제 환경에 '조화 되기': 2000년대 중반 이후, 상하이 진출 한국경제인의 자기 규율」(『중소연구』 제40권 제4호, 2016/2017 겨울. pp. 65~109)을 수정한 것이다.

1 문제제기

2006년을 기점으로 한중 교류를 매개하는 지역은 산둥성 이북에서 장수성 이남으로 변화되고 있고, 이 과정에서 '경제 수도' 상하이는 정치 수도 베이징에 이어 한중교류의 새로운 핵심 도시로 부상하고 있다. 이 논문은 '상하이에 뿌리 내리고 있는 한국경제인'(이하 상경인)이 한중관계의 전환 속에서 왜 중국 국가 - 사회에 직접 대면하게 되었는지 또 왜 이방인으로서 자기 규율을 중시하게 되었는지 분석한다.

〈표 1〉 2003~2015년 한국의 산둥 이북 및 장수 이남 투자 현황 변화(천 달러)

	산둥성 이북						장수성 이남			
	헤이룽장	지린	랴오닝	베이징	톈진	산둥	장수	상하이	저장	광둥
2003	10,047	13,830	109,304	208,463	125,281	519,329	426,612	95,295	119,568	68,898
2004	8,441	18,868	206,477	342,153	151,542	611,120	636,057	107,963	100,093	123,065
2005	13,168	37,494	189,419	452,075	233,061	714,671	635,513	165,143	124,778	82,696
2006	18,528	21,932	190,721	271,582	305,791	875,037	1,140,107	221,282	82,161	129,017
2007	55,565	38,798	491,206	1,121,459	305,613	843,571	1,635,494	237,999	150,587	209,126
2008	25,005	23,828	543,980	653,104	208,283	845,836	549,356	247,352	117,690	231,672
2009	11,703	19,378	250,440	171,306	454,887	445,256	520,350	136,493	90,696	108,575
2010	9,036	327,558	283,136	129,425	257,793	721,528	1,193,244	236,051	106,500	168,398
2013	5,932	96,606	143,044	343,518	147,573	283,464	942,012	156,710	118,694	521,760
2014	799	89,327	44,338	320,710	154,452	281,392	538,410	243,247	102,355	390,491
2015	494	70,740	29,431	97,663	119,727	239,988	433,528	245,286	58,151	190,029

* 한국수출입은행 해외투자 통계 참조

1992년 한중수교 이후부터 2005년까지 한국인들은 급성장하던 상하이가 아닌 경제적으로 낙후되었던 산둥성 이북 및 동북 지역 진출을 선호했다. 그러나 2006년부터 장수성은 한국 자본의 중국 투자 1위 지역으로 부상했고(2008년 및 2012년 제외), 광둥성은 2013~4년 2년 간 최초로 산둥성을 제치고 2위를 차지했으며, 상하이도 2015년 최초로 산둥성을 제치고 2위를 기록했다(〈표 1〉 참조).

아래 [그림 1]은 〈표 1〉의 지역 구분에 근거하여 1993년 이후 한국 자본의 중국 지역 투자 추이를 종합한 그래프이다. 2006년 이후 장수성이 산둥성을 압도한 이후(〈표 1〉 참조), 장수성 이남 지역과 산둥성 이북 지역 간의 격차가 점차 좁혀졌고, 2010년 이후에는 한국 자본의 중국 진출 지역 '전환'이 고착화되었음을 알 수 있다. 그러나 2012년 이후 한국 자본의 중국 투자액은 전반적으로 급감하여 2015년에는 2003년 수준까지 떨어졌고, 이러한 추세는 앞으로도 지속될 것으로 보인다. 따라서 2006년을 기점으로 경제적으로 급성장한 중국 동남부

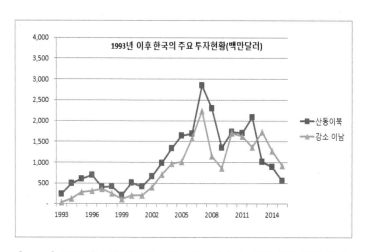

[그림 1] 1993년 이후 한국의 산둥 이북 및 장수 이남 투자 현황 변화

* 한국수출입은행 해외투자 통계 참조

연해안 지역이 한중 교류를 매개하는 주요 통로로 등장하고 있다.

한국의 중국 투자 지역 변화는 2006년 중국성장 방식 전환 담론과 관련이 있다. 1999년부터 2005년까지 중국으로의 FDI 유입은 제조업 중심에서 서비스·관리 중심으로 전환되었는데, 2차 산업의 경우 58%에서 32%로, 3차 산업의 경우 42%에서 68%로 변화되었다.[1] 이를 반영하듯 2006년 3월 14일 전국인대에서 통과된 〈중화인민공화국 국민경제 및 사회발전 제11차 5개년 규획 강요〉(中華人民共和國國民經濟和社會發展第十一個五年規劃綱要)에서, 중국은 양적 경제성장 방식에서 질적 경제성장 방식으로의 전환을 예고하며 "합리적으로 투자 규모를 통제하고 경제성장에 대한 소비의 견인 작용을 강화"할 것을 선언했다.[2] 이에 대해 한국 자본도 중국의 저렴한 노동력을 찾아 동북3성 및 산둥성 등으로 진출했던 방식에서 상대적으로 고급·고가 소비의 매개 지점이 되는 동남부 연해안 지역 진출로 전환했다.

옌볜과 왕징(望京) 등은 20세기 한중관계의 유산으로서, 중국이 정치·경제적으로 취약한 조건에서 조선인과 한국인의 도움으로 혁명과 개혁개방을 수행한 결과 형성될 수 있었다. 그러나 근래 한중 교류의 주요 통로로 상하이 지역 등이 부상하고 있는 것은 1992년

---

1) Wang, Jun·Lau, Stephen S. Y.. "Forming foreign enclaves in Shanghai: state action in globalizion". (*Springer Science+Business Media B.V.*, 2008), pp. 105.

2) 「11·5 규획」 공식 발표 2개월 전, 2006년 1월 중국 국가세무총국은 최초로 외자기업을 '중점 세무관리 대상'으로 지정하고 부동산, 레저, 금융, 유통, 통신 등 부문의 탈세를 집중 조사하기 시작했다. 상하이방, 2006.02.09. [중국 외국기업 탈세 중점관리].
http://shanghaibang.com/shanghai/news.php?code=all&mode=view&num=153&page=2255&wr.

한중수교 이후 한국인들이 경제적 우위를 앞세워 '민족적 공간'을 만들며 진출하던 방식의 종언을 뜻한다. 1992년 수교 초기 한국인은 중국 옌볜 등 지역의 조선족을 통해 동북3성 및 산둥성 등지로 진출했고[3], 이를 배경으로 중국 내 최대 외국인 이주자 집단으로 빠르게 성장할 수 있었다.[4] 이러한 한국인과 조선족간의 상호작용으로 형성된 현대적 유산이 바로 베이징의 코리아타운(韓國城) 왕징이었다.

---

3) 칭다오에는 2000년 2월까지 한국기업 수가 2,200개에 달할 정도였고(공식 등록 수에 한정), 한국인들을 위한 다양한 서비스 시설들이 급증했기 때문에, 동북지방에는 '산둥에 가서 일한다'는 말이 유행할 정도로 산둥성 이주가 거대한 물결을 이뤘다. 구지영. 「지구화시대 조선족의 이주와 정주에 관한 소고 − 중국 청도(青島)를 중심으로」, 『인문연구』 제 68호 (2013), pp. 312-313. 산둥성 지역은 한국과의 지리적 근접성과 중앙·지방정부의 특혜를 내세워 한국 중소기업을 적극적으로 유인했고, 2008년 기준 칭다오는 옌변을 제외할 때 조선족의 최대 밀집지역으로 부상했다. 이상우. 「신집거지와 중국조선족의 민족교육 실태 분석 : 칭다오(青島)정양(正陽)학교 사례를 중심으로」, 『동아연구』 제33권 2호 제67집 (2014), pp. 245-249.

4) 중국이 국제 이주 규제를 완화하기 시작한 것은 1992년부터였고, 실질적 외국인 유입 증가는 2001년 말 중국의 WTO 가입 이후였는데, 중국 정부는 2010년 제6차 인구조사에 최초로 본토 내 외국인(단기 출장자와 여행자 제외)을 포함시켜 조사하여 총 593,832 명으로 발표했다. Bork-Hüffer, Tabea·Yuan-Ihle, Yuan. "The Management of Foreigners in China: Changes to the Migration Law and Regulations during the Late HuWen and Early XiLi Eras and Their Potential Effects", *International Journal of China Studies* 5(3) (2014), pp. 573-574. 2014년 중국 국가통계국에 따르면 중국 내 거주 외국 국적자 수는 한국(120,750), 미국(71,493), 일본(66,159), 미얀마(39,776), 베트남(36,205) 등의 순이었다. 비공식 통계에 따르면, 2012년 기준 중국 거주 한국 국적자는 외국인 중 최다인 약 80만 명으로 추산되기도 했다. Jeong, Jong-Ho, "Ethnoscapes, Mediascapes, and Ideoscapes: Socio-Cultural Relations Between South Korea and China," *Journal of International and Area Studies*, 19(2) (2012). 또 다른 통계에 따르면, 2015년 중국 본토 거주 한국 국적 인구는 대략 35만 명 정도로 추산되는데, 이는 재미 교포(약 223만 명)와 재일 교포(약 85만 명)에 이어 3위에 해당한다.

그러나 기존의 산둥성 이북 지역으로의 한국인과 한국 자본 진출에 관한 연구는 오늘날 한중 교류의 변화를 설명하는데 아래와 같은 한계들이 있다.

첫째, 산둥성 이북에 진출한 한국인과 한국 자본이 현지와의 상호 작용 과정에서 어떻게 갈등·타협하는가에 관한 연구들의 경우5), 과거 한국인과 그 자본이 '주체'적 지위에 기반하여 중국의 국가-사회와 상호작용하던 시기의 산물로서, 2000년대 후반 이후 '대상'적 지위로 변화된 이후를 설명하는데 한계가 있다.

둘째, 베이징의 대규모 한국인 집거지 왕징 등 코리아타운의 형성/갈등/분화 등 '공간' 중심 연구6)에서 한 발 더 나아갈 필요성이 있다.

----

5) 정종호. 「재중 한국계 기업의 경영 현지화에 대한 문화적 영향-개혁개방기 중국의 "정·리·법" 문화구성을 중심으로」. 『비교문화연구』 9(2), (2003); 백권호·장수현. 「중국 기업문화의 특성과 경영 현지화-정·리·법 패러다임과 '꽌시'의 비판적 재고찰」. 『중국학연구』 47, (2009); 상춘화·한인수. 「해외주재원의 이문화 적응에 영향을 미치는 요인에 관한 연구-중국진출 한국기업을 중심으로」. 『인적자원개발연구』 15(1), (2012); Won, Jaeyoun. "Post-socialist China: Labour relations in Korean-managed factories". *Journal of Contemporary Asia* Vol. 37, No. 3, (2007); Paik, Wooyeal. "Local Village Workers, Foreign Factories and Village Politics in Coastal China : A Clientelist Approach". *The China Quarterly* 220, (2014).

6) 강진석. 「베이징 '왕징' 코리아타운 지역의 한-중 "이문화" 갈등요소와 해소방안 연구」. 『국제지역연구』 11(1), (2007); 구지영. 「지구화 시대 한국인의 중국 이주와 초국적 사회공간의 형성-칭다오 사례를 통해」. 『한국민족문화』 40, (2011); 정종호. 「왕징모델-베이징 왕징 코리아타운의 형성과 분화」. 중국학연구 65, (2013); 이현철. 「중국 한인 디아스포라 초기정착지 및 신흥정착지 생활 특성에 대한 질적 연구-흑룡강성 오상(五常) 지역과 산둥성 칭다오(靑島) 지역을 중심으로」. 『디아스포라연구』 9(1), (2015); Jeong, Jong-Ho, "Ethnoscapes, Mediascapes, and Ideoscapes: Socio-Cultural Relations Between South Korea and China," *Journal of International and Area Studies*, 19(2), (2012). 반면, 1990년대 이후에는 영어와 일본어로 발표된 상하이 근현대사 관련 연구들이 폭

한중수교 이후 코리아타운들의 형성과 확장은 한국인들이 자본을 앞세워 주도하고 조선족이 보조하는 방식으로 이루어졌다. 코리아타운의 존재는 중국어를 전혀 모르는 한국인들도 쉽게 중국에 진출할 수 있는 편리한 통로이자 '한국인이 쌓은 성'으로 기능했고, 또 그 속에서 한국인의 사고방식과 생활문화를 고수하며 살아가게 되는 사회문화적 울타리 기능도 했다. 그러나 2000년대 후반 이후 왕징을 포함한 중국 내 크고 작은 코리아타운들이 빠르게 축소되는 가운데, 한국인들은 점차 무너진 울타리 밖에서 '개인적으로' 중국 국가 – 사회와 직접 대면하는 상황으로 내몰리고 있다.

이 글은 '중국이 예외적으로 취약했던 20세기 조건 하에서 형성된 한국인의 민족적 공간들이 어떻게 지속 가능할까'와 같은 정태적 물음보다는, 21세기 한중교류가 공간이 아닌 개인을 중심으로 매개되는 현상에 집중하며, 특히 이들 개인 중심의 한중교류가 어떤 형태의 '새로운 유산'을 축적하고 있는지 고찰한다. 이를 위해 한국인 공동체 형성이 상대적으로 느렸고 또 취약했던 중국의 경제 수도 상하이를 주목한다. 즉 상하이에서 '성공한' 한국경제인들이 중국의 국가 – 사회와 직접 대면하는 가운데 왜 코리아타운의 형성·유지보다 개인적 측면에서 '성숙한 한국인'이라는 규범을 중요시하게 되었는지 분석한다. 이 글은 그 원인으로 2가지를 제시한다. 한 가지는 2006년 3월 1일 〈치안관리처벌법〉 개정이고, 또 다른 한 가지는 2000년대 중반 〈조화사회론〉의 사회적 확산이다.

필자는 2016년 1월, 3월, 7월 상하이를 방문(각각 8~10일 정도 체

발적으로 증가하고 있다. Fogel, Joshua A., "The Recent Boom in Shanghai Studies", *Journal of the History of Ideas* Vol. 71, No.2, (2010).

류)하여 인터뷰를 진행했고, 이외에도 상경인의 단기 귀국 중에도 인터뷰를 수행했다. 주로 10년 이상 장기 거주한 상경인 수십 명을 집중 인터뷰했고, 이 논문에서는 그 중 15명의 남성과 2명의 여성을 대상으로 진행된 인터뷰를 활용했다.[7] 각 인터뷰는 짧게는 2시간 길게는 수차례에 걸쳐 14시간까지도 진행되었고, 질문은 개방형 질문 즉 "중국에서의 삶" 및 "중국에서의 사회적 삶" 등으로 시작해서 자연스럽게 세부 문답으로 이어졌다. 인터뷰이들은 주로 상하이의 한국인 거리로 알려진 홍췐루(虹泉路)가 아닌 그 외부에 위치한 외국인 잡거지 구베이(古北)와 푸동 등 지역에 거주하고 있다. 특히 구베이는 원래 외국인 잡거지였기에, 이들 상경인은 오랫동안 상하이 외국인 사회의 주요 구성원으로 또 최근에는 상하이 상층 중국인 사회와 깊이 상호작용하는 사람이 되기 위해 노력해왔다. 이들은 대부분 대기업 주재원 출신, 밑바닥에서 시작한 벤처창업가, 전업주부 출신 등 자수성가형 경제인에 해당한다. 또 대부분 중국어에 유창하고, 절반 정도는 영어 회화에도 능숙하며, 일부는 북미 지역에서 오랜 학업·사업·취업 경력이 있다.[8]

---

7) 다양한 경로를 통해 인터뷰이 소개를 부탁할 때 1) 10년 이상 상하이 활동 경험, 2) 성공한 한국경제인 이라는 조건에 가능한 한 부합할 것을 요청했다. 기존 한국의 중국 진출 연구는 대개 '실패' 중심의 담론을 구성했는데, 이는 한중 수교 이후 중국 내에서 생성되고 있는 '한중 교류의 유산'을 발견하는 데 한계가 있기 때문이다.

8) 인터뷰이들이 스스로를 '성공한 사람'으로 재현하기 위해 이야기를 부풀렸을 가능성도 있다. 이를 위해, 필자는 상경인이 10년 이상 소속·활동한 공동체와 업종 모임 등에서 획득한 추가 정보, 인터뷰이와 친밀한 다른 인터뷰이와의 대화 및 '그 인터뷰이'에 대해 의도치 않게 드러낸 선망, 한국 정부·대학·언론 등으로부터 받는 대우를 공식 기록 및 사진 등을 통해 확인했다.

2 글로벌시티 상하이에서의 한국인 공동체 분화

1992년 한중수교 이후 한국인의 중국 진출은 베이징, 칭다오, 션양 등 산둥성 이북 및 동북 지역 곳곳에 코리아타운을 형성했지만, 2000년대 후반부터 이들 공간은 점차 한족 또는 조선족들에 의해 점유되고 있다. 실상 중국 정치 수도 베이징에 '왕징 코리아타운'처럼 대규모의 특정 국적 외국인 집거지가 형성되었던 것 자체가 예외적인 일이었다.

베이징의 왕징은 1980년대까지 농지에 불과했지만 1990년대 이후 신흥 중상층 거주 대규모 아파트 단지로 개발되기 시작했고, 1997년 이후 한국인들이 저렴하고 편리하며 쾌적한 신도시 왕징으로 모여들어 코리아타운을 형성하기 시작했다.[9] 2006년 왕징에는 한국인이 인구의 30%를 차지했고, 왕징 '西園 4區'와 '3區'의 경우 거주민의 70%가 한국인으로 채워졌으며, 이외에 왕징 근교에는 비공식 통계로 약 10~15만 명의 조선족이 새롭게 이주하여 한국인을 위한 다양한 서비스와 노동력을 제공했다.[10] 이처럼 왕징 코리아타운 초기의 또 다른 주요 구성원은 조선족이었다.

1992년 이전 베이징 거주 조선족은 주로 지식인 등 엘리트 집단이었고 그 인구도 1982년 3,734명 1990년 7,374명에 불과했었는데, 2000년대 왕징 코리아타운 형성과 더불어 동북 지역 조선족들이 유입된 이후 그 사회적 구성은 한국인을 위한 언어 소통, 보모, 식당,

---

9) 백권호 · 장수현 · 김윤태 · 정종호 · 설동훈. 「2010년 대중국 종합연구 – 재중 한인 사회 연구: '코리아타운'을 중심으로」. 경제 · 인문사회연구회, (2010), pp. 18-19.

10) 강진석. 「베이징 "왕징" 코리아타운 지역의 한 – 중 "이문화" 갈등요소와 해소방안 연구」. 『국제지역연구』 11(1), (2007), pp. 8-14.

주거, 비자 등 일상생활에 필수 서비스를 제공하는 집단으로 재편되기 시작했다.[11]

그러나 2008년 글로벌 금융 위기 이후 중국의 정치경제적 위상 제고와 더불어 한국인이 주도했던 왕징도 조선족이 주도하는 공간으로 변화되기 시작했다. 조선족들은 한국인들이 운영하던 크고 작은 업체 등을 인수하며 경제적 영향력을 제고했고, 그 결과 왕징의 한국 경제인·주재원·유학생·무직자·노동자 등 사이에 사회적 분화가 전개되었다.[12] 이런 상황에서 일부 조선족은 과거 경제적 우월감에 취해 있었던 한국인들로부터 받았던 멸시와 그로 인한 상처를 드러내 보이며 반감을 표출하기도 한다.[13] 오늘날 왕징은 여전히 코리아타운이라는 간판을 유지하고 있지만, 그 간판의 지속 여부는 중국인 사회에 달려있는 상황이다.

베이징처럼 상하이에서도 한국인 공동체가 쇠퇴하고 있지만 두 도시의 대도시화가 상이한 역사적 맥락 하에서 이루어졌듯, '지역 특색의 한중관계' 또한 다소 상이했다. 상하이는 민국시기 열강의 조계지 건설과 더불어 1920년대 이후 이미 세계적 도시로 성장했었고, 개혁개방 이후에는 초국적 자본 유입에 의존하며 글로벌시티로 빠르게 부상했다. 이러한 역사적 경험 때문에 상하이에는 오랫동안 '외국인〉

---

11) 예동근. 「글로벌시대 중국의 체제전환과 도시종족공동체 재형성 - 베이징 왕징 코리아타운의 조선족 공동체 사례 연구」, 『한국민족연구논집』 43권, (2010). 공식적으로 등기된 인구에 한정할 때, 베이징 조선족 수는 2009년 이후에야 비로소 한국인 수를 초과하기 시작했다.

12) 정종호. 「왕징모델 - 베이징 왕징 코리아타운의 형성과 분화」. 중국학연구 65, (2013).

13) 이윤경·윤인진. 「왕징 코리아타운 내 조선족과 한국인 간의 상호인식과 사회관계 : 다자적 동족집단모델의 도입」, 『한국학연구』 47집, (2013).

상하이인)외지인'의 독특한 위계적 관계가 유지되어왔다. 1990년대 초 푸동 개발 이후 상하이는 중국의 경제 수도로 급성장했는데, 상하이인의 배타성과 비싼 거주·생활비 등 사회경제적 요인은 외지인의 이주에 거대한 장벽이 되었고, 이 때문에 조선족들도 상하이로의 이주에 소극적이었다. 이 때문에 상하이에서는 왕징과 달리 한국인의 초기 정착에 있어서 조선족보다 상하이인 또는 한족과의 관계가 상대적으로 더 빈번했다.

역사적으로 중국의 정치경제적 부침에 따라 상하이의 한국인 공동체도 급격한 변화를 겪는다. 1919년 상하이 프랑스 조계에 대한민국 임시정부가 설립된 이후 조선인의 상하이 진출은 독립운동을 위한 '정치적 이주'가 주를 이루었지만, 1930년대 이후 이주의 성격은 외국인 공공조계를 중심으로 친일 또는 비정치적 이주로 변화되었다.[14] 이는 상하이 조선인 인구 추이에서도 드러난다. 1936년에는 1,797명에 불과했고, 일본이 상하이를 점령한 이후인 1940년 경에는 약 8,000명으로 급증한 반면, 중화인민공화국 건국 이후인 1949년 11월에는 약 50명으로 급감했다.[15]

1949년 중화인민공화국 건국과 더불어 외국인들은 엄격한 출입·거류 심사 및 일반 주민들과 격리되었고, 특히 거주·업무·일상 등

---

14) 김승욱. 「20세기 초반 韓人의 上海 인식 : 공간 인식을 중심으로」, 『중국근현대사연구』 제54집, (2012).

15) 趙蘭亮. 「試論抗戰勝利後上海的韓國僑民團體」, 『學術月刊』第2期, (2000), pp. 48. 4·5·6차 인구센서스 자료에 근거할 때, 1990년 상하이, 장수성, 광둥성 지역 조선족 총수는 2,316명(전체의 0.12%)에 불과했고, 2000년 기준으로는 산둥성 거주 조선족 27,795명보다 적은 20,631명(1.07%)이었으며, 2010년에도 산둥성 거주 조선족 61,556명에 비해 적은 49,397명(2.70%)에 그쳤다. 박광성, 2014년 2월 8일. 「"글로벌화"와 "대도시화" 과정 속에서의 중국조선족 민족교육」, 『연변통보』 칼럼.

이 특정 공간에 밀집된 '딴웨이(単位)'와 유사한 체제 하에서 생활해야만 했다.[16] 외국인들은 개혁개방으로 1990년대 말 외국인의 거주지역 제한이 해제되기 전까지 구베이 지역 등에 잡거하며 살았고, 1992년 한중수교 이후 본격적으로 진출한 한국인들은 외국인 거주지역에 터를 잡고 살고 있었던 일본인, 대만인 등이 구축한 외국인 생활공간 속으로 파고들었다. 이러한 영향으로 오늘날에도 구베이 지역 상업 광장의 식당, 소매점, 서비스 매장 일부는 히라가나(ひらがな), 한자, 한글, 영어 등 여러 언어가 각인된 간판을 달고 옹기종기 모여있다.

1990년대 초반 푸동 개발로 상하이가 글로벌시티[17]로 빠르게 성장함에 따라 도시 구성원들은 급격한 사회적 이동을 경험했다. 즉 외국인 > 중국인이었던 관계는 상하이인인 > 외국인인 > 외지인 관계로 재편되었고, 최근 일부 상경인은 '상하이인인 > 외지인인 > 외국인' 관계도 나타나고 있다고 주장하고 있다.[18] 특히 상하이가 글로벌시티

---

16) Pieke, Frank N.. Immigrant China. *Modern China* Vol. 38. No. 1, (2012), pp. 43; Bork-Hüffer, Tabea · Yuan-Ihle, Yuan. "The Management of Foreigners in China: Changes to the Migration Law and Regulations during the Late HuWen and Early XiLi Eras and Their Potential Effects". *International Journal of China Studies* 5(3), (2014), pp. 574.

17) 사센, 사스키아. 남기범 · 유환종 · 홍인옥 역. 『경제의 세계화와 도시의 위기 – 초국적 시장 공간으로서 세계 도시의 성장과 새로운 공간적 · 사회적 불평등』. (푸른길, 1998), pp. 23-26 & 181-182. 세계 도시의 공간적 특징은 (1) 고도로 집중된 세계 경제 조직의 조정 · 통제 중심지, (2) 금융과 기업 특화 서비스가 제조업을 대체하는 핵심 입지 장소, (3) 주도적 산업의 생산지이자 혁신의 창출 장소, (4) 생산물과 생산된 혁신을 위한 시장이다. Sassen, Saskia. *Global City - New York, Lomdon, Tokyo*, 2nd Edition, (Princeton Univ. Press, 2001), pp. 3. 사센은 2001년 저서에서 '(4) 시장 부분'을 추가함으로써, 글로벌 도시의 소비 중심의 양극화 경향에 대해 강조했다.

로 도약하는 과정에서 기존의 외국인, 상하이인, 외지인 등으로 분리되었던 공동체는 경제적 자산 차이에 따라 새롭게 통합·재편되고 있다. 제조업으로부터 금융·서비스업으로의 전환에 따라 소득·자산 불평등 격차가 양극화되고 있고, 상업·주거 재활성화 등에 따라 경제적 지위에 따른 주거 분리가 당연시되고 있으며, 특히 국적이 아닌 계급 차이에 따라 재구성되고 있다.

1992년 한중수교 이후에도 오랫동안 상하이 한국인 인구는 좀처럼 늘어나지 않았다. 외지인 배타성이 강한 상하이에는 조선족의 진입·정착이 쉽지 않았기 때문도 있었고[19], 조선족을 어느 정도 대신할 수 있는 한국인 유학생들도 베이징대학, 칭화대학, 런민대학 등 명문대가 밀집한 베이징으로 집중되었던 영향도 있다.[20] 나아가 한국 대기업의 중국 진출도 베이징에 집중되었다.

2000년대 들어 경제 수도 상하이의 한국인 공동체도 큰 변화를 겪었다.

첫째, 1990년대 말부터 2000년대 초까지 상하이에 한국인 인구가 매우 적었을 때, 한국인들은 전혀 안면이 없는 상태에서 '마주침' 자

---

18) HB에 따르면, 과거 상경인들은 자녀 교육 공간으로 국제학교를 선호하면서도 그 비싼 비용을 감당하기 힘들 때 어쩔 수 없이 현지학교를 선택했지만, 몇 해 전부터 상하이의 일부 區정부는 외국인의 현지학교 등록 조건으로 해당 구 소재 '주택 소유'를 명문화하기 시작했다. 2016년 1월 13일 인터뷰. 즉, 현지학교 입학 조건으로만 볼 때, 외국인은 외지인과 거의 동등한 위치에 놓이게 되었다.

19) 2003년 외교부 통계에 따르면 상하이의 조선족 수는 5,000명에 불과했지만 동북 지역에서 상하이보다 더욱 멀리 떨어진 광저우에는 약 2배에 해당하는 9,500명이 있었다.

20) 2003년 기준 상하이의 일반한국인 체류자는 5,976명, 한국유학생은 2,324명 등 약 8,000명에 불과했고, 같은 시기 베이징에는 5배 이상의 한국인 일반 체류자와 유학생이 있었다.

체에 반갑게 인사하고 친밀감을 표시하는 것이 일반적이었고, 사회
경제적 차이에 따른 거주 지역 분리에도 불구하고 공동체를 갈구하
는 경향이 있었다. 1999년 10월 10일 교민 주간지 [상하이저널] 창간
으로 '상상된 공동체'는 다소 강화되기도 했다.[21] 특히 2003년 이후
상하이 한국인 인구가 급증하고 한국인 거리가 형성됨에 따라, 한국
인 공동체는 비록 단기간이긴 했지만 친밀함으로 충만하기도 했다.
당시 황무지에 가까웠던 홍첸루 근처에 금수강남(錦繡江南)이라는
새 아파트 단지가 들어서자 여러 지역에 분산되어 있던 한국인들이
모여들기 시작했다. 구베이에 거주하던 일부 한국인들도 비싼 임대
료를 피해 또는 상대적으로 적은 비용으로 부동산 투자 수익을 얻기
위해 금수강남 등 저렴한 새 아파트를 구매하며 홍첸루로 이주했다.
그 결과 홍첸루 일대는 한국 슈퍼, 식당, 학원, 쇼핑센터, 부동산 중
개업소들이 밀집되며 한국인 거리로 변신했다.

둘째, 한국인 거리는 상하이 한국인 공동체가 구베이, 홍첸루, 롱
바이(龍柏) 등 사회경제적 차이에 따른 분리가 촉진되는 기점으로
작용했다. ㉠ 구베이에 남은 사람들은 대기업 주재원이거나 성공한
상경인이었다. 주재원들은 자녀들을 거의 무상으로 '고급 국제학교'
에 보냈다. 반면, 상경인은 순수한 개인 돈으로 비싼 고급 국제학교
비용을 감당했고, 자녀들이 홍첸루가 아닌 국제적 커뮤니티에서 성
장하며 영어와 중국어를 "마스터"한 것을 강조한다. ㉡ 홍첸루 일대
에는 주로 중소 자영업자들이 거주하는데, 자녀 교육 현황은 경제적

---

21) 이 저널을 창간한 WM은 당시 상하이 한국인 인구 파악에 중점을 두었다. 외교
  부 통계에도 1999년 상하이 한국인 통계를 찾을 수 없었는데, WM은 창간 당시
  인구를 7천 명으로 파악했고, "그 숫자가 가장 정확한 숫자"라며 강조했다.
  2016년 7월 11일 인터뷰.

역량에 따라 일반 국제학교, 한국학교, 현지학교로 구분된다. 부모들의 경우 자녀가 속한 교육기관을 중심으로 계층화된 네트워크를 구성하기도 하지만 기존의 동문회, 출신 기업 OB모임, 향우회 등 다양한 사회적 네트워크에 기반한 약한 연결도 중시하고 있는 반면, 자녀들의 경우 부모 세대와 달리 학교에 따라 철저하게 분리된 채 성장하고 있다. ⓒ 롱바이 지역은 원래 과거 일부 한국인들이 외국인 거주제한이 해제되기 전 외국인 전용 거주구역의 비싼 임대료를 감당할 수 없어 비합법적으로 집거한 지역으로, 주거·교육 측면에서 근처의 홍췐루에 비해 상대적으로 열악했다. 그러나 오늘날 롱바이 지역은 도시 재개발 사업으로 임대료가 증가하고 있어서, 한국인들은 상하이 외곽에 새롭게 형성 중인 지우팅(九亭) 등 상대적으로 저렴한 지역을 찾아 이주하고 있다.[22]

과거 상하이 한국인 공동체는 일반 중국인에 비해 사회경제적 지위가 우월하다는 인식에 기초하여 강한 상상적 유대를 구성하기도 했지만, 2008년 금융 위기를 겪으며 그마저도 무너지기 시작했다. 급증하는 임대료·생활비 압력을 견딜 수 없었던 사람들 또는 세계 경제 위기 여파로 중국도 큰 위기에 휩싸일 것이라고 생각한 상하이 부동산 소유 한국인들도 재산을 모두 정리하고 귀국했다. 그 결과 구베이와 홍췐루 일대 한국인 소유 부동산들은 상하이인과 타이완인 등에게 이전되었다. 오늘날 구베이의 '외국인 거리' 및 홍췐루의 한국인 거리 상점들의 생존 여부는 중국인의 취향에 얼마나 호응하고 있는가에 따라 결정되는 경향이 있다.

---

22) 지우팅의 2016년 8월 기준 한국식 24평 형 아파트(보일러 설치) 월 임대료는 약 100만원 내외이다.

③ 취약한 중국과 상경인의 자본 축적

개혁개방 초기 공산당은 외국 기술, 경험, 자본을 도입하기 위해 대외적으로 부드러운 국가 이미지를 구성한 반면 대내적으로는 강압적인 체제를 강화했고, 이는 외국인의 중국 진출에 중요한 영향을 미쳤다. 해외 자본이 중국 진출에 적극적이었던 이유는 단순한 저임금보다는 오히려 노동자 조직화와 저항이 효과적으로 억제된 것[23]과 노동자 각 개인이 건강하고 잘 교육되어 있었기 때문[24]도 있었다.

1978년 11기 3중전회에서 공산당이 "당 공작 중심을 사회주의 현대화 건설로 이전"하기로 결정한 후, 덩샤오핑은 중국 현대화에 필요한 경험, 지식, 기술 등의 결핍을 채우기 위해 발전된 국가들로부터 배워야 한다는 것을 반복적으로 제기했다. 그는 1984년 10월 6일 중외 경제합작 문제 세미나에 참석한 대표들을 접견했을 때, 외국 자본의 중국 진출을 유도하기 위해 다소 애처로운 구애를 하기도 했다.

"어떤 분들은 (중국 투자) 위험이 클까봐 걱정하고 있다고도 들었습니다. 만약 합작하는 가운데 위험이 생기게 되면 우리 다 같이 책임을 지면 됩니다. ... 우리를 도운 사람들이 얻는 이익이 그들이 우리에게 준 도움보다 적지 않을 것임을 역사는 궁극적으로 증명할 것입니다."[25]

실제로 중국에서 외국인들은 비교적 특수한 신분 보장을 받으며 안전하고 풍요로운 사회경제적 생활을 영위할 수 있었다. 상하이시

---

23) 모리스 마이스너. 김수영 역. 『마오의 중국과 그 이후 2』. (이산, 2004), 640쪽.
24) 조반니 아리기. 강진아 역. 『베이징의 애덤 스미스-21세기의 계보』. (길, 2009).
25) 김승일 역. (1994). pp. 120-121.

도 2000년 초중반까지는 외국인들의 불법 행위들에 대해 너그러웠다. 예를 들어, 1990년대 한 외국인 주재원은 음주운전 사망 사고를 일으킨 경우에도 소속 기업의 도움을 받으며 돈과 인맥을 통해 해결할 수 있었다.[26] 수많은 상경인에 따르면 2000년대 초반까지도 심각하지 않은 법적·도덕적 문제는 외국인의 사회경제적 활동에 큰 제약이 되지 않았다. 암달러상을 통한 '비합법적' 외환 거래는 아주 쉬운 돈벌이에 해당했다. 예를 들어, 1990년대 한국 주재원들은 매달 임금으로 받은 외환태환권(外匯兌換券, FEC, Foreign Exchange Certificate) 또는 1994년 이후에는 달러를 들고 회사 정문 앞에 포진한 불법 암거래상과 거리낌 없이 인민폐로 교환하여 월급을 약 1.5배로 뻥튀기했다.[27]

상하이와 같은 대도시가 글로벌도시로 성장하는 가운데 외국인에게 부여한 가장 특별한 자본 축적 기회는 바로 부동산이었다. 1980년대 중국에 진출한 외국인들은 사회주의적 주택 공급 체제의 유산인 할당 방식 때문에 거주할 곳을 찾기가 매우 어려웠고, 또 제한된 지역에서 비싼 임대료를 내고 거주해야만 했다.[28] 이 때문에 외국인을 위한 신도시들이 기획되기 시작했다. 1984년 상하이 시정부는 '구베이 신구' 계획을 승인했고, 이후 외국인들은 호텔 생활을 청산하고

---

26) HL, 2016년 1월 12일 인터뷰.

27) 1980년부터 1994년까지 중국 정부는 외국인들이 호텔 투숙 및 국제 우편 서비스 나아가 "우의상점(友誼商店)"에서의 상품 구매 등 내국인보다 비싸게 서비스와 상품을 이용하도록 강제하기 위해 FEC라는 특수목적 화폐를 발행했다. 공식적으로 1FEC는 1RMB이었지만, 암거래상에서는 1.5RMB로 거래되었다. FEC 발행은 1994년 공식적으로 중지되었다.

28) Wu, F · Webber, K. "The rise of foreign gated communities in Beijing: between economic globalization and local institutions". *Cities* 21, (2004).

안정된 거주지에 둥지를 틀 수 있었다. 구베이 신구 계획은 보편적인 전지구화의 산물인 국제지구를 만드는 것으로서 30여개 국가의 외국인이 거주했기에 '작은 UN'이라는 별칭도 얻었는데, 실제로 거주 공간과 노동 공간이 결합된 형태로서 사회주의 시기 딴웨이(單位) 체제의 시각과 유산이 반영된 결과물이었다.[29] 상하이에서 주택 상품화가 시행되기 이전에도, 1990년대 중국 진출 한국 대기업들은 구베이 등 외국인 집거지에 다량의 사택을 확보하여 주재원 가족들이 공동생활을 하며 타국에서 정착할 수 있도록 도왔고, 이로 인해 그 가족들은 사회주의 시기 노동, 거주, 교육, 복지 등이 결합되어 있었던 '딴웨이'적 생활을 경험했다.

중국 정부는 사회주의 시기의 대표적 유산이었던 공유주택을 시장 원리에 따라 판매되는 상품으로 전환하기 위해 많은 시행착오를 겪어야만 했다. 개혁개방 이후 중국의 공유주택 체제와 주택상품화 체제는 각각 진퇴를 거듭하다가, 1991년 이후 본격적으로 주택상품화가 시작되어 1998년 7월 3일 딴웨이에 주택 실물배분을 중지되고 완전 화폐화가 시행되었고, 1999년 즈음에는 거의 모든 지역에서 관철되었다.[30] 상하이시는 1994년 처음 공유주택 매각을 공고한 후, 1996년 창닝구(長寧區)에서 전국 최초로 공유주택 재매매를 시험적으로 허용했고 1997년에는 시 전체로 확대했으며, 그 결과 2000년 말에는 상하이시의 매각 가능한 공유주택 70% 이상이 거래되었다.[31] 또 상하이는 주택 상품화 촉진을 위해 2001년 외국인의 부동

---

29) Wang, Jun · Lau, Stephen S. Y., "Forming foreign enclaves in Shanghai: state action in globalizion", *Springer Science+Business Media B. V.*, (2008), pp. 108.

30) 김영진, 『중국의 도시 노동시장과 사회 - 상하이시 사례를 중심으로』, (한울, 2011), pp. 300-305.

산 구매 제한 해제와 더불어 외국인이 부동산을 구매할 때 2~3년 간 납입한 세금 전체를 환급해주었고, 심지어 오전에 구매한 아파트를 오후에 판매해서 초단기 시세 차익을 얻는 투기도 제한하지 않았다.[32] 상하이 시정부가 이처럼 부동산 시장화를 적극적으로 부추긴 것은 1990년대 말부터 지방 정부들이 토지사용권 임대, 부동산 개발, 부동산 거래 관련 세금을 통해 상당액의 자체 재정을 창출할 수 있게 되었기 때문이다.[33]

2001년부터 상하이 시정부가 주택 상품화를 시행하고 외국인에게도 주택 구매를 허용했지만, 대다수 상경인은 중국 부동산 구매에 거의 관심을 기울이지 않았다. 중국의 사회주의적 경험에 대한 염려뿐만 아니라 부동산 거래 절차에 대한 낯설음, 부족한 중국어, 중국인 중개업자에 대한 불신 등 다양한 원인이 작용했다.

2000년대 초 상하이 부동산 과열 현상을 목도하며 상경인은 과거 한국의 경제 발전 과정으로 인해 익숙했던 부동산 성공 신화를 데쟈뷰처럼 경험했다. 당시 Z 한중 무역합작법인 총경리였던 CK에 따르면 2000년대 중반까지 상하이는 "찬스가 많이 있어서, 뭐를 했어도 웬만큼 돈을 벌었던 시기"로 기억하며, 그 중에서도 부동산을 가장 중요한 기회로 지적했다.[34]

흥미로운 점은 상하이 한국인 공동체에서 부동산 거래를 주도한 상경인 집단은 전업주부였다는데 있다. 기존의 시각에서 주재원 부인들은 대개 자녀 교육 담당 및 소비 주체 등으로만 묘사되었다.[35]

31) 김영진 (2011), pp. 309-315.
32) GW, 2016년 3월 24일 인터뷰.
33) Ren, Xuefei. *Urban China*, (polity Press, 2013), pp. 57-72.
34) 2015년 10월 27일 인터뷰.

그러나 상하이 한국인 전업주부들은 부동산 거래를 주도함으로써 가족을 위해 대규모의 자본을 '축적'하고 또 안정된 토대 위에서 다른 도약을 할 수 있는 환경을 구축했던 가계 내 '핵심' 경제 행위자들이었다.

주재원 부인이었던 SK는 2002년 임대한 아파트 싱크대에서 각종 벌레가 끊임없이 출몰하자 큰 위험을 무릅쓰고 부동산 구매를 결정하게 되었는데, 이는 대충 인테리어된 임대용이 아닌 상하이 중산층들이 실거주 목적으로 '제대로' 인테리어한 아파트에서 거주하기 위한 목적이었다. 이에 대한 한국인 주재원 공동체의 초기 반응은 '극성스럽고 유별나다'였다. 그러나 SK는 자신이 힘들게 구매한 '좋은' 아파트에 대해 한국인은 물론 중국인들도 웃돈을 얹어서라도 구매하고 싶어한다는 것을 알게되었다. 이후 SK는 연이어 부동산을 매매하며 단기간에 큰 자본을 축적한다. 심지어, 그 지역 중국인 부동산 업자들은 한국인 주부 고객을 적극적으로 유치하기 위해 "SK가 구매한 아파트"라고 홍보하고 다닐 정도였고, 이는 한국인들이 중국 아파트 구매의 '장벽'을 넘는데 중요한 영향을 미쳤다.[36]

전업주부들이 부동산 투자를 주도할 수 있었던 것은 주재원들의 경우 조직화된 일상구조 때문에 업무 영역 외 활동에 제약이 있었고, 또 부동산 구매에 필요한 대출 등 각종 절차를 위해 회사의 승인이 필요했기 때문이다. 즉 주재원은 회사 자산이 아닌 개인 자산 늘리기에 해당하는 부동산 매매 활동 자체와 관련이 없는 것처럼 행동해야 했다. 이 때문에 부인들은 회사와의 껄끄러운 협상을 막후에서 전개

35) 정종호, (2013), pp. 449-450.
36) 2016년 7월 11일 인터뷰.

했다. 한국인의 부동산 매매가 일반화됨에 따라, 회사가 직원들의 부동산 구매를 돕는 것은 당연한 서비스의 하나로 정착되었고[37], 또 아파트 매수에 따른 이자를 지불하고도 남는 임대료 보조금으로 개인적 재산 증식 기회에 사용하는 것도 허용했다. 이처럼 중국 정부, 한국 기업, 한국인 사회 모두가 부동산 투자를 적극적으로 지지하는 분위기가 형성됨에 따라, 주재원 부인들은 함께 '팀'을 꾸려 공동으로 아파트 구매 및 인테리어 계약에 나섰고, 이는 가격 협상력을 제고하여 더 많은 수익을 취할 수 있었다.

이외에 일부 상경인은 한국의 친지와 친구들에게 상하이 부동산 투자를 권유함으로써 자산 축적 기회를 공유했는데, 이에 '(전)사회주의 국가 중국의 부동산 구매'하는 모험을 선택했던 한국인들도 적지 않았다. 실제로 많은 상경인들은 1990년대에서 2000년대 초까지 상하이에 진출한 제조법인의 성공 여부를 공장 설립을 위해 토지를 임대한 부류와 구매한 부류로 구분한다. 한국 기업 N이 대표적인데, N은 오늘날 번화한 한국인 거리로 변신했지만 1990년대 초반에는 황무지에 불과했던 '우중루'에 토지를 구매하여 공장을 지었고, 2000년대 중반 타지로 공장을 이전할 때 수십 배의 토지 매매 차익을 남겼다.

CK는 2006년의 상하이 사회를 "온 사방팔방, 중국 사람이고 외국 사람(이고) 다 돈에 미친 것" 같았던 때라고 회상한다.[38] 이러한 영향으로 2006년부터 중국 정부는 '부재 투자자'(absentee investor)의

---

37) A에 따르면, 극소수 기업만이 직원들의 부동산 매매를 금지했고 심지어 가족 명의로 비밀스럽게 구매한 직원들의 경우에도 끝까지 추적하여 퇴직을 종용했다고 한다.

38) 2015년 10월 27일 인터뷰.

상하이 등 대도시 부동산 구매를 금지했는데, 그럼에도 불구하고 외국인의 주택 소유는 홍콩인과 대만인 이외 유럽인들에 의해 장기거주 · 투자 · 별장 구매 목적으로 계속 늘어나고 새로운 외국인 집거지들도 증가했다.[39] 2008년 금융위기 에도 불구하고 상하이에서 10년 이상 잘 버텨낸 상경인들 중 대다수는 부동산 투자로 안정적인 주거 공간 확보 및 큰 규모의 자산 축적 경험의 중요성을 부정하지 않는다.

2006년 이후 한중관계가 급변하고, 또 2008년 글로벌 금융위기가 발생하자 상경인 사회 내부에서도 부동산에만 집착했던 측과 그렇지 않은 측 사이에 사회적 분화가 시작되었다. 부동산에 더 많이 집착했던 상경인 중 대다수는 2008년 금융위기 이후 모두 정리 후 한국으로 귀국한 반면, 개인 사업 등 다양한 목적으로 상하이 정착을 결정한 이들은 부동산을 정리할 필요를 느끼지 못해 계속 소유한 결과 2008년 이후 지금까지 몇 배나 더 큰 수익을 얻으며 안정적으로 개인 사업을 키워나갈 수 있었다. 예를 들어, 대기업 법인장을 역임한 TB는 2010년 퇴직 이후 잇따른 개인사업 실패와 건강 악화에도 불구하고 부동산 수익 때문에 상하이에서 "궁핍하지 않게 버틸 수 있었"고, 안정적으로 다른 사업을 구상했으며, 그 결과 최근 새로운 도약도 할 수 있었다.[40] 이러한 경로는 성공한 상경인의 보편적 경험에 해당한다.

그러나 모든 상경인이 부동산을 소유한 것은 아니었다. 일부 상경인은 몇 번의 시도에도 불구하고 중국 체제에 대한 의심 및 주변의

---

39) Pieke, (2012), pp. 49.
40) 2016년 3월 29일 인터뷰.

만류로 최종 계약에 이르지 못했고, 또 다른 상경인은 부동산을 통한 자산 축적 자체에 대한 거부감 때문에 여전히 부동산 소유에 부정적이다.

4 성장한 중국과 상경인의 자기 규율

가. 강화된 법치에 대한 적응

상경인들이 외국인 신분을 즐기며 자본을 축적하던 때, 그들에게 중국 공권력은 웃음거리로 재현되는 대상에 불과했었다. 그러나 2006년 〈치안관리처벌법〉 개정 이후 상경인과 중국의 국가·사회와의 관계는 크게 변화되기 시작한다. 중국 법치 강화와 더불어 상경인은 경제활동은 물론 일상에서도 중국인들과 법적 문제로 얽히는 일이 빈번해졌다.

1997년 15차 당 대회에서 공산당은 '의법치국, 사회주의 법치국가 건설' 방침을 결정했고, 이후 사법제도 개혁은 물론 법률보급 운동을 전개하고 있다.[41] 특히 근래 각종 미디어들은 드라마, 라디오, 영화 등을 통해 법치 관련 제도, 사례, 경험 등을 대대적으로 홍보하고 있다. 이 때문에 중국인의 법률 지식·의식 제고되고 있고, 상경인도 중국인과 빈번하게 접촉할수록 중국 법 숙지 필요성을 실감하고 있다.

법과 공권력은 사회적 토대를 벗어나서 작동할 수 없다는 점을 고

---

41) 조영남. 『중국의 법치와 정치개혁』. (창비, 2012a); 조영남. 『중국의 법률 보급 운동』. (서울대학교 출판문화원, 2012b).

려할 때[42], 의법치국 체제 하에서 상경인은 중국 법에 대한 지식 및 동원 가능한 중국인 네트워크 자원이 많을수록 갈등의 조정과 타협에 보다 쉽게 도달할 수 있게 된다. 시간과 비용 문제 때문에 법적 갈등이 소송까지 이어지는 경우는 드물기 때문이다. 그러나 만약 일방이 사소한 갈등이라고 하더라도 반드시 법을 통해 문제를 해결하려고 할 경우, 쌍방은 결과에 영향력을 미칠 수 있는 개인적 관계에 더욱 강하게 의존하게 될 것이다.

이런 맥락에서 상경인은 과거와 달리 중국 내에서 사회적 열세에 처해 있기 때문에 '중국인과 갈등을 빚더라도 가능한 한 사회적으로 해소될 수 있을 정도의 여지를 남겨두어야만 한다'는 인식을 공유하고 있다.

이러한 변화의 기점은 2006년 중국 정부에 의해 개정된 치안관련 법 개정이었다.

2006년 3월 1일 중국 정부는 〈중화인민공화국 치안관리처벌법(中華人民共和國治安管理處罰法)〉을 개정했다.[43] 법의 '개정'은 특정 조항에 문구를 추가하는 것이었는데, 이 문구는 치안관리를 명목으로 외국인에 대해 다소 가혹한 처벌을 가능하도록 명시하는 것이었다. 개정된 법 조항은 아래와 같고, 밑줄 부분이 새로 삽입된 내용이다.

---

42) 콜린스, 랜달. 진수미 역. 『상식을 넘어선 사회학』. (현상과 인식, 1997); Macaulay, Stewart. "Non-Contractual Relations in Business: A Prelininary Study". *American Sociological Review* 28, (1963). Edited by Granovetter, Mark & Swedberg, Richard, 2001. *The Sociology of Economic Life*, 2nd Edition, (Westview Press, 2001).

43) 이 개정 법안은 2005년 8월 28일 제 10기 전국인대 상무위원회 제17차 회의에서 통과되었다.

제9조 민간의 분쟁으로 야기된 싸움·구타 또는 타인재물 훼손 등 치안관리를 위반한 행위에 대해, 공안기관은 사안이 비교적 가벼울 경우 중재·처리할 수 있다. 공안기관의 중재를 통해 당사자들이 합의에 이른 경우 처벌하지 않는다. 중재에도 불구하고 합의에 이르지 못했거나 합의 후 이행되지 않은 경우, 공안기관은 본 법안 규정에 의거 치안관리를 위반한 행위자를 처벌할 수 있고, 또 당사자가 민사쟁의를 법에 의거 인민법원에 민사소송으로 제기할 수 있음을 고지한다.

제2장 처벌 종류와 적용

제10조 치안관리처벌의 종류 분류 :
(1) 경고,
(2) 벌금,
(3) 행정구류,
(4) 공안기관 발급 허가증 취소
치안관리를 위반한 외국인에 대해, 기한 내 출국 또는 국외 추방을 추가할 수 있다.

위 〈치안관리처벌법〉 제9조에서도 알 수 있듯, 치안관리법 위반 행위는 '싸움·구타 또는 타인재물 훼손' 등 다소 가벼운 사안에 해당한다. 그러나 만약 "공안기관의 … 중재에도 불구하고 합의에 이르지 못했거나 합의 후 이행되지 않은 경우", 2006년 3월 1일 제10조에 추가된 처벌 내용처럼 "치안관리를 위반한 외국인에 대해, 기한 내 출국 또는 국외 추방을 추가할 수 있다." 즉 외국인과 중국인이 사소한 다툼을 일으켰을 때, 피해자에 해당하는 상대방 중국인이 합의를 해주지 않을 경우 또는 그 중국인이 공안기관에 영향력을 미칠 수 있을 정도의 지위에 있는 경우, 해당 외국인은 한 번의 사소한 다툼만으로도 국외 추방을 당할 수 있다.

B는 이와 관련된 사례를 알려주었다. 2006년 여름 상하이 푸동에서 꽤 큰 규모의 한국식당을 운영하던 한국인 X는 술에 취한 채 편의점에서 물건을 구매하던 중 새치기를 했고, 그로 인해 피해를 당한 중국인과 사소한 언쟁을 시작했다. 이 과정에서 한국인 Y를 모욕했고, 결국 사소한 언쟁은 공안이 개입하는 상황으로 확대되었다. 하필이면 꽤 상층에 속했던 Y는 X에게 받은 모욕을 '중국인 일반에 대한 모욕'으로 인식했다. 따라서 Y는 X에게 '기회를 줄테니, 니가 찾을 수 있는 모든 인맥을 다 동원해 봐. 그렇지 못하면 너는 바로 추방이야.'라고 경고했다. 이는 사실 X에게 기회를 주는 것이 아니라, X가 스스로 인맥이 닿는 모든 사람들에게 연락을 취해 자신이 한 중국인에게 어떤 잘못을 했는지 그 결과 어떤 처벌을 받을지 널리 알리도록 유도한 것이라고 볼 수 있다. 결과적으로 X는 Y보다 높은 지위의 중국인 인맥을 찾을 수 없었다. 그리고 성업 중이던 자신의 식당을 정리하지도 못한 채 곧바로 추방되었다. 6개월 후 X는 한국에서 이름을 변경하고 여권을 재발급 받아 중국의 다른 성(省)을 통해 입국을 시도했지만, 입국 심사 과정에서 재추방되었다.[44]

　상하이의 교민지 [상하이 저널]은 한국인들이 주목해야 할 중국 법제 변화 관련 소식을 오랫동안 소개해왔고, 이와 더불어 한국인 집거지를 관할하는 중국 공안 조직과 공동으로 계도 활동을 수행하기도 했다. 중국의 〈치안관리처벌법〉 개정 소식은 [상하이저널] 2006년 3월 13일 〈영사관 소식〉이라는 제목으로 한국인 공동체에 알려졌는데, 주로 "등록취소(기업인 등), 국외추방, 입국금지(외국인)" 등 처벌 강화를 소개함으로써 한국인들이 중국 법치 강화에 대해 경각심을

---

44) 2016년 1월 12일 인터뷰.

갖도록 했다. 실제로 2008년 구베이 홍차오 파출소는 [상하이저널]과 함께 〈외국인 거주지역 안전지침〉이라는 포켓북(한국어판)을 발간하기도 했다. 주요 내용은 치안관리처벌법 이외에 외국인출입국관리법 실시세칙 및 도로교통안전법 등으로, 상하이 한국인들이 중국의 법적 울타리 안에서 자신을 규율하도록 유도하는 것이었다.

중국 법치 강화 이후 외국인 추방 위협은 빈번해지는 것 같다. 2015년 중반 상경인 P는 누군가에 의해 자신의 중국 비자가 고의로 훼손당한지도 모른 채 중국에 입국했다가 입국심사장에서 "공문서 위조 및 중국의 얼굴에 떡칠한 사람"이라는 혐의로 억류되었고 또 영구 추방 위기를 겪기도 했다. 그는 자신은 모르는 일이었다며 항변하다가 상황이 점차 심화되자 "훼손된 비자로 입국했고, 이는 불법에 해당하며, 즉각 교환하지 않으면 이후 모든 결과에 대해 책임을 진다"는 내용을 담은 장문의 기술서를 수차례에 걸쳐 고쳐 써서 제출했다. P는 조사관에게 자신의 전 가족이 상하이에서 10년 이상 생활하고 있고, 나아가 상하이 진출 한국 기업에서 오랫동안 고위직으로 활동하고 있다고 밝히기도 했지만 관심을 얻지 못했던 반면, 모 법대 교수들을 잘 안다고 했을 때, 그제서야 해당 조사관은 그 교수들과 안면이 있다며 엄숙함을 조금 풀었다고 한다.[45]

또 P는 본인이 겪은 법 관련 사례들을 다양한 차원에서 소개해주었다. 그는 2013년 중국 업체로부터 소송을 당했는데, '외국인'이었기에 더 쉬운 타겟이 될 수 있었다고 주장한다.

> "** 출시하려고 (중국) 음원 계약을 했는데, 2년이 지났는데 소송 장이 왔어요. 1년 동안 일부러 기다린 거야. 보통은 (계약 1년 후)

---

45) 2015년 12월 30일 인터뷰.

자동계약 조항이 있잖아요. 이 계약은 없더라고. 16만 위안을 요구
하더라고. 변호사 통해서 6만 위안 지불. 무단으로 사용하는 (중국)
애들은 안 건드리는 거야. 외국인들처럼 돈 주고 계약한 사람(만) 일
부러 (건드리고) 말이야."[46]

나아가 P는 2015년 아랫집 중국인 D로부터 '물이 새고 있다'는 항
의를 받은 후 면전에서 '중국법에 의거하여 총 20만 위안의 수리비를
물어달라'는 통고를 받았다. D는 반복적으로 '중국법이 그렇다'라고
말하며 외지 출신 중국인도 알아듣기 힘든 상하이어를 구사했다.
"(내가) 외국인이니까 자꾸 법 얘기를 하는거야. 법, 중국어, 뭐 중국
법에 의하면 뭐 어떻대." 다행히 P는 상하이 법조계에 친밀한 중국인
인맥이 있었기에, 이들로부터 소개받은 중국인 변호사를 통해 15,000
위안 정도에 합의할 수 있었다. 이처럼 합의 금액이 낮아진 것은 단
순히 법에 기대었기 때문만은 아니었다. P는 의형제 관계에 있는 중
국인 C에게 D와 소통해줄 것을 요청했고, C는 P와 함께 D를 찾아가
'P는 외국인이지만, 일반 외국인과 달리 매우 좋은 사람'이라며 계속
칭찬해주었다.[47]

현대 중국처럼 중앙의 정책이 각 지방·기층에서 관철되는 정도가
제각각이고, 또 국적·정체성의 차이가 차별로 전환되기 쉬운 정치
사회적 구조인 경우, 법치 강화는 오히려 불확실성을 높일 수도 있
다. 실제로 수많은 상경인은 인터뷰 과정에서 자신들의 성공적인 상
하이 정착스토리와 안정된 삶을 이야기하는 반면, 동시에 '중국은 한
치 앞도 알 수 없는 나라'라고 강조한다. 이는 중국 법치 강화와 사회

---

46) 2015년 12월 19일 인터뷰.
47) 2015년 12월 19일 인터뷰.

적 확산에 적응하기 힘들다는 불만이 있는 반면, 다른 한 편으로는 중국을 떠날 수 없기에 적응할 수밖에 없다는 체념이 교차하고 있다.

중국 법치 강화로 인해 상경인은 중국에서의 삶의 조건은 점점 더 '예측불가능'해지고 있지만, 이미 장기간에 걸쳐 중국 사회에 적응해 온 상경인은 그렇지 않은 한국인에 비해 훨씬 더 우월한 위치에 있다고 확신한다. 과거 상경인은 '중국 상황'과 무관하게 불법외환거래 및 부동산 등 쉽게 돈을 벌었던 반면, 이제는 중국 법과 그 것이 사회적으로 작동하는 방식에 대해 얼마나 잘 알고 있는지가 경제 활동과 매우 중요한 관계를 맺고 있기 때문이다.

11여년 전 '외국인 기술자'로 처음 중국에 진출한 KJ는 외국인에게 금지된 부동산 중개업에 뛰어들었던 경험이 있다. 그는 베이징 시절 친하게 지내던 중국인 F의 명의를 빌리는 대신 그에게 영업사장 직위와 새 자동차를 제공했다. 그러나 F는 개업 초기부터 성사된 거래 일부를 횡령했음은 물론 다른 영업 직원들과 공모하여 성사가 확실시되는 거래들을 타부동산에 판매하기까지 했다. KJ는 몇 개월 후 우연히 모든 사실을 인지하게 되었지만, 그가 취할 수 있는 행동이라고는 조용히 사업을 접는 것 밖에 없었다. 왜냐하면 그의 불법 행위가 밝혀질 경우 장기간에 걸쳐 중국에서 쌓아올린 경제적·사회적 자본은 순식간에 사라질 수 있기 때문이었다.

> "내가 외국인이 할 수 없는 분야, 즉 불법이잖아요. 이 놈은 그 부분을 알고 이용해 먹은 것도 있는거야. '니가 아무리 해봤자 공안에 못 간다'이거지."[48]

---

48) 2016년 1월 9일 인터뷰.

사업을 접은 후부터 KJ는 중국의 법 제도, 경제 정책, 한중 FTA 등 다양한 영역에 대해 '학습'하고 있는데, 이는 향후 자신이 희망하는 업종이 외국인에게 합법화될 때를 미리 대비하는 것이다. 그는 오랜 중국 법 관련 학습을 해왔고, 사회적으로도 다양한 차원에서 인간관계를 맺었으며, 문화적으로도 중국을 잘 이해하고 있다고 여기기 때문에, '제도가 변화될 경우' 새롭게 진출할 한국인들에 비해 매우 쉽게 우월한 위치를 점할 수 있다고 믿는다. 이러한 인식은 다른 상경인들로부터도 쉽게 들을 수 있었다. 즉 상경인들은 자신이 '아직 중국을 잘 모르거나 경험이 충분치 못한 한국인들'과는 차원이 다른 '중국 전문가'라고 인식한다.

중국은 2006년 이후 더욱 빠르게 변화하고 있다. 상경인은 그 변화 속도를 푸동에 늘어나고 있는 고층 건물 등 외적 환경 변화를 통해 인식하기보다, 법치 강화에 따른 사회 내적 변화로부터 체감하고 있다.

즉 중국의 급격한 변화는 과거 관행적으로 묵인되었던 것들이 이제는 외국인에 대한 직간접적인 법적·사회적 제재로 나타나고 있다. 상경인은 이러한 변화를 온 몸으로 체화하고 있는 자신에게 더 많은 '기회'가 올 것이라고 믿고 있다.

나. 조화사회 담론과 성숙의 문제

상경인은 2006년 중후반 이후 중국에서의 자신의 삶을 미성숙에서 성숙으로의 변화로 인식하는 경향이 있다. 이는 2004년 후진타오에 의해 새로운 통치 이데올로기로 제시되었고 또 2007년 10월 제 17차 당대회에서 채택된 '조화사회론'의 사회적 확산에 대한 대응과 관련이 있어 보인다.

개혁개방 이후 공산당은 경제 성장 우선주의를 내세웠지만, 후진타오 시기부터 성장의 부산물이었던 심각한 빈부격차, 도농격차, 사회불안 증대 등 문제들을 풀어가기 위해 조화사회론을 제시했고[49], 또 2006년에는 〈노동계약법〉 법제화를 통한 균형발전 전략 등 사회적 갈등관리를 본격화했다.[50] 이외에 중국 정부는 2006년 1월 1일 시행된 〈기업법〉에서 경영활동 중 법, 사회공중도덕, 상업도덕 준수 등 사회적 책임을 실행해야 한다는 내용을 추가했고, 2007년 중국건설은행과 차이나 모바일 등이 업계 처음으로 경제적 책임, 사회적 책임, 환경적 책임 등을 근간으로 하는 사회적 책임 보고서를 발간했으며, 2008년에는 '중국공업기업 및 공업협회의 사회적 책임 지침'이 발표되기도 했다.[51]

조화사회론의 사회적 확산은 중국에서 활동 중인 외국자본과 외국인의 사회적 책임과 기여에 관한 문제 쟁점화에 중요한 영향을 미쳤다. 실제로 상경인의 자본 축적도 상하이의 경제사회적 불평등 심화와 무관하지 않았고 더구나 그 축적 과정에는 '관행화된 불법들'이 활용된 것도 사실이었다. 따라서 조화사회론은 2006년 [치안관리처벌법] 개정 등과 맞물리며 상경인이 과거와 분리된 새로운 사회적 삶, 즉 성숙된 삶을 살도록 촉진했다.

상경인의 성숙 담론은 다음의 세 가지로 분류할 수 있다. 첫째, '상

---

49) 조영남. 『21세기 중국이 가는 길』, 나남. (2009), pp. 44-50.

50) 백승욱. 「노동계약법 도입과 후진타오 시대 노동관계의 변화」, 『세계화의 경계에 선 중국』, 창비. (2008).

51) 유력초·권영철. 「현지국에서의 사회적 책임에 관한 연구-중국 진출 한국기업을 중심으로」, 『국제경영리뷰』 16(1), (2012), pp. 181-182.

하이 한국인 공동체가 성숙되었다'고 말하는 부류. 이들은 홍쵄루와 우중루의 한국인 공동체와 동일시하고, 또 주요 고객이 한국기업 또는 한국인인 경우이다. 둘째, '본인 또는 가족이 성숙되었다'는 부류. 이들은 한국인 공동체와 어느 정도 거리를 두지만 부정적 시각을 거의 드러내지 않고, 주요 고객이 한국과 중국 모두에 걸쳐 있는 경우이다. 셋째, '원래 성숙했었던 자신'을 강조하는 부류. 이들은 홍쵄루 등의 한국인 공동체를 부정하고 또 자신과 분리하는 경향이 있고, 주요 고객이 중국기업 또는 중국인인 경우이다. 이처럼 상경인은 자신이 중국 사회에 어느 정도로 깊이 뿌리내리고 있는지 또는 상하이 한국인 공동체와 어느 정도로 거리를 두는지에 따라 본인과 한국인 공동체의 성숙함을 다르게 규정하는 경향이 있다.

이런 차이에도 불구하고, 상경인과 상하이 한국인 공동체 전체가 잊고 싶은 '미성숙했던 과거'는 홍쵄루 일대의 '밤문화'이다. 2000년대 중후반까지 중국의 한국인 밤문화는 중국인에게 한국 자본의 힘을 과시하는 대표적 수단이었다. 예를 들어, 1990년대 초 상하이 성인 KTV에서의 여성 수고료는 "돈도 아니었던" 10~20위안에 불과했다(1994년에는 40~50위안). 나아가 당시 상경인이 소지한 한국 여권은 치외법권과 같은 특권을 보장해주었기에, 당시 외국인은 성매매 현장에서 중국 공안에 적발되더라도 여권을 보여주고 벗어날 수 있었고, 가끔 외국인들도 주의해야만 하는 '민감한 시기'는 다양한 경로를 통해 미리 공지되었다. 어쨌든 상경인은 대개 2008년까지 저렴한 돈으로 "밤의 황태자" 같은 생활을 영위할 수 있었다고 말한다.

그러나 〈치안관리처벌법〉 개정 이후 성매매는 종종 무거운 처벌로 이어졌다. 2006년부터 현재까지 [상하이저널]에는 치안관리처벌법 관련 기사 7건 중 4건이 한국인들의 성매매 문제에 대한 경고 및 처벌 사례를 소개하고 있다. 대표적으로 2008년 9월 17일 기사 〈한국인 7명 성매매 행정구류〉인데, 모 그룹 주재원, 출장자, 개인사업자 7명이 성매매 혐의로 적발되어 비자가 말소되고 출국조치가 내려졌다. 이외에 상하이 한국인 최대 온라인 커뮤니티인 DAUM 카페 [두레마을]에서 '성매매'로 검색했을 때, 첫 글은 2008년 6월 1일자 '상하이 영사관' 소식으로, 중국에서의 성매매 행위가 중국 내 행정처벌 이외에 한국에 통보되어 한국의 〈성매매 알선 등 행위의 처벌에 관한 법률〉에 의해서도 처벌된다는 경고를 소개하고 있다.

2000년대 초 상하이에 진출한 H에 따르면, 2009년까지 상하이의 한국인 밤문화는 '밤'에 마무리되지 않고 다음 날 대낮 한국인 거리까지 연장되었다고 한다.

> "점심 때 한국 식당가잖아요? 저녁에 (성인) KTV 술 한 잔 하고, 아가씨랑 한숨 자고, 아침 또는 점심 때 아가씨랑 같이 와가지고, (한인타운에서) (밥)먹는 사람들이 테이블 절반을 차지했어요. 2008~9년 이때까지. (추가금 없이) 선물 정도 하나 사주고."[52]

그러나 2009년 이후 과거와 같은 밤문화는 불가능해졌다. 미국발 글로벌 금융위기와 이명박 정부의 고환율 정책으로 인해 2008년 초에는 환율이 1위안=130원 정도였지만 2009년에는 최고 1위안=230원까지 상승했다. 그 결과 중국 내 한국인들의 삶의 질은 급격하게 하락했다. 따라서 상하이의 한국인 남성들은 더 이상 과거처럼 '그 돈'을 선뜻 지불할 능력이 없었다. 이로 인해 한 때 상하이 성인 KTV 시장에는 찬바람이 불기도 했었는데, 이후 KTV는 주요 고객층을 한

---

52) 2016년 1월 13일 인터뷰.

국인이 아닌 중국인으로 변경함에 따라 더욱 크게 성장하게 되었다고 한다.

흥미롭게도 H를 포함한 많은 상경인은 오늘날 한국인 밤문화 축소를 "한국인 공동체의 성숙"으로 설명한다는 데 있다. 적어도 대낮에 한국인 거리에서 술집 여성과 함께 밥을 먹는 한국인을 찾아보기 힘들어졌다는 것이고, 간혹 보이더라도 상하이 한국인 공동체 내부자가 아니라 "밖에서 출장 온" 뜨내기에 불과하다는 것이다.[53] DAUM 카페 [두레마을]에서도 오늘날 한국인의 상하이 밤문화로 인한 문제는 현지 사정을 모르는 단기 출장자 또는 갓 정착한 남자들 등 '아직도 한국식 문화에 젖은 사람들'일 뿐이라고 이야기된다. 물론, 상경인의 밤문화 자체가 사라진 것은 아니다. 일부 상경인들은 자신들이 중국어와 중국 문화를 잘 이해하고 있기 때문에 '돈을 지불하지 않고 합법적이며 안전한 방법으로 짝을 찾는 능력'을 갖추고 있다. 즉 이들은 스스로를 더욱 성숙한 상경인으로 규정한다고 볼 수 있다.

조화사회 이데올로기의 사회적 확산에 대한 상경인의 주요 대응은 중국 사회 속에서의 호혜성 실천이다. 상경인은 한국인 고용자로서 중국인 피고용자와 호혜적 관계를 맺고 있고, 이러한 행동들을 성숙함 또는 자신이 '중국인스럽게' 성장한 증거로 내세운다.

1990년대 말 대기업 주재원 신분으로 상하이에 진출한 T는 법인장 시절 중국인 운전기사가 피곤함을 이유로 몇 차례에 걸쳐 법인장 자신에게 운전하라며 태업을 일삼자, 결국 즉석 해고를 통보하는 대신 조용히 나가면 법적 배상액보다 2달치 더 많은 임금을 제공하겠다고

---

53) 2016년 1월 13일 인터뷰.

제안했다. 그 운전 기사는 갑작스러운 '해고'에 반발하여 법적 대응 방법도 찾아보고 협박까지 시도했었지만, 결국 법 규정보다 많은 액수를 받고 사직했다. 또 T는 과거 중국인 가정부가 집의 사소한 물건들을 훔치는 행위를 발견했을 때, 가정부에게 아무렇지 않게 그대로 가져가라고 했지만, 며칠 후 다른 사정을 이야기하여 내보냈는데, 이 과정에서 지불하지 않아도 되는 퇴직금까지 챙겨주기도 했다. 그는 자신의 대처 방식에 대해 다음처럼 밝혔다.

> "우리 가장 취약한 부분이 이방인(異邦人)이라는 거에요. 여기서 내가 잘났다고 떠들어보고 적을 많이 만들어서는 위험하죠. 그렇게 해서 보내는 거 몇 푼 안 돼요. 그렇게 해서 내보내면 (오히려 그들이) 미안해하죠."[54]

T는 20년 가까이 상하이에서 살면서 체득한 '적을 만들지 않고 적절한 수준에서 베푸는' 행동을 자신이 중국식 문화에 잘 적응하고 또 성장한 증거로 인식한다. 그는 자신이 고용한 노동자들을 해고할 때 외국인이기 때문에 더 인간적으로 행동해야한다고 강조한다. 아직은 중국을 떠날 수 없는 이방인이기 때문에 법적 책임 이상으로 사회적 책임까지 가능한 범위 안에서 부담해야만 한다는 것이다.

이는 K사례를 통해 더 구체적으로 알 수 있다. 그는 최근 법인의 성격 전환 및 슬림화를 위해 중국인 노동자를 50명에서 5명까지 줄였는데, 그 과정에서 직원 중 일부는 노동법 조항을 직접 인용하며 적절한 보상을 요구하기도 했다. 이에 K는 담담하게 법적 절차에 따라 해고를 진행했고, 큰 갈등 없이 구조조정을 마무리할 수 있었다.

---

54) 2016년 1월 4일 인터뷰.

그는 노동자들보다 노동법을 더 잘 숙지한 상태에서 법적 기한보다 더 일찍 통지했고 보상도 철저하게 이행했으며[55], 이외에 감정적 배려와 장기간의 상담은 물론 이직할 수 있는 회사를 직접 알아봐주는 배려도 제공했다. 그는 자신의 이러한 행동들이 상하이 사회에 깊이 뿌리내리기 위한 당연한 노력이라고 인식한다.

> "그걸 못하게 되면 나중에 평판이 안 좋아지거든요. 상하이에 아무리 업체가 많다지만, 돌고 도는데, 저에 대해서 한마디씩 할 거 아니에요. 그래서 마무리는 잘하려고 하죠."[56]

중국에서 고용관계가 아닌 장기적 동업·사업 관계를 맺을 경우, 쌍방은 첫 관계를 구축하는 과정에서 '전통적 방식'인 커미션이나 접대를 활용하는 것이 일반적이다. 이후 쌍방이 친밀한 관계로 변화되더라도, 커미션과 접대가 반드시 사라지는 것은 아닌데, 대개 커미션은 마음의 표시로, 접대는 친밀함을 좀 더 강화하기 위한 수단이 된

---

55) 2006년 「11·5 규획」과 중국 경제성장 모델은 노동자의 권리 부문에서도 변화를 가져왔다. 즉 2008년 1월 1일 발효된 새로운 노동계약법에서는 특별한 이유 없이 노동자를 해고 할 수 있었던 고용주의 권리에 상당한 제한을 두었고, 2008년 5월 발효된 새로운 중재법에서는 노동자들이 소송 비용 없이 고용주에 대해 소송을 제기할 수 있도록 했으며, 중국 정부는 대기업들이 개정된 법안을 잘 이행하는지 감시·개입하고 있다. 실버, 비버리 J&장루. 「세계 노동 소요의 진원지로 떠오르는 중국」. 홍호펑·아리기, 조반니 편. 하남석 외 역.『중국, 자본주의를 바꾸다』. (미지북스, 2012), pp. 260-261. 새로운 노동계약법은 한 편으로 노동관계를 시장에 맡는 등 노동시장의 유연성을 도입했지만, 다른 한 편으로는 "감원시 인원제한, 무고정기간 고용계약" 등 과거 일부 단웨이 체제의 유산을 온존하는 특징도 있었다. 백승욱.『세계화의 경계에 선 중국』. (창비, 2008), pp. 125-128.
56) 2016년 1월 11일 인터뷰.

다. 이는 형식적 답례 의무가 요구되지 않기에 그들만의 더욱 특별하고 폐쇄적인 네트워크로 발전될 가능성이 높다.

일부 상경인들은 중국인과 강한 친밀성을 구축하기 위해 반드시 개인적 관계 이외에 가족 간의 돌봄 관계로 확장되어야 한다고 강조한다. 상하이에서 오랫동안 패션&컨설팅 사업을 함께 꾸렸던 L과 J는 중국인들과 동업을 장기간 지속하기 위해서는 가족 간 상호 돌봄 관계를 구축하여 광범위한 일상을 공유해야만 한다고 수차례에 걸쳐 강조했다.

중국 인력관리 서적을 출판하고 또 한국 대학에서 종종 중국 진출 특강을 진행한 S는 이와 관련하여 다음과 같이 분석했다. 배우자끼리 또 아이들끼리 친밀해질 경우 교육, 주거, 취미, 여가 등 다양한 일상들로 복잡하게 얽히기 때문에, 경제적 이해관계 때문에 서로 불편해지더라도 결국 관계가 회복될 가능성이 높아진다는 것이다.[57] 따라서 한국인은 중국인과 개인을 넘어 가족 간에 깊은 유대감을 형성하며 인간의 보편적 감정을 교류하게 되고, 이를 바탕으로 더욱 쉽게 중국 사회에 뿌리내릴 수 있게 된다.

그러나 독신이고 접대 문화를 거부하는 상경인은 보편적 '정의(情 義)'를 지켜가며 중국 사회 깊이 파고들어가기도 한다. 물론 이를 위해 장기간에 걸쳐 자신의 이익을 양보하고 중국측 이익을 좀 더 보장해주는 것을 당연시해야 하고, 결국은 몇몇 기존 거래처를 잃는 것도 감수해야 한다. 미국에서 디자이너로 활동하다가 2007년 상하이에 진출하여 의류 사업을 하고 있는 Y는 기존 상경인의 경제활동을 '남성적 관계 맺기'로 규정한다.

---

57) 2016년 1월 15일 인터뷰.

"저는 돈거래(커미션) 같은 거 절대 안하고. (또) 술자리에서 남자들의 세계는 그렇다면서요. 중국 공장들도 저한테 연락이 와요. '너가 잘 모르는데, 중국은 어쩔 수 없다.' 그러면 나는 '내가 만약 그거 해 줘서 오더 더 받을 수 있겠지. 그런데 나는 그거 안 주고 그냥 마음 편히 할 수 있을 만큼만 한다. 난 안해.' 진심은 통한다고 봐요. 물론 회사가 줄었어요, 규모는. (그런데) 힘든 일에 부딪히면 (중국 측) 공장에서 도와줘요. 저는 외국인이지만, 그게 재산인거예요. 여기는 다 중국 사람이에요. 중국사람 도움 받아야지. 한국사람 도움 받으면 한계가 있어요. 중국 사람이 제 오른팔이 돼 주고 왼팔이 돼 줘야 돼요."[58]

　　Y도 밝히고 있지만, 많은 상경인은 힘들고 어려울 때 한국인이 아닌 중국인 파트너 또는 거래처로부터 도움을 받을 수 있는 것을 중국 사회에서 성숙한 증거라고 본다. 이들은 제도적 · 비제도적 벽을 넘어 '개인적으로' 중국 사회와 조화하며 그들로부터 신뢰를 얻고 또 그에 대한 적절한 (비)물질적 보상을 했다고 믿기 때문이다.

　　중국에서 성장기를 보냈거나 미국 유학 후 중국으로 진출한 청년 상경인의 경우 과거 상하이 한국인 공동체의 '미성숙'이라는 문제로부터 상대적으로 자유로운 편이다. 따라서 이들은 자신의 성숙함을 규범적 차원에서 재현할 필요를 느끼지 않는다. 오히려 이들은 자신이 일반 한국인과 다르게 성장해 온 삶의 과정과 그 성취들이 바로 중국에서 좀 더 쉽게 성숙해질 수 있었던 조건이었다고 여긴다.

　　2000년대 중후반 이후 상경인은 중국에서의 삶을 성숙 담론을 통해 재구성하고 있다. 연령, 성별, 업종 등에 따라 상경인의 경험은 상이하지만, 공통적으로 한국인 공동체와 중국인 공동체를 구분하

---

58) 2016년 3월 29일 인터뷰.

고, 특히 후자와의 관계를 더욱 중시하고 있다. 또 중국 사회를 중심으로 호혜성을 실천하며 그 속에 뿌리를 내리기 위한 노력을 계속하고 있다.

5 맺는 말

이 글은 2006년 시작된 중국에서의 변화 이후, 상경인이 왜 한국인 공동체보다 중국 국가·사회와의 관계를 더욱 중시하고 또 그 속으로 깊이 파고들고 있는지 설명한다. 1992년 한중 수교 이후 상경인은 사회경제적 차이에 따라 구베이, 홍첸루, 푸둥 등 지역에 각각 소규모 민족적 울타리들을 만들고 안주해왔다면, 2006년 이후 점차 중국의 법·규범의 울타리 속으로 이주하고 있다. 2006년 이후 한중 교류의 중심 지역이 산둥성 이북에서 장수성 이남으로 전환되고 있음을 고려할 때, 오랫동안 한중 교류 연구에서 경시되어왔던 상하이 경험을 중심으로 21세기 한중 교류를 새롭게 조망할 필요가 있다.

상하이 한국인들은 베이징 왕징의 한국인들처럼 초기의 대규모 밀집, 전방위에 걸친 조선족의 보조, 코리아타운 형성 등 '민족적 공간'을 통한 공동체 경험의 공유가 미약했다. 상하이 한국인들은 한국인 공동체의 분리 및 공동체의 위계적 분화를 좀 더 일찍 경험했고, 상하이의 글로벌도시화 과정에서 공동체의 분산이 더욱 빨리 전개되었으며, 이후 개인화와 더불어 중국의 국가·사회와의 상호작용이 더욱 빈번해지고 있다.

한국인이 왕징의 베이징 코리아타운 등 중국 내 특정한 공간을 획득 또는 점유하는 방식으로 진출했던 것은 20세기 중국이 예외적으로 취약했던 시기의 산물이다. 역사적 한중관계의 전환이라는 측면에서 볼 때, 상하이에서는 왕징과 상이한 형태의 새로운 한중관계의 유산이 형성되고 있다. 즉 공간이 아닌 '개인'을 중심으로 관계가 매개되고 또 그 자원들이 더욱 폐쇄적으로 독점되는 것이다. 2000년대 이후 상하이 부동산 가격이 급등하면서 한국인 공동체의 개인적 분화와 분산은 심화되었고, 그 결과 한국인들 사이에 지리적·사회적 분리가 당연시된 반면, 중국인과의 사회적 관계는 더욱 빈번해지고 또 내밀해졌다. 상경인 개인의 자본, 중국 관련 지식, 규범적 행동 등은 중국인 공동체 내에서 '새로운 지위'를 차지하는데 중요한 토대로 작용하고 있다.

1992년 한중수교 이후 2006년 이전까지 한국인은 중국 정부의 보호와 묵인 속에 '공동체적 영토'를 점유하며 경제적 자본을 축적하는 것만 추구해왔다. 당시 자본의 우위를 도덕의 우위로 인식하며 중국인의 행동과 태도를 '저열한 사회주의 시기의 유산'이라고 규정하는 경향도 있었는데, 이는 중국에서의 위법·불법 행위를 정당화하기 위한 것이기도 했다.

반면, 2006년 이후 중국의 법 개정 및 통치 이데올로기 강화와 더불어 한국인은 법을 준수하고 도덕적 규범을 중시해야만, 중국인 친구, 동업자, 노동자들과 신뢰를 쌓아가며 비로소 자본을 축적할 수 있는 위치로 몰리기 시작했다. 상경인은 중국 국가·사회 속으로 깊이 파고들어야만 하는 상황에 처해있지만 동시에 그 안에서 개인적으로 새로운 도약의 기회를 얻을 수도 있다는 강한 믿음도 키워가고 있다.

21세기 들어 중국 국가·사회의 이방인에 대한 법적·도덕적 규제는 증가하고 있는데, 2016년 중반 '사드 사태'는 이러한 경향을 더욱 촉진하고 있다. 다만, 아직 중국의 국가·사회가 상경인에 대해 보이는 반응은 배척보다는 '규율'에 가까운 것 같다. 최근 중국 당정은 해외 인재에 대한 포섭을 목적으로 외국인에 대한 영주권 발급 조건을 점차 완화하고 있는데, 상경인은 2006년 이후의 중국의 변화는 물론 2016년 사드 사태 때문에 영주권 획득에 대한 열망을 더욱 키워나가고 있다. 실제로 중국에 장기간 거주해왔고, 경제적으로 안정되었으며, 오래전에 중국인과 결혼하여 가정을 꾸렸던 한국인 중 극소수는 이미 중국 영주권을 발급받았고, 이들은 일반 한국인에 비해 더 많은 권리와 편의를 보장받고 있다.

중국 국가·사회가 이들 외국인 인재를 규율·포섭하는 것은 단순히 경제적 이유에 한정되지는 않을 것이다. 2000년대 중반 조화사회론 등장 이후 중국 인터넷 영역과 일상 사회에서는 '被和(諧)了'(조화로워졌다)라는 말이 유행하고 있다. 즉 중국 체제에 반하는 활동들이 인터넷 영역에서는 사이트 폐쇄 및 글 등의 삭제로, 사회적으로는 아래로부터의 저항과 불만들이 분쇄되거나 억눌려지는 것을 빗댄 것이다. 2006년 이후 중국 국가·사회의 '被和'는 법·규범 영역을 중심으로 한국경제인에 대한 정치사회적 내부화라는 쟁점을 낳고 있다. 이는 한 편으로 한국경제인이 '탈국적 엘리트' 정체성을 강화하게 되는 동기가 될 것이다. 그러나 다른 한 편으로 한국경제인은 개인적인 중국 국가·사회에 대한 친밀성을 바탕으로 한중 교류에서의 정치사회적 영향력 제고를 시도할 가능성도 배제할 수 없다.

2015년 인천대학교 중국학술원(이하 중국학술원)은 [중국 비즈니스 실
태조사] 프로젝트를 추진하기로 결정했다. 당시 연구책임자였던 이정희
교수님으로부터 참여 요청을 받았을 때의 기쁨을 잊을 수 없다. 필자는
2005년 석사과정 때 [구술사 연구방법] 강의를 수강한 적이 있었다. 당시
수강생들은 수업 이외에 실제로 모 대학에서 진행한 '구술채록 프로젝트'
에도 임시로 참여했는데, 그때 필자는 안산의 한 50대 남성 분을 대상으
로 구술사 인터뷰를 진행했고, 녹음 파일을 채록했으며, 그에 기초해서
기말리포트를 작성했다. 당시 우리 수강생 모두 구술사 인터뷰의 매력에
흠뻑 빠졌기 때문에 너나할 것 없이 언젠가는 꼭 '구술사 방법론'을 활용
하여 연구를 하겠다고 마음을 먹었다. 그 중 한 명은 실제로 구술사 방법
론을 활용하여 석·박사학위논문을 작성했다. 반면 필자에게는 10년이
지나서야 비로소 기회가 찾아왔던 것이다.

그러나 막상 프로젝트가 시작되자 현실적인 어려움에 봉착했다. 필자
는 구술사 방법론 연구자가 아니었기 때문에 그때부터 관련 방법론을 공
부해야만 했다. 문제는 조사 프로젝트가 당장 시작되었고, 특히 상당한
액수의 예산이 투여된 만큼 빨리 대중서와 연구서 등을 출판해야한다는
심적 부담도 컸다. 그리고 구술사 인터뷰를 하려면 생애사 인터뷰 즉 '살
아온 삶'에 대한 장시간의 인터뷰가 매우 중요한데, 우리 프로젝트의 주
요 분석 대상은 '기업인'이었기에 1~2시간 인터뷰 시간을 얻는 것도 어려
운 경우가 많아 결국 생애사 인터뷰를 포기하고 '중국에서의 삶' 인터뷰

에서부터 시작할 수밖에 없었다. 따라서 이 책에 사용된 인터뷰 방법론은 구술사 방법의 장점을 활용한 '심층 인터뷰' 성격에 가깝다.

프로젝트 1차년도(2015.3~2016.2)는 그야말로 혼란과 탐색의 시기였다. 즉 이 시기에는 이정희(중국학술원 교수), 조형진(중국학술원 교수), 김판수(중국학술원 연구교수)가 주제, 지역, 대상 등을 탐색하는 데 많은 시간을 들였다. 초기에는 대구, 중국 웨이하이, 부산, 서울, 인천 등 각지의 중국 진출 한국인 분들을 찾아다니며 인터뷰를 진행했다. 귀중한 배움을 얻을 수 있었지만 여전히 주제, 지역, 대상 등에 대해 최적의 구상을 기획할 수 없었다. 특히, 한국으로 귀국한 분들을 대상으로 할 것인지 아니면 여전히 중국에서 활동한 분들을 대상으로 할 것인지 결정하지 못했고, 또 한 지역에 한정해서 연구를 진행할지 아니면 한국 각지를 찾아다니며 연구를 진행할지 등을 결정할 수 없었다.

그 와중에 2015년 말 중국학술원에서 개최한 [제 1기 차이나 비즈쿨]에 연사로 참여한 신동원 대표님(네오위즈 차이나 법인장)의 강의를 듣고 부탁을 해서 2015년 12월 말 신도림역 근처에서 인터뷰를 진행했다. 이 인터뷰 과정에서 필자는 '상하이 한국경제인이 경험한 중국에서의 사회경제적 삶'을 연구할 필요성을 깨달았다. 잠정적이긴 했지만, 주제, 지역, 대상이 모두 결정되었던 것이다. 행운이었다. 필자는 급히 2016년 1월 8일부터 15일까지 상하이를 방문하여 탐색적 조사로서 1차 조사를 실시했다. 상하이는 프로젝트를 수행하기에 매우 이상적인 공간이었고 기대 이상으로 흥미로운 공간이었다. 당시 인터뷰한 분들의 약 85%는 신동원 대표님의 소개를 받았다.

2016년 1월 제1차 조사를 통해 필자는 다량의 '숙제'를 얻게 되었다. 10년 전 베이징에 준비 없이 들어가 1년간 중국어의 성조와 발음을 공부했던 것처럼, 2016년도 전반기까지는 상하이, 상하이 한인사회, 상하이 한국경제인에 대한 ABC를 익히는 단계였다. 사실 당시 필자는 상하이 한인사회는 물론 중국 한인사회 전체에 대해 아무런 지식이 없었다. 개인적으로 2008년부터 2010년까지 베이징에서 유학했지만 2년 3개월의 기간 동안 중국 최대 한인촌이 위치한 왕징(望京)을 방문한 횟수는 한 손으로 꼽을 정도였다. 또 당시 거주했던 공간에도 중국인이 대다수였던 아파트 단지들이었다. 나아가 기존 '한국인과 한국기업의 중국 진출 연구'의 절대 다수는 베이징, 칭다오, 션양 등 중국의 화북지역과 동북지역에 집중되었다. 따라서 '상하이 한국경제인 연구'에 필요한 지식도, 경험도, 참조점도 거의 없는 상황에서, 2016년 1월 상하이 조사는 탐색적 조사로서 이후 조사에 필요한 나침반 기능을 했다.

2차년도(2016.3~2017.2)는 연구 범위와 대상이 더욱 구체화되고 또 확대된 시기였다. 필자는 2016년 3월 23일부터 3월 31일까지 제2차 상하이 조사를 다녀온 후에야 비로소 상하이 한인촌 및 한인사회에 대한 주요 조사 영역들을 세분화할 수 있었다. 또 이후 인류학을 전공한 이선화 교수님이 참여했기 때문에, 필자는 남성 경제인, 한인상회, 한인교회에 집중했고, 이선화 교수님께는 그동안 필자가 깊이 접근하기 어려웠던 여성 경제인과 여성 전업주부(교육 포함) 영역 전담을 부탁드렸다. 우리는 2016년 7월 9일부터 18일까지 제3차 상하이 조사를, 2016년 12월 30일부터 2017년 1월 7일까지 제4차 상하이 조사를 진행했다. 2번의 공동조사 덕분에 상하이 한인사회 및 한국경제인 네트워크 등에 대해 더욱 풍부하게 알 수 있었다. 특히 공동 조사 기간에도 수시로 흥미로운 인터뷰 내용들을 공유했고, 그 결과 다음 인터뷰이들에 대한 질문도 매우 구체적이고 또 정교해졌다.

2년 동안의 상하이 조사 덕분에 이미 풍부한 자료가 축적되었기 때문에, 우리는 3차년도(2017.3~2018.2)에 1~2차년도 인터뷰 자료에 기초해서 공동으로 대중서와 연구서를 기획하고, 그 기획에 근거하여 부족한 부분에 한해서 엄밀하게 추가 조사를 실시하며, 최종적으로 당해에 몇 편의 논문 및 대중서를 출판하자고 의견을 모았다. 하지만 이선화 교수님이 중국 산동대학 인류학과 조교수로 임용되면서, 대중서만큼은 꼭 함께 출판할 수 있기를 희망했지만 아쉽게 이번 출판에 참여하지 못했다.

2017년 9월부터 2018년 4월까지 약 8개월 동안 필자는 [상하이 한국인, 다시 경계에 서다] 출판 작업에만 매달렸다. 전체 과정은 다음과 같다.

1. 2017년 9월부터 10월까지 2개월 동안은 전체 채록 자료 중 3,000페이지 가량만 검토하며 대중서 '주제'를 정하고 그에 적합한 수록 대상자들을 선정했다. 검토를 시작할 때에는 이선화 교수님이 독자적으로 기획하고 1년간 기초 조사한 '상하이 한국인의 자녀 교육' 부분을 포함할 계획이었다. 매우 흥미로운 사례가 많았지만 정말 아쉽게도 이 책에 싣지 못했다. 만약 이선화 교수님이 3차년도에도 추가 조사를 수행할 수 있었더라면 이 책의 내용은 더욱 풍부해질 수 있었을 것이다.

2. 2017년 11월부터 12월까지 2개월 동안은 잠정 수록 대상자들의 인터뷰 내용 중 출판에 적합한 인터뷰 내용들을 축약하고, 또 그에 기초하여 책의 가목차를 만들었다. 축약하는 과정은 생각보다 많은 시간이 필요했다. 왜냐하면 어떤 인터뷰이의 채록 자료는 350페이지에 달했기 때문이다. 또 축약하는 과정은 지나치게 개인적이거나 대외적으로 공개하기 어려운 내용 등을 꼼꼼하게 판단하여 덜어내는 작업이었기 때문에 특히 많은 시간이 요구되었다. 물론 내용을 덜어내는 과정에서 수록 대상자 명단도 결정되었다. 모든 인터뷰이들의 이야기들이 귀중했지만 이 책의 '주제와 구성'에 적합한 사례에 해당하지 않을 경우 이미 많은 시간과 공을 들였음에도 불구하고 배제해야만 했다.

3-1. 2018년 1월의 일부는 '가목차와 축약 편집본'의 완성도 등을 고려하여 추가 조사를 구상하고 또 실시했다. 이를 위해 2018년 1월 5일부터 13일까지 상하이에 방문했고 만날 수 있는 모든 분들을 방문하여 인터뷰했다. 이때는 기존의 인터뷰이 이외에 새롭게 수록될

수 있는 인터뷰이들에 대해서도 진행했다. 불가능한 일은 아니었다. 이미 책 기본 구조가 짜인 상태였기 때문에 인터뷰는 매우 효율적으로 진행되었다. 다만 1월 추가 인터뷰 녹음파일이 가능한 한 빨리 채록되어 나와야 했기 때문에 오랫동안 채록을 도와주었던 후배들에게 부탁했다. 이들은 약 2시간 인터뷰 파일 한 개를 평균 2~3일 만에 채록해서 보내주었다. 2배 이상의 속도로 작업한 셈이다. 이 기회를 빌려 이은지와 이지원에게 고마움을 표한다. 이들은 2년 동안 채록 작업을 담당했기 때문에, 이번 책 작업 전반에 걸쳐 조언이 필요할 때마다 귀중한 의견을 제시해주었다.

3-2. 2018년 1월의 또 다른 일부는 교열 및 윤문 작업을 진행했고 또 수록된 7분들의 검토가 진행되었다. 사실 시간이 충분하지 않았기 때문에, 상하이 추가 조사 기간에 낮에는 인터뷰를 진행했고 밤에는 교열과 윤문을 했다. 왜냐하면 수록 대상자 분들께 1차 교열과 윤문이 끝난 편집본을 보내드려 책 수록에 대해 허락을 구해야했고, 또 그 분들께 수정 및 삭제 등을 검토할 수 있는 충분한 시간을 드려야했기 때문이다. 원래 계획한 7분 모두 [상하이 한국인, 다시 경계에 서다]에 수록하고 싶었지만, 안타깝게도 한 분께서 본인 인터뷰 내용을 수록할 수 없는 상황에 처했다고 알려왔다. 그 주부분의 인터뷰 내용은 [상하이 한국인, 다시 경계에 서다]의 '프롤로그' 부분에 해당했고 또 '상하이 한인촌 형성 및 변화'에 대해 굉장히 흥미로운 내용과 통찰을 담고 있었기에, 수차례에 걸쳐 다시 연락을 드리고 양해를 구했지만, 결국 어쩔 수 없이 덜어내야만 했다. 그리고 상하이 한인촌 형성 및 변화와 관련된 내용을 보충하기 위해, 어쩔 수 없이 필자가 2017년 초 학술지 [중소연구]에 게재한 논문 [변화된 경제 환경에 '조화 되기']를 부분 수정하여 '에필로그'에 수록했다. 이렇게 최종 여섯 분의 인터뷰 내용이 [상하이 한국인, 다시 경계에 서다]에 수록될 수 있었다. 필자의 기획 하에 이 책에

수록된 인터뷰 내용들은 대부분 인터뷰이의 '사회적 삶'을 담고 있기 때문에 어쩔 수 없이 개인적인 내용을 많이 포함해야만 했는데, 여섯 분 모두 그에 대해서도 충분히 공감해주셨다. 여섯 분께 다시 한 번 진심으로 감사드린다.

4. 2018년 2월~4월 3개월 동안은 사실 1월에 1차 진행한 교열과 윤문 작업의 반복이었다. 또 수록된 여섯 분의 최종 검토가 이루어졌다.

베이징을 중심으로 전개된 한중수교 25년이 이미 지나갔다. 최근 몇 년의 추세로 볼 때 한중교류는 이미 베이징에서 상하이로 이전되는 과정에 있다. 감히 희망하자면, 한중수교 50주년까지는 이 책 [상하이 한국인, 다시 경계에 서다]가 중국에 관심이 있거나 중국 진출을 꿈꾸는 사람들에게 유용한 길잡이 역할을 할 수 있기를 바란다.

2018년 3월 19일
김판수 씀

| 엮은이 소개 |

김판수金判洙

1978년 경남 김해에서 태어나 중앙대학교 사회학과를 졸업(2005)하고 동대학원에서
『중국 혁명과정에서 공산당 – 대중 개조체계의 형성과 변화』라는 제목으로 박사학
위(2014)를 받았다.
중국 베이징대학 사회학과 대학원에서 고급진수생 과정 수료(2009~2010), 국민대학
교 중국인문사회연구소에서 연구원(2010~2014)을 거쳐, 현재 인천대학교 중국학술
원 HK연구교수로 재직 중이다.
중국의 당 – 대중 관계, 1949년 이전 중공당사, 상하이 한인사회에 관심을 갖고 연구
하고 있다. 주요 논문은 「국가 속의 자연상태 – 『리바이어던』에서 국가의 보호의무
와 개인의 능동적 자유를 중심으로」(2008), 「변화된 경제 환경에 '조화 되기': 2000
년대 중반 이후, 상하이 진출 한국경제인의 자기 規律」(2017), 「중국공산당의 改造
내부화와 당치 확립, 1927~1934」(2017) 이외 다수의 논문과 저역서가 있다.

중국관행자료총서 10

상하이 한국인, 다시 경계에 서다
2000년대 중국 진출 한국인 인터뷰

초판 1쇄 인쇄 2018년 5월 20일
초판 1쇄 발행 2018년 5월 29일

중국관행연구총서 · 중국관행자료총서 편찬위원회
위 원 장 | 장정아
부위원장 | 안치영
위   원 | 김지환 · 송승석 · 이정희 · 조형진

엮 은 이 | 김판수
펴 낸 이 | 하운근
펴 낸 곳 | 學古房

주   소 | 경기도 고양시 덕양구 통일로 140 삼송테크노밸리 A동 B224
전   화 | (02)353-9908 편집부(02)356-9903
팩   스 | (02)6959-8234
홈페이지 | www.hakgobang.co.kr
전자우편 | hakgobang@naver.com, hakgobang@chol.com
등록번호 | 제311-1994-000001호

ISBN   978-89-6071-742-8 94300
          978-89-6071-740-4 (세트)

값 : 15,000원
■ 파본은 교환해 드립니다.